Jamake Highwater • Sexualität und Mythos

Jamake Highwater

Sexualität und Mythos

Walter-Verlag
Olten und Freiburg im Breisgau

Titel der amerikanischen Originalausgabe:
Myth and Sexuality
Erschienen bei NAL Books (New American Library, Inc.), New York.
© 1990 by The Native Land Foundation.

Aus dem Amerikanischen von Clemens Wilhelm

Inhalt

In Memoriam John Williamson
(1948–1988)

Pero ya duerme sin fin.
Ya los musgos y la hierba
abren con dedos seguros
la flor de su calavera.

F. Garcia Lorca

Das Gegenteil einer richtigen Behauptung
ist eine falsche Behauptung.
Das Gegenteil einer tiefen Wahrheit kann aber durchaus
eine andere tiefe Wahrheit sein.

Niels Bohr

Dank

Das Thema *Sexualität und Mythos* nimmt seit vielen Jahren einen hervorragenden Platz in meinem Denken ein. Ich trug mich schon lange mit dem Gedanken, dieses Buch zu schreiben, doch mußte ich seine Verwirklichung aufschieben, bis ich eine lange Reihe vorbereitender Arbeiten abgeschlossen hatte. Meine schriftstellerische Tätigkeit über die Sozialgeschichte des menschlichen Körpers begann eigentlich mit einer Klausur über Platons Liebesbegriff, die ich an der Universität im Rahmen eines Einführungskurses in die westliche Philosophie schrieb. Im Rahmen meiner College-Forschungen konnte ich mich dann in das Werk mehrerer Autoren vertiefen, deren recht einflußreiche Anschauungen bezüglich Sexualität und Mythos mich das ganze Leben begleitet haben: Joseph Campbell, Robert Graves, Jane Harrison, James Frazer, Robert Briffault und J. J. Bachofen. Als ich in den sechziger Jahren in San Francisco über den Einsatz des Körpers als Ausdrucksorgan lehrte und schrieb, festigte sich in mir die Überzeugung, daß Tanz und Theater Rituale sind, die die jeweils besondere und grundlegende Mentalität aller Gesellschaften der Geschichte enthüllen. Nichts verrät mehr darüber, wer wir sind, als die Art, wie wir tanzen. 1978 überarbeitete ich schließlich zwei Bücher, die ich während meiner Zeit in San Francisco geschrieben hatte, und veröffentlichte eine Studie mit dem Titel *Dance: Rituals of Experience*. Die Arbeit an diesem Projekt führte mich zu der Annahme, daß auch der Sport wesentlicher Bestandteil der Sozialgeschichte des menschlichen Körpers ist, was zehn Jahre später zur Veröffentlichung des Buches *Athletes of the Gods: The Ritual Life of Sports* (1991) führte. Schließlich wandte ich mich in einem Zyklus von Studien über die Geschichte des menschlichen Körpers der Gesamtschau dieses Buches zu.

In diesem Buch wird überall deutlich, wie sehr ich dem verstorbenen Joseph Campbell Dank schulde. Ich bin unter dem Einfluß seiner Bücher groß geworden. Schließlich begegnete ich ihm und konnte während der Aufnahmen zu einer Fernsehserie über seine Werke und Gedanken mit ihm zusammenarbeiten. Ihn zu kennen war eine große Freude; sein Freund zu werden aber eine unbeschreibliche Ehre. Campbells Verleger hat diese Freundschaft «eine außergewöhnliche Verbindung» genannt, und sie ist es in der Tat. Ich hatte das Glück, mit ihm viele Stunden im Gespräch verbringen zu dürfen. Das zentrale Thema von *Sexualität und Mythos* stand immer auch im Mittelpunkt der Gespräche, die Campbell und ich im Laufe der Jahre führten. Ich bedaure es zutiefst, daß dieser großartige Freund und bemerkenswerte Lehrer das Ergebnis seiner vielen Vorschläge, Anregungen und beständigen Inspiration nicht mehr erlebt.

Da mein Thema die wesentlichsten Gedanken meines ganzen Lebens zum Gegenstand hat, kann ich unmöglich alle Einflüsse während der Entstehung von *Sexualität und Mythos* in angemessener Weise würdigen; vielleicht kann die Literaturauswahl am Ende dieses Buches auf einige der Hauptquellen der Gedanken und Auffassungen verweisen, auf die ich mich bei meiner Darstellung der Art und Weise gestützt habe, wie unsere Auffassungen vom Kosmos sich in unseren Ansichten über unseren Körper, unser Schicksal und unsere Sexualität spiegeln.

Besonderen Dank schulde ich Elaine Pagels für ihre Freundschaft und für viele wertvolle Hinweise bei der Entstehung dieses Buchs. Mein Dank gilt auch meinem Verleger Arnold Dolin für die jahrelange professionelle Begleitung meiner Arbeit. Es war mir ein ganz besonderes Vergnügen, mit ihm bei der Verwirklichung dieses Buchs zusammenzuarbeiten.

Jamake Highwater
Hampton, Connecticut, 1989

Die Quellenangaben für die Zitate in diesem Buch befinden sich in der Bibliographie unter dem Namen des Verfassers. Wenn bei einem Autor mehr als ein Buch oder Artikel genannt sind, wird an den jeweiligen Textstellen nach dem Namen des Verfassers jeweils das Datum der Veröffentlichung des Werks, dem das Zitat entnommen ist, genannt, zum Beispiel (Campbell 1986).

Sexualität als Schicksal und Schicksal als Sexualität

Die Sexualität scheint eine der wenigen unabänderlichen Tatsachen des Lebens zu sein. Theorien kommen und gehen, doch würden wir niemals an unseren grundlegenden Annahmen über die Sexualität rütteln. Für die meisten von uns ist Sexualität entweder natürlich oder unnatürlich, gut oder böse. Über den Geschlechtsakt wird wahrscheinlich mehr geplaudert und getuschelt als über jedes andere Thema, und doch sehen die meisten von uns keine ernsthafte Notwendigkeit, sich mit den Grundlagen unserer sexuellen Einstellungen auseinanderzusetzen. Aus diesem Grunde wird die Sexualität auch nicht als kulturelle Haltung betrachtet, sondern als physisches Faktum wie die etwa die Geographie. Oder, wie Freud pointiert sagte, Anatomie ist Schicksal.

Dieses Freudsche Diktum hat noch heute Bestand. Vom ersten Augenblick unseres Lebens an beherrscht eine mechanistische Philosophie die Definition dessen, was wir sind und wie wir uns verhalten sollen. Bei unserer Geburt identifizieren uns Eltern und Ärzte anhand des anatomischen Augenscheins unserer Genitalien als männlich oder weiblich. Die Genitalien besiegeln unser Schicksal, denn wir werden sofort den jeweiligen kulturellen Konstrukten zugewiesen, die für die Aufzucht männlicher oder weiblicher Kinder Geltung haben. Für die meisten von uns besteht nicht der geringste Zweifel daran, daß diese doch willkürliche Deutung der Anatomie genau das wiedergibt, was wir an Geist und Seele sind. Wir sind davon überzeugt, daß es in der Geschlechtlichkeit keine Uneindeutigkeit gibt.

Diese Auffassung von Sexualität beruht auf der Annahme eines «eingeborenen», transhistorischen und transkulturellen «natürlichen Menschen». Diese Idee einer festen und unveränderlichen menschlichen Natur erlaubt es uns, allen Gestalten unserer Geschichte unsere eigenen Motive, Interessen und Zielsetzungen zuzuschreiben, so daß Moses und Jesus, Leonardo da Vinci und Dante, Chaucer und Joyce identische Menschen sind, die durch nichts anderes als den zufälligen zeitlichen und kulturellen Rahmen voneinander getrennt sind (Gagnon/Simon). Wir gehen davon aus, daß Sexualität allen diesen historischen Gestalten genau dasselbe bedeutete wie uns. Wir sind davon überzeugt, daß das, was in einer bestimmten Zeit und Gesellschaft normal ist, auch in ganz anderen Zeiten und Gesellschaften normal war. Wir glauben daher, daß die Psychologie ebenso fest und unabänderlich ist wie die Anatomie. Eine solche unterstellte Transzendenz der menschlichen Psychologie verleitet zu dem Gedanken, daß es auch nur eine einzige und unabänderliche Wahrheit über die Sexualität gibt, über gehöriges und ungehöriges Verhalten von Männern und Frauen.

Der Begriff des «natürlichen Menschen» ist eine Schöpfung des 17. Jahrhunderts. Er liefert unter anderem die Grundlage für unsere Vorstellung von «natürlichem» und «unnatürlichem» (oder gar «widernatürlichem») Verhalten. Die Starre solcher Begriffe und Regeln verschafft uns auch eine Empfindung von Transzendenz und Zweckhaftigkeit. Ohne sie fühlen wir uns gewissermaßen auf hoher See, den Gezeiten unendlicher Möglichkeiten preisgegeben. Unser Bedürfnis nach Sicherheit und Dauerhaftigkeit ist so stark, daß wir die Herkunft unserer Regeln und Auffassungen erst dann in Frage stellen, wenn sie nach und nach versagen und zusammenbrechen. Dann müssen wir plötzlich über all das neu nachdenken, was schon in bequemer Weise erledigt zu sein schien. Wir müssen das Woher und das Wohin unseres Weges neu definieren.

Angesichts der Tatsache, daß die besten Köpfe unserer Zeit die mechanistische Weltauffassung des 17. Jahrhunderts bereits restlos aufgegeben haben, erhebt sich die Frage, weshalb wir in Fragen der Sexualität den auf dieser Auffassung beruhenden überholten Irrtum des «universellen Menschen» beibehalten haben.

Wie der Wissenschaftshistoriker Thomas S. Kuhn feststellte, hat im 17. Jahrhundert die metaphorische Vision der Newtonschen Mechanik nicht nur das Denken auf dem heute als Physik bezeichneten Gebiet geprägt, sondern auch die meisten der grundlegenden Ideen jener Epoche in Biologie, Religion, Ethik, Kunst und Politik beeinflußt. Das mechanistische Paradigma von René Descartes entsprang Newtons Metapher des Kosmos als eines großen Uhrwerks, das nach seiner Erschaffung und Ingangsetzung durch Gott, den «unbewegten Beweger», unbeirrbar seinen Gang geht. Dieser Auffassung hat die moderne Physik völlig den Boden entzogen, und doch hält sie sich zäh in jedem Aspekt unseres Denkens, weil sie beständig kulturellen kosmetischen Korrekturen unterworfen wurde, die die Tatsache verschleiern, daß sie eine antiquierte Auffassung ist.

So hat zum Beispiel im 17. Jahrhundert der politisch-wirtschaftliche Imperativ von Thomas Hobbes den einzelnen gegen die Autorität des Staates gestellt. Dieser Widerstreit zwischen dem «natürlichen Instinkt» und der «zivilisierten Beschränkung» wurde von Hobbes als Bild des Konflikts zwischen dem Staat (Zivilisation) und seinen inneren Dissidenten (Instinkt) erfunden. Die Philosophen der Romantik empfanden wenig Sympathie für diese Philosophie, gaben sie allerdings auch nicht auf. Sie verwandelten sie einfach in eine Lehre, die besser zu ihren eigenen Imperativen paßte, nämlich in einen Konflikt zwischen außergewöhnlichen Individuen und der repressiven Kultur, in der sie leben. Schließlich wurde der romantische Standpunkt von den postromantischen Denkern erneut umgeformt, insbesondere durch Sigmund Freud, der den alten Hobbesschen Kampf als Widerstreit zwischen Geist (Zivilisation) und Sexualität (Instinkt) und als Konfrontation zwischen Eltern und Kind auffaßte. Die Freudsche Tradition stellt den Geschlechtstrieb als biologische Notwendigkeit dar, der den Regeln zum Trotz, die Kultur und Zivilisation zu seiner Kontrolle entwickelt haben, nach Ausdruck strebt. Die Freudsche Auffassung verlieh der Vorstellung Auftrieb, daß wir nur insoweit zivilisiert sind, als es uns gelingt, unsere animalischen und sexuellen Instinkte zu unterdrücken. Diese archaische Auffassung hat nach wie vor immenses Gewicht.

Die geringfügige Abwandlung einer Ideologie des 17. Jahrhunderts durch Freud hat so allgemeingültigen Charakter, daß auch Psychologen und Soziologen, die die seine Theorie völlig ablehnen, dennoch unbeirrbar an seiner Auffassung der Sexualität «als eines angeboren und gefährlichen Instinkts» festhalten. Wir können uns also, kurz gesagt, nicht von dem Trugschluß des *universellen Menschen* befreien, trotz der Tatsache, daß es sich eindeutig um ein obsolet gewordenes Paradigma einer vergangenen Zeit handelt.

Nirgendwo ist die westliche Überzeugung von der Existenz eines natürlichen und universellen Menschen hartnäckiger verankert als in der Erforschung der Sexualität. Das Überleben der Art durch Fortpflanzung wird zum zentralen Faktum unseres Modells von Mann und Frau. Damit wird aber die Biologie in soziokulturelle Imperative umgesetzt. Unser Verhalten ist insofern nicht das Ergebnis von freien Entscheidungen, sondern von zwangsläufigen Reaktionen auf Geschlechtsorgane und -hormone.

Die Sexualforschung ist seit ihren Anfangsjahren starr auf die Anatomie fixiert. Wenn wir an Sexualität denken, richtet sich praktisch unsere gesamte Aufmerksamkeit auf die mechanische Betätigung der Genitalien. Kaum einmal wenden wir unsere Aufmerksamkeit von den Geschlechtsorganen ab und richten sie auf die subtilen sinngebenden Elemente, die mit ihnen verknüpft sind. Viele Soziologen sehen diese Neigung als eine Folge der Maskulinisierung sexueller Haltungen, der Tendenz, die Geschlechtlichkeit nur im Unterleib zu suchen. Aus einer umfassenderen Perspektive betrachtet ist jedoch die Geschlechtlichkeit keineswegs so eng begrenzt, sondern im Gegenteil Ausdrucksmittel einer großen Vielfalt von Empfindungen und Bedürfnissen. Für die meisten Männer ist es jedoch wegen des emotionellen Analphabetentums, das ein impliziter Aspekt der männlichen Sozialisation ist, schwierig, die Möglichkeit einer solchen Vielfalt zu denken.

Als im 16. Jahrhundert in den anglophonen Ländern der Begriff «Sex» erstmals auftauchte, bezog er sich zunächst ausschließlich auf die Trennung der Menschen in Männer und Frauen, auf geschlechtsspezifische Unterschiede. Seit Anfang des 19. Jahrhunderts bezieht sich der Begriff aber hauptsächlich auf die körperlichen Beziehungen zwischen den Geschlechtern, «Sex haben». In der Bedeutungserweiterung dieser Wörter spiegelt sich eine Verschiebung in der Auffassung von «Sexualität» (des Abstraktums, das die Eigenschaft des «Geschlechtlichkeit besitzens» bezeichnet) in unserer Kultur.

Die gesellschaftlichen Prozesse, durch die es zu diesen Veränderungen in Inhalt und Aussage kam, sind der komplexe Widerhall bedeutender Umwandlungen in der Gesamtstruktur gesellschaftlicher Werte im Westen. Im Widerspruch zur Flexibilität solcher Werte nehmen wir meist an, daß «Sexualität» unwandelbar ist. Diese Auffassung der Geschlechtlichkeit ist fest in unserer Kultur verankert. So gibt es zum Beispiel die Annahme einer scharfen Trennung zwischen den Geschlechtern, fest umrissener Unterschiede in Verhalten, Temperament und Interessen, ja auch den berühmten Antagonismus, den man als «Kampf der Geschlechter» bezeichnet. Männer sind eben Männer und Frauen sind Frauen, und man kann sich nicht vorstellen, daß die beiden viel miteinander gemeinsam haben. Es herrscht auch die Überzeugung, daß «Sex» eine obsessive Naturgewalt ist, ein biologischer Imperativ, der seinen Sitz ausschließlich in den Genitalien (insbesondere im männlichen Organ) hat und unsere Entscheidungen und unser Handeln beherrscht. Diese Schematisierung deutet auf das, was der Soziologe Jeffrey Weeks «ein Pyramidenmodell der Geschlechtlichkeit» nennt, «... eine sexuelle Hierarchie, die von der anscheinend naturgegebenen Korrektheit heterosexuellen genitalen Verkehrs nach unten zu den bizarren Manifestationen des ‹Perversen› geht, die, wie man hofft, ganz zuunterst begraben liegen, aber leider immer wieder an zweifelhaften Orten zum Ausbruch kommen.»

Seit dem ausgehenden 19. Jahrhundert konnte sich diese Auffassung des Geschlechtlichen auf den angeblich wissenschaftlichen Rückhalt der allgemein als Sexologie bezeichneten Disziplin berufen, der sogenannten Wissenschaft von der Begierde. Bei all den weitreichenden Meinungsverschiedenheiten zwischen führenden Sexologen wie Krafft-Ebing, Havelock Ellis, Auguste Forel, Magnus Hirschfeld und Sigmund Freud besteht doch in einem Punkt Einigkeit: Sie alle vertraten die naturalistische Auffassung, daß der Schlüssel zur Sexualität irgendwo in den Nischen der «Natur» verborgen liegt.

Gegen die Gewißheiten dieser Tradition hoffe ich eine alternative Verständnismöglichkeit der Sexualität ins Feld führen zu können, die von einer Vielzahl bedeutender Sozialgeschichtler und Anthropologen ausgearbeitet und diskutiert wurde. Jeffrey Weeks hat dargelegt, daß nach einer solchen alternativen Auffassung Sexualität kein «‹natürliches› Urphänomen ist, sondern vielmehr das Produkt gesellschaftlicher und geschichtlicher Kräfte ... eine ‹fiktive Einheit»». Demzufolge ist Sexualität eine Erfindung des menschlichen Geistes.

Die menschliche Sexualität wird von gesellschaftlichen Kräften geformt. Sie ist keineswegs die natürlichste Kraft in unserem Leben, sondern gerade diejenige, die kulturellen Einflüssen am stärksten unterliegt. Mit dieser Auffassung soll nicht die Bedeutung der Biologie geleugnet werden, denn die Physiologie und Morphologie des Körpers schafft selbstverständlich die Vorbedingungen für die menschliche Sexualität. Die Biologie ist aber nicht die bestimmende Ursache der Strukturen unseres Geschlechtslebens. Sie bildet nur den beschränkenden Rahmen dafür, was wahrscheinlich und möglich ist.

Es hat keinen Sinn, eifrig an einem Antagonismus zwischen Sexualität und Gesellschaft zu bauen, als ob dies biologisch dissoziierte Elemente wären, die aus verschiedenen Naturreichen stammen. Wir müssen anerkennen, daß die Sexualität in hohem Maße gesellschaftlich bedingt ist und daß jede Kultur andere Praktiken als angemessen und unangemessen, moralisch oder unmoralisch, gesund oder ungesund ausweist. Wir errichten fortwährend Abgrenzungen, die keinerlei Grundlage in der «Natur» haben. Und doch hängen wir nach wie vor der Phantasie an, daß unsere Geschlechtlichkeit der bedeutsamste unter den angeborenen und natürlichen Aspekten des Menschseins ist und daß die Formen des sexuellen Umgangs zwischen Männern und Frauen auf ewige Zeiten durch die Biologie, durch das Diktat unserer angeborenen «menschlichen Natur» vorherbestimmt sind. Jeffrey Weeks merkt hierzu an: «Die Darwinsche Revolution in der Biologie, die zeigte, daß der Mensch Teil der Tierwelt ist, forderte zur Suche nach dem Tierischen im Menschen heraus, und man fand es in seiner Geschlechtlichkeit.»

Andererseits war die weibliche Sexualität den Männern, die sich dem Studium der Geschlechtlichkeit widmeten, unweigerlich ein Rätsel. Die weibliche Sexualität war, nach Freuds berühmtem Ausspruch, ein «dunkler Kontinent».

Wir müssen jetzt über die Sexualität sprechen und nachdenken, weil wir von unseren Ankerbojen abgelegt haben und uns in der Tat auf hoher See befinden. Am Ende des 20. Jahrhunderts regiert die Relativität unser Leben so gewiß, wie sie die Matrix des Kosmos regiert. Der Philosoph Michel Foucault hat darauf hingewiesen, daß die Sexualität nicht mehr und nicht weniger ist als ein historisches Konstrukt. Ihre Bedeutung und ihr Ausdruck sind nicht weiter und umfassender als ihre spezifischen gesellschaftlichen und historischen Manifestationen, und eine Erklärung ihrer Formen und Variationen ist ohne eine Untersuchung und Erklärung des Kontextes, in dem sie entstanden, nicht möglich. Für mich ist dieser Kontext die Mythologie, die den Strukturen und Werten der Gesellschaften zugrunde liegt und sie prägt.

Mein Interesse gilt insbesondere dem Zusammenhang zwischen Mythos und Sexualität in der westlichen Welt. Nichts liefert aber interessantere Anstöße zum Überdenken der Dinge, die wir im Hinblick auf uns selbst für selbstverständlich halten, als die Gegenüberstellung unserer Weltauffassung und derjenigen einer völlig anderen Kultur. Die Lehre des Kulturvergleichs lautet, daß die Mythologie und die auf ihr beruhende sexuelle Symbolik je nach Zeit und Ort erheblichen Schwankungen unterliegen kann. Freud leugnete diese Lehre, als er die Hypothese formulierte, daß Anatomie Schicksal sei. Ich vertrete im Gegensatz hierzu in diesem Buch die These, daß die Auffassung einer jeden Gesellschaft vom Schicksal (ihre Mythologie, ihre Vorurteile, ihre Vorlieben und ihre gesellschaftlichen Haltungen) die Grundlage ihres Verständnisses des Körpers wie auch der Sexualität ist. Die Geschichte unserer Anschauung vom menschlichen Körper ist daher die Geschichte der grundlegendsten Wertsysteme unserer Gesellschaften. Unser Körper ist der Kosmos. Unser mythologischer Platz im Kosmos wird zwangsläufig in anatomische Metaphern umgesetzt, die wir für Lebenstatsachen halten. Von einer etwas anderen Warte aus betrachtet können wir aber unseren Kosmos neu kartieren, indem wir untersuchen, welche Auffassung wir vom Körper haben. In jeder Kultur und in jeder Epoche wird die Sicht des physischen Körpers zu einem anthropozentrischen Weltmodell. Sexuelle Verhaltensformen und -rollen sind aus diesen Kulturparadigmen abgeleitet, aus der Art und Weise, wie Sexualität in die großen gesellschaftlichen Erzählungen integriert ist, die unsere grundlegenden Vorstellungen über die physische Realität liefern. Diese Paradigmen sind in unseren religiösen, politischen, sozialen und wissenschaftlichen Mythen am sprechendsten dargestellt, denn die Mythologie ist in ihrem weitesten und aussagekräftigsten Sinne das Mittel, mit dessen Hilfe jede Gesellschaft die fundamentalen Fragen hinsichtlich unseres Ursprungs, unseres Lebens und unseres Schicksals beantwortet. Diese Zusammenschau der Vorstellung vom Körper und der aus mythologischen Quellen zugeordneten Bedeutungsinhalte ist zu jedem gegebenen Zeitpunkt der Kern unserer Sexualität. Diese zentrale und mythische Auffassung von der Sexualität aber fehlt nach Meinung vieler Gelehrter weitgehend im Denken der westlichen Welt.

Der Sexualhistoriker Vern L. Bullough liefert ein schlagendes Beispiel dafür, wie aus unterschiedlichen Mythologien unterschiedliche sexuelle Haltungen hervorgehen und in der Folge zu einer Sitte sozialisiert werden: «Der Ausgangpunkt vieler (sexueller) Annahmen scheint oft in den Schöpfungsmythen auf, in denen meist die Erde und der Himmel eine Rolle spielen. Die westliche Kultur basiert im allgemeinen auf der alten Annahme, daß die Erde weiblich ist, die Erdmutter, und der Himmel männlich, der Himmelsvater; diese tiefverwurzelte mythologische Auffassung lieferte die Norm für die sexuellen Beziehungen, wonach der Mann oben, die Frau unten zu liegen hat. Manche Kulturen haben die Erde als männlich und den Himmel als weiblich betrachtet, so daß bei ihnen die Stellung der Frau oben als natürlich akzeptiert ist, während andere wiederum ihre Symbole der Männlichkeit und Weiblichkeit aus anderen Quellen bezogen haben.»

Alle unsere Überzeugungen und Aktivitäten entspringen einer ihnen zugrundeliegenden «Mythologie» (jene Metaphern, prägenden Bilder und Paradigmen, die jeden Aspekt unseres Lebens nachhaltig beeinflussen und unsere Einstellung zur Wirklichkeit festlegen) über die Welt und über uns selbst: gut und böse, Normalität und Abnormalität, Tatsache und Fiktion, Gerechtigkeit und Ungerechtigkeit, Schönheit und Häßlichkeit, Macht und Machtlosigkeit. Dieses Buch setzt sich mit den vielfältigen Möglichkeiten auseinander, wie unsere sexuellen Werte und Prinzipien Abspiegelungen jener Mythologien sind, die Kern und Substanz dessen ausmachen, was wir für «Wirklichkeit» halten.

Die mythische Grundlage
sexueller Werte

Weil sich die westliche Weltanschauung die Überzeugung nicht nehmen läßt, daß die sexuelle Aktivität etwas Instinkthaftes ist, daß sie natürlich und angeboren ist, fällt es uns meist schwer anzuerkennen, daß auch die Sexualität dem geschichtlichen Wandel unterliegt. Wir sind davon überzeugt, daß Sexualität etwas Unveränderliches ist und daher außerhalb der Zeit besteht. Die Forschung hat aber gezeigt, daß es sowohl im Sexualverhalten wie auch in der Bedeutung, die wir ihm beimessen, viele und sogar erhebliche Änderungen gegeben hat. Die Sozialgeschichte hat zahllose Beispiele für solche Bedeutungsverlagerungen zutage gefördert und damit gezeigt, daß die Sexualität sehr wohl eine Geschichte hat.

Unsere westliche Sicht der Frau wurde gleichermaßen vom Mythos der «sündigen Eva» wie von der nachfolgenden Umkehrung dieses Mythos in den Bericht von der «jungfräulichen Maria» beeinflußt. Die jahrhundertelang gültige jüdisch-christliche (patriarchale) Auffassung von der Frau als zügellosem und triebhaftem Geschöpf (Eva) wurde etwa im 17. Jahrhundert in die Lehre verkehrt, daß Frauen weit weniger sinnlich seien als Männer (Maria). Die Soziologin Pat Caplan weist darauf hin, daß sich in der zweiten Hälfte des 19. Jahrhunderts diese Auffassung der Öffentlichkeit auf die Autorität der Ärzteschaft stützen durfte: «Unter den Medizinern galt die Meinung, daß Frauen mit einer sexuellen Anästhesie behaftet seien.» Dieses angebliche Ruhen der Leidenschaft machte Frauen zu «Dornröschen», während Männer durch die Standards jener Zeit vom pflichtbewußten Gatten in einen sexuellen Athleten verwandelt wurden. Unter diesen Umständen wurde der Mann zum leidenschaftlichen sexuellen Geschöpf, das die sexuelle Initiative ergriff und den «natürlichen» Widerwillen der Frau gegen das Sexuelle überwinden mußte. Die sexuelle Aggression war daher dem Mann nicht nur natürlicherweise gegeben, sondern sie war auch gut für ihn. Man glaubte, daß mangelnde sexuelle Betätigung der Gesundheit des Mannes abträglich sei.

In der viktorianischen Zeit änderte sich diese Auffassung von der zügellosen männlichen Sexualität erneut. Ungehemmte sexuelle Aktivität des Mannes galt jetzt als schädlich. Den ärztlichen Auffassungen jener Zeit zufolge war der Verlust des Samens mit einer Schwächung verbunden. Den Männern wurde dringend nahegelegt, vor wichtigen Anlässen – wie etwa Sportereignissen, Manöverübungen und wirtschaftlichen oder politischen Auseinandersetzungen – auf Geschlechtsverkehr zu verzichten. Die Onanie des Mannes galt als noch gefährlicher als sexuelle Betätigung mit einem Partner. Sie führte angeblich zu einer Vielzahl von Erkrankungen, Geisteskrankheit eingeschlossen.

Diese beliebig herausgegriffenen Beispiele einer sich wandelnden Einstellung im Westen machen deutlich, daß die Sexualität zu unterschiedlichen Zeiten und an unterschiedlichen Orten ganz unterschiedliche Formen annahm. Wir wissen heute auch, daß solche Änderungen deshalb eintreten, weil die Sexualität ein Kulturphänomen ist. Ebenso unzweifelhaft ist die Tatsache, daß die Sexualität ein zeitliches Phänomen ist und daher eine Geschichte hat, die nicht weniger ausgeprägt ist als die politische Ideengeschichte.

Das Studium des menschlichen Körpers und seine Wahrnehmung zu unterschiedlichen Zeiten und an unterschiedlichen Orten enthüllt ein bedeutsames Element der kulturellen Symbolik, das weitreichende Auswirkungen auf die

Sexualität hat. Zu den hervorragendsten Gelehrten, die sich mit diesen Auswirkungen befaßt haben, gehört auch Mary Douglas, die mit mir der Ansicht ist, daß man den Körper als eine Metapher für die Gesellschaft insgesamt betrachten muß. Ihrer Auffassung nach besteht ein enger Zusammenhang zwischen der Art, wie Menschen ihren Körper und wie sie ihre Gesellschaft betrachten: «Gesellschaften haben wie andere abgegrenzte Gruppen ihre Schwachstelle an ihren Berührungsflächen mit anderen Gruppen. Deshalb richten viele Gesellschaften große Aufmerksamkeit auf die menschlichen Körperöffnungen, denn hier werden Stoffe von innen nach außen befördert und umgekehrt. Gesellschaften, die sehr auf ihre Getrenntheit bedacht sind, schützen ihre [kulturellen Grenzen, das heißt Ränder] ebenfalls gegen Eindringlinge und Verschmutzung ... was sich symbolisch in Speise- und sexuellen Tabus äußern kann» (Douglas 1984).

Zahlreiche Studien aus unserem Jahrhundert belegen, daß insbesondere der Körper der Frau als gesellschaftliches Symbol für die wichtigen Grenzmarkierungen zwischen der Gruppe und Außenstehenden dient. In der behüteten Isolierung der Frau drückt sich oft das Bedürfnis der Gruppe nach einer «Privatsphäre» aus. Deshalb wird das Keuschheitsgebot für Frauen manchmal als das Mittel gerechtfertigt, mit dem sich eine stark an Blutsbanden orientierte Gesellschaft, in der klare biologische Abstammungslinien von großer Wichtigkeit sind, gegen das Eindringen von «Fremden» zu schützen sucht.

Alle Kulturen, so auch unsere eigene, bestehen aus einer Verkettung von Strukturen, die soziale Formen, Werte und eine Kosmologie sowie den gesamten Wissensbestand beinhalten, durch den jeder Aspekt der Erfahrung vermittelt wird. Diese Tatsache ist uns bei fremden Kulturen viel augenfälliger als beim Blick auf unsere eigene Gesellschaft. Aus diesem Grund ist es zumindest am Rande wichtig, die gesellschaftlichen Formen, Wertvorstellungen und Kosmologien anderer Völker zu erforschen. Jedenfalls ist diese Reihe zusammenhängender gesellschaftlicher Strukturen die Basis der Mythologie in dem Sinne, wie ich den Ausdruck in diesem Buch gebrauche. Diese mythische Grundlegung religiöser, sozialer, politischer und wissenschaftlicher Realität manifestiert sich, ob wir nach Amerika, Afrika, Europa oder Asien blicken, in Handlungen, die man allgemein Rituale nennt. «Das Ritual bringt die Form der gesellschaftlichen Beziehungen zur Darstellung und macht den Menschen ihre eigene Gesellschaft erkennbar, indem es diesen Beziehungen sichtbaren Ausdruck verleiht. Das Ritual wirkt auf den Gesellschafts‹körper› durch das symbolische Medium des physischen Körpers» (Douglas 1984). Das Ritual ist die *Verkörperung* der Gesamtheit des Wissens einer Gesellschaft; es ist die Transformation der Kosmologie in physisches Handeln, die Transformation der Seele in den Körper. Das Ritual ist der physische Ausdruck der Mythologie. Die Mythologie selbst wiederum ist gültiger Ausdruck von Werten, und sie nimmt an unterschiedlichen Orten und zu unterschiedlichen Zeiten mancherlei verschiedene Formen an: die charakteristischen Ursprungsgeschichten, die die bekanntesten Aspekte von Mythen darstellen, sowie auch die weniger bekannten sozialen Paradigmen, die der Mythologe Joseph Campbell *die Mythen, nach denen wir leben,* nennt: Nationalepen, politische Abhandlungen, wissenschaftliche Theorien und zeitgenössische urbane Mythen wie diejenigen, die die Mode, die Anstandsregeln und die Medienkommunikation diktieren.

Diesem besonderen Zusammenhang zwischen Mythos, Ritual und Sexualität gilt mein Interesse – dem Prozeß, aufgrund dessen die sexuellen Rituale die mythischen Werte von Gesellschaften in sich tragen.

Zunächst sollten wir uns darüber einigen, was hier unter dem Begriff «Mythologie» verstanden werden soll. Die beste Erklärung gibt der bekannte Mythologe David Maclagan:

«Der Mythos ist seiner tieferen Struktur wie auch seinem oberflächlichen Gehalt nach mit der komplexen Beziehung zwischen Leib und Seele sowie Wort und Welt befaßt. Er ist ‹metaphorisch› nicht in dem Sinne, daß er Redefiguren, bloße rhetorische Wendungen benutzt, sondern in der Grundbedeutung des Wortes: Er ‹führt hinüber› über die praktischen Grenzen, die wir zwischen Geschlechtern, Jahreszeiten, Spezies und Sternen ziehen. Diese metaphorische Durchdringung ist kein bewußter Vorgang, noch ist sie eine Besonderheit des Mythos; sie durchdringt, mit diesen untrennbar verbunden, *alle* unsere sinnvollen Handlungen, auch im spezialisiertesten Bereich der Wissenschaft.»

Daher meine ich mit Mythologie nicht nur jene Schöpfungsgeschichten, die eine Antwort auf die menschlichen Grundfragen geben: *Warum sind wir hier? Wer sind wir? Was ist unser Platz in der Welt, in der Zeit und im Raum?* Ich schließe in die Definition der Mythologie auch die metaphorische Fähigkeit des Mythos ein, geistige und soziale Denk- und Verhaltensformen zu prägen, die heiligen Kosmogonien der Religion zu transzendieren und in weltlichen Formen zu erscheinen, die absolut allem Wert verleihen, was wir in Kunst, Wissenschaft, Kommunikation und jeder anderen Lebensäußerung tun. Ich benutze also das Wort «Mythologie» mehr in dem Sinne, wie Philosophen unseres Jahrhunderts den Begriff «Paradigma» gebrauchen.

Wie die Mythologin Barbara C. Sproul bemerkt, bedingen Mythen «Haltungen gegenüber Tatsachen und der Wirklichkeit». Deshalb werden die Fragen, die sie aufwerfen, am effektivsten durch das metaphorische Denken beantwortet, das den Kern der Mythologie bildet. Mythen konstellieren unsere Wirklichkeitsauffassung. Ob wir an Mythen glauben oder nicht – sie sind die Grundlage unserer Gesellschaften und machen überall ihren Einfluß geltend. Ich glaube mit Sproul, daß Mythen «mit ersten Ursachen zu tun haben, der Essenz desjenigen, was ihre Kulturen als Wirklichkeit wahr-

27

nehmen ... Deshalb ist es kein Zufall, daß den Kulturen ihre Schöpfungsmythen überaus heilig sind, denn diese Mythen sind die Basis aller späteren Mythen. In ihnen können die Angehörigen der Gruppe die Hauptelemente der gesamten Wert- und Bedeutungsstruktur erkennen ... Aufgrund der Art der Übermittlung der eigenen Mythen wird jedoch den Menschen häufig nicht klar, daß es Mythen sind; die Menschen sind ganz in ihre Ansichten eingetaucht, sie sind Gefangene ihrer eigener Traditionen. Sie neigen dazu, Haltungen gegenüber der Wirklichkeit (Wertproklamationen) mit der Wirklichkeit selbst (Tatsachenfeststellungen) zu verwechseln».

Schöpfungsmythen haben große religiöse Bedeutung, und deshalb stellen wir sie uns häufig nur als heilige Kosmogonien vor. Schöpfungsmythen bestimmen aber auch die Gestalt weltlicher Mythen, die wiederum die Paradigmen nichtreligiösen Denkens in Wissenschaft, Politik und Recht bilden. Das Sozialverhalten und sogar die Mode und die Anstandsregeln haben ihre Grundlage in einer Wertstruktur, die sich von der Mythologie nicht trennen läßt. Auch unsere Vorstellungen von der Sexualität sind diesem mythischen Einfluß nicht entzogen. So ist zum Beispiel die mythische Basis des Sexualverhaltens in vielen Gesellschaften eine strenge Dichotomie. Diese Dichotomie ist im Westen besonders stark ausgeprägt. Wir nehmen daher wie selbstverständlich an, daß das asiatische Begriffspaar Yin und Yang unsere eigene Auffassung bezüglich der Allgemeingültigkeit einander entgegengesetzter Kräfte in der Natur bestätigt, statt Yin und Yang als Ausdruck eines anderen Paradigmas in der taoistischen Tradition zu sehen. Yin und Yang sind in Wirklichkeit durchaus nicht zur Veranschaulichung des pragmatischen Dualismus des Westens geeignet; sie sind eine symbolische Darstellung der Synthese von Gegensätzen, die die Grundlage der einheitlich denkenden asiatischen Mentalität ist. Yin und Yang, hell und dunkel, Bewußtheit und Unbewußtheit befinden sich für den Menschen des Ostens in einem aktiven, dialektischen Gleichgewicht. Wie scharf auch der Gegensatz sein mag – jeder Pol kann immer nur mit seinem Gegenpol vollständig sein.

Im Gegensatz dazu ist es für den westlichen Standpunkt typisch, sich die Sexualität als binäres Gegensatzpaar vorzustellen: männlich und weiblich, heterosexuell und homosexuell, ehelicher Sex und vor- oder außerehelicher Sex. «Immer aber ist einer dieser Pole privilegiert und gilt als ‹normal›» (Caplan). In vielen anderen Kulturen ist dem auch dort bestehenden zweiwertigen Wertsystem das, was wir im Westen unter binären Gegensätzen verstehen, fremd oder schlicht unverständlich. Dieser fundamentale Unterschied in unserer Welterkenntnis und Weltauffassung macht es uns fast unmöglich, andere auf eine andere Weise als die zu sehen, in der wir uns selbst definieren. Weil wir unsere eigenen Mythen nicht als Mythen erkennen, halten wir alle anderen Mythen für falsch, und deshalb fordert nichts unsere faktische Mythologie so sehr heraus wie die Werte anderer Kulturen, die denjenigen Kategorien der Privilegiertheit und Normalität widersprechen, die unsere Kosmogonie der Natur zuweist. Jede Andeutung eines Irrtums in den Dingen, die den Kern der binären Gegensätzlichkeit ausmachen, wirft uns völlig aus dem Gleichgewicht. Wir können uns keine Kongruenz zwischen demjenigen vorstellen, was wir als «Gegensätze» definiert haben, weil unsere Mythologie zum Leitprinzip nicht allein der Religion und des ethischen Verhaltens, sondern auch der Wissenschaft und des Sozialverhaltens geworden ist. Entscheidungsmöglichkeiten gibt es für uns nur im Sinne eines strengen Entweder–oder: männlich oder weiblich, gut oder böse, hell oder dunkel, heterosexuell oder homosexuell, natürlich oder widernatürlich. Wir haben sogar den rein statistischen Gehalt von Begriffen wie «normal» und «abnormal» zu einer eigenartigen Form eines biologischen Ethos verfälscht: normal = gut, abnormal

= böse. Wegen dieser Zwangsvorstellung entgegengesetzter Kräfte und ihrer Verknüpfung mit der Moral fällt es uns schwer, die Sexualität anderer Völker und anderer Zeiten zu verstehen. Wenn wir uns zum Beispiel mit der Sexualität der alten Griechen befassen, ziehen wir unweigerlich einen Ausdruck unserer eigenen Zeit heran: «Bisexualität».

Der Philosoph Michel Foucault (1985) fragt: «Waren die Griechen also bisexuell? Ja, wenn wir damit meinen, daß ein Grieche gleichzeitig oder nacheinander in einen Knaben und ein Mädchen verliebt sein konnte, ... daß es durchaus üblich war, daß ein Mann nach einer Phase der Knabenliebe in seiner Jugend sich den Frauen zuwandte.» Wenn wir hingegen verstehen wollen, wie die Griechen selbst diese Triebambivalenz betrachteten, müssen wir die Tatsache bedenken, daß für sie überhaupt nicht von zwei unterschiedliche Trieben die Rede sein konnte. Wenn wir von ihrer «Bisexualität» sprechen, meinen wir damit vielleicht, daß sie sich eine Wahl zwischen den beiden Geschlechtern gestatteten, während für sie hierin durchaus kein Ausdruck einer dualen, ambivalenten und bisexuellen Begierde lag. Foucault (1985) sagt: «Nach ihrer Auffassung war dasjenige, was es ermöglichte, einen Mann oder eine Frau zu begehren, nichts anderes als die Begierde, die die Natur dem Menschenherzen nach ‹schönen› Menschen gleichgültig welchen Geschlechts eingepflanzt hatte.»

Wie wir noch sehen werden, bedeutete für die Griechen der Körper eine idealisierte Konzeption sichtbar gewordener Schönheit. Nicht nur die gesamte Ästhetik der Griechen beruhte auf dieser Auffassung, sondern auch ihre Kosmologie, Ethik, Wissenschaft und Politik. Nicht nur, daß die Griechen eine andere Auffassung vom Körper hatten als wir; ihre Anschauung des Körpers zeigt auch gewisse Übereinstimmungen mit und Unterschiede zu anderen Weltkulturen, die, wiewohl sie nicht Thema dieses Buches sind, ein erhellendes Licht auf die Formbarkeit des Verhaltens werfen können, das wir im Westen uns als von der Natur unabänderlich festgelegt vorstellen.

So liegt zum Beispiel in Mombasa die Beziehung zwischen Geschlechtsidentität und Sexualität näher an derjenigen der Griechen als an derjenigen der Anglo-Amerikaner. Das Geschlecht wird nur auf der Basis der biologischen Gegebenheiten, nicht des Sexualverhaltens zugewiesen. Deshalb bleiben in Mombasa Lesbierinnen Frauen und kleiden sich als Frauen. Im nahegelegenen Oman herrscht (trotz der vielen historischen Verbindungen mit Mombasa) gerade die gegenteilige Auffassung von Sexualität. Ein männlicher Homosexueller wird als Transsexueller betrachtet und kann effektiv zu einer Frau werden. Hier bestimmen das sexuelle Handeln, nicht die Sexualorgane das Geschlecht. Deshalb ist in Oman das Verhalten und nicht die Anatomie die Grundlage für die Definition der Geschlechtsidentität.

Was «man» will und was «man» tut, ist in jeder Gesellschaft sehr weitgehend das, was «man» wollen soll und was «man» tun darf. Emerson faßte diese Symbiose von Mensch, Gesellschaft und Sexualität in Worte, wenn er sagt, daß das Naturganze eine Metapher des menschlichen Geistes ist.

Die Mythologie beruht auf eben einer solchen Naturmetapher. Meist wird diese Metapher zu einer Wahrheit erhoben, die wiederum zu einem Wunschbild einer einzelnen Realität wird. Die Sexualität wird wie die Wissenschaft und die Politik aus einer kosmologischen Sicht betrachtet. Wir schließen mit ein- und derselben Gewißheit, daß die Ethik des sexuellen Verhaltens, die Wahrheit wissenschaftlicher Fakten und die Korrektheit politischer Werte gültige Abspiegelungen der kosmischen Wirklichkeit sind. Daraus folgt, daß wir recht haben und alle anderen unrecht. Unsere hartnäckigsten Annahmen sind diejenigen, die unbewußt bleiben und nicht hinterfragt werden; solcherart sind die Haltungen, die ich erkunden möchte. Die beste Art, versteinerte Auffassungen in Frage zu stellen, besteht nun darin, sie dem Schock der Kontrastierung mit einer ganz fremden Tradition auszusetzen, denn selbst etwas so Fundamentales wie die breit angelegten Erzählungen über den Ursprung der Welt hat so viele Formen und Varianten, wie es Völker auf der Erde gibt.

Im Mythos geschieht die Erschaffung der Natur meist in Form eines Fortpflanzungsakts. Barbara C. Sproul hat diesbezüglich einige wichtige Beobachtungen gemacht. Sie schreibt, daß hierbei ein Vatergott und eine Muttergottheit alle Kräfte und Geschöpfe des Kosmos als Nachkommenschaft hervorbringen. Dieses Yin-Yang-Prinzip tritt auch dann auf, wenn im Mittelpunkt der Schöpfung nur eine einzige Gottheit steht. «Wenn die Kraft des Seins als ausgeprägt weiblich charakterisiert wird, gebiert eine Erd-Muttergottheit spontan und unabhängig, ohne einen Partner.» Wenn die einzige Gottheit männlich ist, externalisiert sie sich entweder selbst als weiblichen Partner und erzeugt mit «ihr» Nachkommenschaft, oder sie enthält in sich alle Aspekte des weiblichen «anderen» und erzeugt aus diesem mythischen Amalgam neues Leben.

Unterschiedliche Kulturen stellen sich die Geburt des Kosmos in ganz unterschiedlicher Form vor, wodurch ein breites Spektrum metaphorischer sozialer Werte entsteht. Einige Schöpfergottheiten opfern einen Teil ihrer selbst, indem sie einen Teil ihres Körpers abschneiden und daraus die Welt bilden. Andere gebären die Welt, indem sie sie erbrechen oder ausscheiden. Bei solchen Szenarios leitet sich die menschliche Physiologie von einer Gottheit ab und besitzt daher große kosmologische Macht. So gebar zum Beispiel nach der Schöpfungsgeschichte der australischen Aranda der große Vorfahr die Menschen, indem er sie durch die Achselhöhle transpirierte.

In manchen Gesellschaften sind Erbrochenes, Exkremente und Schweiß weniger wirksame Fortpflanzungsstoffe als Sexualflüssigkeiten wie Sperma. Zwar hatten viele Gesellschaften bemerkenswerte Vorstellungen von der Bedeutung von Samen und Ei für die Fortpflanzung, doch galt in der Regel das Sperma als wichtig, wenn nicht unverzichtbar für die Fortpflanzung. Deshalb ist die göttliche Onanie in vielen Kulturen ein bedeutsames mythisches Element der Schöpfung. Der ägyptische Gott Neb-Er-Tscher soll alle Gegensätze in sich enthalten: männlich und weiblich, Wort und Idee, Körper und Geist. Diese Aspekte treten in eine Wechselwirkung, als der Gott in seine geballte Faust onaniert und den Samen in seinen Mund legt, wo er seinen kosmischen Schoß befruchtet. Dann speit er ihn als Schöpfung aus. Bei allen Mythen, in denen ein solcher sexueller Akt die Grundlage der Schöpfung bildet, liegt der Schwerpunkt auf der Fruchtbarkeit und Überfülle der Macht, die den Gottheiten ihre symbolische Statur als absolute Wesen verleiht, bei denen Schöpfung nicht nur eine Möglichkeit, sondern eine Notwendigkeit ist. Sexuelle Überfülle wird in einen Zusammenhang mit Schöpfung gestellt. Eben dies rühmen viele Urmythen, wenn sie von der außerordentlichen Fruchtbarkeit der Gottheit Mutter Erde sprechen oder wenn die australischen Aborigines ihre Djanggawul-Götter mit überdimensionalen Genitalien darstellen.

Dieses Thema kommt in zahllosen Variationen vor. In Kulturen, die die Opferfunktion des menschlichen Körpers betonen, kann Blut aus dem männlichen Genitale das Sperma als Fortpflanzungsflüssigkeit ersetzen. Nach der vorkolumbianischen mexikanischen Kosmogonie entnahm die toltekische Gottheit Quetzalcoatl seinem Penis mit einem Kaktusdorn Blut, mit dem er die gemahlenen Knochen einer früheren Menschheitsrasse salbte, woraus das toltekische Volk entstand.

Ich möchte nochmals verdeutlichen, worauf es mir hier ankommt. Die Art der Bewertung und der Betrachtung des Körpers in verschiedenen Zeitaltern und Kulturen ist eine Geschichte der von gesellschaftlichen Mythen übermittelten sexuellen Botschaften und der auf solchen Mythen basierenden Sitten. Der Geschlechtsakt fließt in die mythische Phantasie ein, und damit bestimmt auch die Mythologie eines Volkes weitgehend seine Haltung zur Sexualität. Wenn aber dieser Fortpflanzungsaspekt der Schöpfungsgeschichte einmal als Bestandteil des theologischen Rahmens akzeptiert ist, wird die Einstellung zur Sexualität durch Gesetz und Philosophie und letztlich auch durch Wissenschaft, gesellschaftliche Mode und die Massenkommunikation verstärkt – und diese haben sämtlich das Verbot oder die Sanktionierung bestimmter Formen sexuellen Verhaltens zum Ziel. Die Schöpfungsgeschichte kann der Ausgangspunkt für diesen Prozeß sein, doch ist Mythologie im weitesten Sinne nicht einfach eine religiöse Konvention der Vergangenheit, sondern ein Fundus von Sozialisationskonzepten, die auch in unserem eigenen Jahrhundert noch als aktive Metaphern lebendig sind.

Heute wie in der Vergangenheit ist die Art, wie mythische Konzepte zur Grundlage sexueller Werte werden, häufig durch metaphorische Redeweisen und Bilder verschleiert, die den Kern der Mythologie ausmachen. Vielleicht läßt sich dieser Punkt durch einige relativ einfache Beispiele verdeutlichen, die zeigen, wie einige unserer grundlegenden Haltungen gegenüber der Geschlechtlichkeit aus einer Verschmelzung von Sexualität und religiösen und weltlichen Mythologien hervorgehen.

Vern Bullough zufolge ist bei den Balinesen der Tausch der Geschlechterrollen eine häufige Erscheinung. Eine der am meisten verehrten religiösen Gestalten ist Syng Hyang Toenggal (der «Einsame» oder Tijinitja), der nach der balinesischen Kosmologie eine Gottheit darstellt, die vor der Zeit, als man sich die Götter geschlechtlich in Männer und Frauen getrennt dachte, Gatte und Gattin zugleich war. Der Kleidertausch im Rahmen der rituellen Syng-Hyang-Toenggal-Feier ist offensichtlich ein transvestitisches Verhalten, das heißt die religiöse Sanktionierung des Geschlechterrollentausches und möglicherweise auch homosexueller Aktivitäten unter den Balinesen.

Im Gegensatz zu den meisten anderen westlichen Kulturen war für die Ägypter, wie ich schon erwähnte, die richtige Position beim Geschlechtsverkehr diejenige, bei der die Frau oben lag, eine Position, die mit einer Umkehr der Stellungen der Götter in der ägyptischen Kosmologie zusammenfiel. In Ägypten war die Erde eine männliche Gottheit, der Himmel weiblich. Deshalb wird der Erdgott Geb meist unter seiner Gemahlin Nut, der Himmelsgöttin, liegend dargestellt.

Eine andere Sitte bei den Ägyptern war die Vermählung von Geschwistern, ein inzestuöses Arrangement, das zwar häufig in den Mythen verschiedener Kulturen erscheint, aber selten als Sitte sozialisiert ist. Der göttliche Status des ägyptischen Königtums motivierte jedoch die Nachahmung der Götter, wodurch der Inzest als königliches Privileg sozialisiert wurde. Die Rollenmodelle für dieses Verhalten sind klar: Die Göttin Isis hatte ihren Bruder geheiratet, den Gott Osiris, und die Göttin Nephthys war die Gemahlin ihres göttlichen Bruders Seth. Wie häufig diese Inzestehen waren, ist umstritten, insbesondere deshalb, weil der Ausdruck «Schwester» in Altägypten häufig sowohl «Ehefrau» als auch «Geliebte» bezeichnete. Fest steht jedenfalls, daß es in griechischer Zeit während der Herrschaft der Ptolemäer durchaus die Regel war, daß die Pharaonen ihre Schwestern heirateten. «In der griechisch-ägyptischen Stadt Arsinoe wurden schätzungsweise zwei Drittel der im 2. Jahrhundert v. Chr. registrierten Ehen zwischen Geschwistern geschlossen» (Bullough).

Die Juden hingen wie die meisten Völker des Nahen Ostens einer männlich akzentuierten Religion und einer sozialen Orientierung an, die Männern einen höheren Rang als den Frauen einräumte. Der Grad der Sozialisation der männlichen Vorherrschaft läßt sich an der jüdischen Verknüpfung von Maskulinität und Phallus ablesen. Kastrierten war der Zugang zum Tempel verboten: «Zur Gemeinde des Herrn darf keiner kommen, der verstümmelte Hoden oder Geschlechtsteile hat» *(Deuteronomium 23,2)*. Ein kastriertes Tier durfte nicht auf dem Altar geopfert werden.

Die Männlichkeit stand in hohem Ansehen, während Frauen aufgrund ihres niedrigen Status Männern mehr oder weniger schutzlos preisgegeben waren. Hebräische Soldaten schändeten die Frauen, die sie im Krieg gefangennahmen. Die Söhne Jakobs töteten Sichem, weil er ihre Schwester Dina vergewaltigt hatte, doch Jakob schalt sie, weil nach seiner Auffassung der Übergriff gegen ein weibliches Mitglied der Familie kein ausreichender Grund für eine gewaltsame Vergeltung war – Auge um Auge, jedoch kein Leben für eine Vergewaltigung. Was möglicherweise als Religion, ausgehend von einer allmächtigen männlichen Gottheit, begonnen hatte, war zur Grundlage einer sozialen Mythologie geworden, die die rechten Umgangsformen mit Frauen dekretierte.

Im Zentrum der jüdisch-christlichen frauen- und sexualitätsfeindlichen Mentalität steht der mythische Ursprung der Frau. Auf den ersten Seiten der *Genesis* werden zwei Berichte über die Schöpfung der Frau wiedergegeben. Nach der talmudischen Überlieferung war Lilith die erste Frau Adams. Wie Adam wurde Lilith aus dem Staub *(adamah)* der Erde geschaffen. Sie war eine der Frauen Sammaels (oder Satans) gewesen, doch weil sie wild und leidenschaftlich war, verließ sie ihren Gemahl und ging zu Adam in den Garten Eden. Lilith weigerte sich aber, als Frau eine untergeordnete Rolle zu spielen; sie wollte Adam nicht unterwürfig sein, weil sie beide aus dem Staub geboren und daher gleichberechtigt waren. Als sie darüber in Streit gerieten, verließ Lilith das Paradies und erhob sich in die Lüfte. Adam betete darum, daß ihm Lilith wiedergegeben werde, und der Herr entsandte drei Engel zu ihrer Verfolgung. Er befahl ihnen, Lilith in den Garten Eden zurückzuordnern; sollte sie sich weigern, müßten jeden Tag einhundert ihrer Nachkommen sterben. Lilith widersetzte sich allen Versuchen, sie in den Garten Eden zurückzubringen, und schwur, für die Ausrottung ihrer eigenen Nachkommenschaft an Kindern Rache zu nehmen. In der mittelalterlichen Rabbiner-Literatur wird Lilith als ein Geist beschrieben, der nachts umherstreift, Männer verführt und Kinder tötet, insbesondere Neugeborene. Wegen ihres widerspenstigen Geistes wurde die erste Frau der *Genesis* als Monster und als Mutter aller Dämonen verdammt.

Das Ansehen der zweiten Frau, die der Herr schuf, ist nur wenig besser als das Liliths. Eva wurde aus einer Rippe Adams geschaffen, aus dem Manne für den Mann, und aus diesem Grund gilt sie als das untergeordnete und schwächere der beiden Geschlechter. Sie ist auch diejenige, durch die Sünde in die Welt kam, eine Versucherin, die Adam zum Genuß der verbotenen Frucht überredete. Wegen ihrer Sünde wurde sie vom Herrn dazu verurteilt, ihre Kinder in Elend und Schmerzen zu gebären. Philo, ein alexandrinischer Jude, vertrat im letzten Viertel des 1. Jahrhunderts v. Chr. die Auffassung, daß die Ursünde Evas die Folge geschlechtlicher Begierde, der Gier nach körperlichem Genuß war, und daß dieser Genuß der «Anfang allen Unrechts und aller Verletzungen des Gesetzes war». Philo glaubte, daß die Menschheit um der Geschlechtlichkeit willen ein Leben in Unsterblichkeit und Freude gegen ein Leben der Sterblichkeit und des Elends eingetauscht hatte. Das Weibliche war für Philo die Sinneswahrnehmung, die geschaffene Welt, das Männliche die vernünftige Seele. Aller Fortschritt bestand darin, das Weibliche – das Materielle, Passive, Körperliche und sinnlich Wahrnehmbare – zugunsten des Männlichen – des Aktiven, Rationalen und Unkörperlichen – aufzugeben. Die Verknüpfung Evas mit dem Geschlechtstrieb war kein jüdisches Gedankengut, und Philo hatte nur wenig unmittelbaren Einfluß auf die Juden seiner Zeit, jedoch umso mehr auf das Christentum, das den Zusammenhang zwischen Eva und Sexualität formalisierte. Augustinus zum Beispiel meinte, daß Eva sich wegen ihrer Begierde schämte und deshalb Adams und ihre eigene Blöße bedeckte, indem sie Feigenblätter für ihre Schamteile zusammennähte. Die Lust wurde mit der Vertreibung aus dem Garten Eden geboren. Falls es vor der Vertreibung Geschlechtlichkeit gegeben hatte, war sie unschuldig und ohne Begierde. Eva, die Versucherin, wurde zum Symbol für die weibliche Unterordnung und das übersteigerte Interesse der Frauen an lustbetonten Gedanken und Handlungen. Wie wir noch sehen werden, wurde sie schließlich – durch eine Verknüpfung mit der Jungfräulichkeit Marias, der Mutter Christi – von der Sünde freigesprochen. Dadurch hat sich freilich aufgrund der aus der jüdisch-christlichen Mythologie abgeleiteten und überall anzutreffenden Einstellungen an der Haltung gegenüber Frauen wenig geändert. Frauen gelten nach wie vor als minderwertige Geschöpfe, die zwischen der Unschuld Mariens und dem lüsternen Eigensinn Evas hin- und hergerissen sind.

Es gibt zwar schon in der jüdischen Mythologie viele Beispiele für sexualitätsfeindliche Auffassungen, doch bekam die Geschlechtlichkeit ihren wirklich schlimmen Ruf im Westen erst dann, als verschiedene nahöstliche Kulte Einfluß auf das christliche Dogma gewannen. In griechischer Zeit gab es zahlreiche sexualitätsfeindliche Strömungen; eine der mächtigsten war eine orphische Religion, die großen Einfluß auf verschiedene bedeutende theologische Denker hatte. Die orphischen Mysterien wurden zwar niemals Teil der Staatsreligion des klassischen Griechenland, hatten aber erheblichen Einfluß auf die Phythagoräer und Platoniker sowie viele spätere griechische Philosophen. Aus diesen griechischen Strömungen gelangte ein fanatischer Dualismus in das Christentum. Diese Mythologie ist so tief verwurzelt, daß auch Nichtgläubige von den Grundsätzen dieser Überzeugung von der Heiligkeit der Seele und der Profanität des Körpers stark beeinflußt sind.

Das zentrale Thema der orphischen Religion war das Bemühen, durch ein Leben in Reinheit und durch Reinigungsrituale Unsterblichkeit zu erlangen. Kernpunkt dieser Reinheitslehre war die Überzeugung, daß die Seele Strafen für frühere Sünden erleiden müsse und daß der Körper ein Gefängnis sei, in das die Seele eingekerkert ist. Nach den orphischen Lehren war im Anfang Nacht. Schließlich bildete sich im Nichts ein silbernes Ei, das den Eros («Liebe») enthielt. Es wuchs, bis es in zwei Teile auseinanderbarst: den Himmel (Uranos) und die Erde (Gaia). Uranos und Gaia verbanden sich, und aus ihrer Vereinigung gingen Kronos und die anderen Titanen hervor. Kronos wurde Vater von Rhea, Demeter, Hades, Poseidon und Zeus. Zeus wollte die Herrschaft über die Welt an sich reißen und verschlang seinen Vater Kronos, womit er sich die gesamte Schöpfung aneignete, aus der er unsere heutige Welt schuf. Dann begattete Zeus Persephone, die Dionysos gebar, dem Zeus die Herrschaft über die neugeschaffene Welt gab. Bevor jedoch Dionysos die Herrschaft antreten konnte, wurde er von den eifersüchtigen Titanen umgebracht. Als Zeus diese Untat entdeckte, verbrannte er die Titanen mit seinem Blitz zu Asche. Aus dieser Asche formte Zeus die Menschheit, was meist so interpretiert wird, daß seine neue Schöpfung deshalb etwas vom Heiligen und etwas vom Profanen enthält. Dieser Mythos war die Grundlage des orphischen Glaubens, daß der Mensch eine zweifache Natur hat, die im Widerstreit mit sich selbst liegt: göttliche Gutheit und das Böse, das Erbe der Titanen. Das Ergebnis dieses mythischen Denkens ist die Grundlage unserer eigenen Werte: Um göttlich zu werden, müssen wir das Göttliche in uns pflegen und das Böse austilgen.

Dieser kurze Überblick über religiöse Mythologien zeigt

unbestreitbar, daß unsere Körperlichkeit und Sexualität unversöhnliche Aspekte der mythischen Basis des jüdisch-christlichen Bösen sind. Vielleicht ist uns diese theologiegeschichtliche Tatsache vollauf bewußt, vielleicht sind wir uns auch über die grundlegenden Verschiebungen der ethischen Werte völlig im klaren, die von den bedeutendsten Denkern der jüdischen und christlichen Welt verfochten wurden – und trotzdem orientieren viele der gebildetsten und mächtigsten Leute des Westens nach wie vor ihre alltäglichen Einstellungen und ethischen Wertungen unbeirrbar an einer Moralität, die ihre Wurzeln in einer heute obsoleten Mythologie hat. Die Mythologie hat ausgedient, doch hat das auf dieser Mythologie basierende Dogma als Ausdruck eines Glaubens unter dem Deckmantel des gesunden Menschenverstandes überlebt.

Es ist uns klar, daß Gesellschaften von diesem kopflosen Dogma nachhaltig beeinflußt sind, von einer Ethik ohne einen funktionierenden, rationalen Kopf. Trotzdem werden viele Mächtige offensichtlich von einem Dogma geleitet, das sie für eine dem gesunden Menschenverstand entspringende Wahrheit halten: Politiker, die politische Leitlinien festlegen, Menschen im Gesundheitswesen, die über das Schicksal Kranker bestimmen, Erzieher, die die sexuelle Mentalität künftiger Generationen prägen, und Medienleute, die die Sensibilität von Millionen von Menschen formen. Viele von uns stützen ihre sozialen und politischen Werte auf biblische Vorstellungen, denen wir durch keinerlei religiöse Bindung mehr verpflichtet sind. Dies könnte daran liegen, daß wir nicht erkennen, daß unsere Rechtfertigung der Ethik eine mythische Grundlage hat, und wir vielleicht deshalb mit solchen Überzeugungen so umgehen, als ob sie Elemente einer absoluten, geoffenbarten Wahrheit wären. Aus dieser Sicht ist es daher nicht erstaunlich, wenn ein bekannter amerikanischer Nachrichtensprecher im Rahmen einer Semesterfeier vor Studenten folgendes sagen konnte:

«Treibt Sex wann immer und mit wem immer ihr wollt, aber bitte mit Kondom? Nein, die Antwort ist: nein. Nicht weil es nicht cool oder clever ist oder weil ihr am Ende vielleicht auf einer Aids-Station zugrunde geht, nein, sondern weil es falsch ist. Weil wir die letzten fünftausend Jahre als Rasse rationaler Menschen mit dem Versuch zugebracht haben, uns auf der Suche nach Wahrheit und absoluten ethischen Werten aus dem Ursumpf zu ziehen ... In ihrer reinsten Form ist die Wahrheit kein höfliches Auf-die-Schulter-Tippen. Sie ist ein schreiender Vorwurf. Was Moses vom Berg Sinai herunterbrachte, waren nicht die ‹Zehn Empfehlungen›».

Ein näherer Blick auf diese Invektive zeigt den außerordentlichen Einfluß, den Mythologien nach wie vor auf die Sexualität haben. Der «Ursumpf», von dem der Medienmann spricht, ist die Sexualität, aus der Sicht einer sexualfeindlichen religiösen Kultur betrachtet. Der «Vorwurf», den er im Munde führt, ist die in höchste Verwirrung gestürzte Moral, die in den anthropologischen, sexuellen oder philosophischen Auffassungen des ausgehenden 20. Jahrhunderts keinen Rückhalt mehr hat. Die «Wahrheit und absoluten ethischen Werte», die er so sehr hochhält, sind Ausfluß einer westlichen Mythologie, der an allen Ecken und Enden von unseren eigenen Denkern wie auch von zahllosen anderen Mythologien der Boden entzogen wird – von Mythologien, die von einer Fülle hochmoralischer Völker hervorgebracht wurden, die schon viel länger als 5000 Jahre mit einer Intelligenz, die der unseren zumindest ebenbürtig ist, hart an ihrer eigenen ethischen Wirklichkeit gearbeitet haben.

Das Studium der Geschichte der Sexualität als einer Manifestation des fundamentalsten mythischen Selbstverständnisses eines Volkes läßt uns nicht nur die buchstäbliche Wahrheit unserer eigenen religiösen Kosmogonie in Frage stellen, sondern auch die Notwendigkeit erkennen, die zahllosen wissenschaftlichen und sozialen Werte, Normen und

Verhaltenskodizes einer neuen Bewertung zu unterziehen, weil sie sich unausweichlich aus der Mythologie ergeben und in der heutigen industriellen und wissenschaftlichen Welt in Form gesellschaftlicher Konventionen zu Fortsetzungen dieser Mythologie geworden sind. Wenn wir begreifen, daß unsere geistige Verfassung das Produkt einer solchen Mythologie ist, können wir uns darüber klar werden, daß es vielleicht noch andere Möglichkeiten jenseits jener überkommenen Korsetts gibt, die unser Leben einschnüren. Wir können erst dann entdecken, was wir werden, wenn wir sehen, wer wir waren und sind. Wir können die aus einer neuen Mythologie hervorgehenden Werte nur entdecken, wenn wir die Möglichkeit erkennen, daß die Wahrheit der Mythologie nicht festgelegt und einmalig, sondern pluralistisch und formbar ist.

Meine Prämisse ist, daß der Körper durch den Strom einer mythischen Mentalität fortwährend transformiert wird. Es gibt viele Möglichkeiten, sich der Geschichte dieser Transformation zu nähern, und die Geschichte, die ich erkunden möchte, ist keineswegs die einzige. Sie verfolgt lediglich einen von vielen Fäden, aus denen die Historie des Mythos und der Sexualität gewebt ist.

In groben Zügen beginnt diese Geschichte in einer Zeit, die so weit von uns entfernt ist, daß wir die Stimmen derer nicht mehr vernehmen, die die Hüter der Mythen von einer lebenspendenden Muttergottheit waren. Wir können diese alte Gemeinschaft nur unscharf durch ihre bemerkenswert provokativen Artefakte erkennen, die uns eine mutterrechtliche Welt rekonstruieren lassen, die sich erheblich von unseren maskulinisierten Gesellschaften unterschied. Über das egalitäre Bild des neolithischen Europa legt sich der Schatten des Eindringens männlich dominierter religiöser Mythologien, die aus dem lebenspendenden Leib einer Frau einen «männlichen Mutterschoß» machten, in den die Männer den Samen des Lebens zur Erzeugung ihrer eigenen

Nachkommenschaft einsäen zu können glaubten. Unter dem Einfluß einer am Ende triumphierenden christlichen Mythologie wurde schließlich auch der zeugende Körper der Männer zu einer Verkörperung der Sünde. Die Paradigmen, in denen diese Transformationen des Körpers dann Gestalt annahmen, sind uns als religiöse Mythologien vertraut.

Das mythische Denken nahm aber auch untypische Formen an. So betrachtete zum Beispiel die Römische Kirche die «kosmische Maschine» als eine großartige Konstruktion Gottes, die von seiner Hand in geordnete Bewegung versetzt wurde. Das Heilige wurde allmählich säkularisiert, bis im 17. Jahrhundert die große Maschine Gottes zur Grundlage der folgenreichen mechanistischen Philosophie von René Descartes wurde. Während der Industriellen Revolution begünstigte dann jene christliche Kosmologie, die Gott als den Planer und Konstrukteur des kosmischen Mechanismus sah, die Umwandlung des Körpers in eine Maschine. Arbeiter wurden nicht anders behandelt als die Maschinen der Industrie. Diese mechanistische Haltung hatte schließlich weitreichende physiologische Folgen. In einem der «wissenschaftlichen» Beobachtung verfallenen Zeitalter wurde die Sexualwissenschaft erfunden. Wie wir noch sehen werden, versuchte die Sexualwissenschaft dann, jeden Aspekt des Geschlechtsmechanismus zu kalibrieren, und obwohl diese aufrichtigen Bemühungen im Gewande einer «Wissenschaft von der Begierde» daherkamen, wurden sie trotzdem zum Ausdruck der herrschenden Mythologie einerseits und der Wissenschaft der Zeit andererseits. Die Naturwissenschaft mit ihren eigenen komplexen Mythen wurde zur neuen Religion. An die Stelle der Pfarrer als Schiedsrichter über Normalität und Schicklichkeit traten weitgehend die Ärzte.

Die Geschichte des Einflusses der Mythologie auf unsere Vorstellungen vom Körper setzte sich auf dieser säkularen Linie fort. Zu Beginn des 20. Jahrhunderts ließ die Einführung einer Sozialmythologie auf der Grundlage des kapitalistischen Glaubensartikels der Bedürfnisbefriedigung allmählich eine Konsumgesellschaft entstehen, in der der Körper sowohl Maschine als auch Ware war. Schließlich wurde dieser zur Ware degradierte Körper sexualisiert, und dem Publikum wurden alle nur erdenklichen Produkte angeboten, die die persönliche Attraktivität und den persönlichen Genuß zu steigern versprachen. Solche Einflüsse auf unsere Vorstellungen über die Sexualität waren in ihrem Ursprung nicht weniger mythisch als die früheren Einflüsse religiöser Mythologien. Viele Gesellschaftswissenschaftler sind heute davon überzeugt, daß die Mythen der Konsumgesellschaft nicht nur zur Erotisierung der Werbung, Unterhaltung und Kommunikation führten, sondern auch jeden anderen Aspekt der Moral und des Sexualverhaltens transformierten. Es läßt sich aufzeigen, daß der alte Mythos der männlichen Dominanz über all diesen weitreichenden Veränderungen des Sexualverhaltens erhalten blieb. In den Augen vieler Soziologen waren es die Männer, die eine pornographische Ware erfanden, in der die Gewalt sexualisiert wurde. Damit wurde der Sadomasochismus zu einem bedeutsamen Element der männlichen Erotik.

Diese Aufeinanderfolge religiöser und säkularer Mythen stellt den historischen Rahmen dar, den ich erkunden möchte, um die Beziehungen zwischen Mythos und Sexualität aufzudecken.

Der Körper als Frau

Zuerst war das Nichts. Es war da ohne Zeit und Raum, denn das Nichts kannte weder Werden noch Vergehen. Es war Vollkommenheit, daseiend vor dem Dasein. Eine vollkommene Unmöglichkeit ... denn es war etwas und nichts zugleich.

Aus dieser undenkbaren Leere kam Gaia, das große Geheimnis des Seins, die Quelle aller Dinge. Sie nahm plötzlich Gestalt an, aus dem Nichts kommend, und tanzte immer schneller, bis sie zu einem Wirbel des Lichts wurde.

So nahm die Welt ihren Anfang.

Dies ist eine Schöpfungsgeschichte aus einer Zeit, die lange vor der olympischen Welt männlicher Gottheiten und ihnen untergeordneter Göttinnen liegt. Gaia existierte in ihrer Ganzheit eine Ewigkeit lang, bevor sie die griechischen Götter gebar, die sie verjagten. Sie steht für die Erde und die Kräfte der Erde. «Ihr Heiligtum ist der Omphalos – der Nabel der Erde und das Grab der dämonischen Schlange Typhon» (Harrison 1903).

Gaia schuf aus ihrem Körper das Land und das Meer. Sie bewegte sich, und ihre Wirbelsäule krümmte sich nach außen, wodurch die hohen Berge entstanden. In den geheimnisvollen Höhlungen ihres Fleisches erzeugte sie Täler und Höhlen, in denen noch der Klang ihrer Stimme schwingt. Sie seufzte, wodurch der Regen entstand und sich auf Gezeitentümpel ergoß, in denen Gaia unendlich kleinen Geschöpfen das Leben gab, die sich blind durch den fruchtbaren Schlamm wühlten. Grüne Keimlinge sproßten aus den Poren ihres Gewandes. Blumen wuchsen auf ihren vielen Brüsten. Aus ihrem Leib kam alles Leben, das jemals sein würde, so reichhaltig war ihre Fruchtbarkeit. Unaufhörlich schuf sie aus ihrem geheimnisvollen Wesen. Eines Tages erzeugte Gaia sechs Frauen und sechs Männer und setzte sie behutsam auf ihren mächtigen Leib; dort gediehen sie und mehrten sich.

Doch diese Geschöpfe waren nicht glücklich. Trotz der Überfülle, die Gaia vor ihnen ausbreitete, ächzten sie vor Angst und Unzufriedenheit. Als sie die Blumen im Winter sterben sahen, lernten sie den Tod kennen. Sie begehrten laut auf gegen ihre Sterblichkeit. Sie fürchteten sich. Die Mysterien des Unbekannten waren ihnen ein Greuel, und deshalb gerieten sie in panische Angst ob der schrecklichen Dinge, die sie auf sich zukommen sahen. Sie konnten sich an der Gegenwart nicht erfreuen, weil sie solche Furcht vor der Zukunft hatten. So groß war ihre Angst, daß Gaia sich ihrer erbarmte und ein Orakel zu ihnen sandte, das ihnen die künftigen Dinge verkünden sollte. In den Bergen, bei einem Ort namens Delphi, schickte Gaia Dämpfe aus der innersten Mitte ihres Wesens empor. Die Dämpfe stiegen aus einer Felsspalte auf und umhüllten die Gaia-Priesterin mit dem Raunen der Zukunft. Die Priesterin fiel in Trance, so daß sie die aus dem dunklen Inneren von Gaias Leib aufsteigenden Botschaften verstehen konnte. Zahllose Generationen lang reisten Sterbliche von weit her, um das Delphische Orakel zu befragen.

Gaia war die Quelle des Lebens und des Todes, der Nahrung und der Erkenntnis, die Erhalterin allen Seins, die großbrüstige Mutter aller Sterblichen. In Delphi begann das Ritual mit den Worten: «Am Anfang meines Gebets will ich vor allen anderen Göttern die Erde anrufen, die urzeitliche Prophetin.» Allmählich aber rissen die neuen Götter Olympias diese gewaltige Macht des Erdgeistes und der Großen Mutter an sich. Gaias Name verschwand aus Delphi, und der berühmte Ort der Weissagung wurde zum Herrschaftsbereich der rationalen, sonnenhellen männlichen Gottheit Apollo. Das geheimnisvolle Pneuma, das vom Pulsschlag der Erde ausging, erreichte das Ohr der Gaia-Priesterin nicht mehr. Der homerische *Gaia-Hymnus* hatte Gaia zwar noch als die «älteste der Gottheiten» gepriesen, doch wurde ihre Macht durch die jungen Götter ausgelöscht, denen sich das klassische Griechenland zuwandte.

Bei Charlene Spretnak finden wir eine glänzende Darstellung dieses Prozesses: «Bevor die klassischen Mythen Form annahmen und schließlich im 7. Jahrhundert v. Chr. von Hesiod und Homer aufgezeichnet wurden, hatte bereits jahrtausendelang eine reiche mündliche Mythentradition bestanden. Spuren der älteren Traditionen sind noch in den späteren Mythen nachweisbar, in denen sich die kulturelle Vermischung dreier Wellen barbarischer Einwanderer spiegelt, der Ionier, der Achaier und schließlich der Dorer, die zwischen 2500 und 1000 v. Chr. nach Griechenland kamen. Diese Eindringlinge brachten eine patriarchale Gesellschaftsordnung und ihren blitzeschleudernden Gott Zeus mit.»

Die Anthropologin Jane Ellen Harrison (1903) gehörte zu den ersten Gelehrten, die feststellten, daß es unter der Oberfläche homerisch-olympischer Göttermythen eine urtümlichere und beständigere Schicht gibt. Nach jahrelangen Forschungen und Studien entdeckte Harrison eine vorhellenische Mythologie wieder, die von einem matrizentrischen Erdgeist beherrscht war. Sie zog hieraus den Schluß, daß die Vorstellung von einer männlichen höchsten Gottheit eine relative junge Erfindung ist, die mit dem Auftauchen des Zeus etwa 2500 v. Chr. beginnt; ihm folgt um 1800 v. Chr. Abraham, der erste Patriarch des Alten Testaments. Die archäologische Forschung stützt Harrisons Überzeugung, daß ursprünglich Frauen im Mittelpunkt der Religion standen. Es gibt Votivstatuetten von «Göttinnen», die in die Zeit um 25 000 v. Chr. zurückdatiert werden. Viele Gelehrte sind der Auffassung, daß die ersten patriarchalen Priester die alten Symbole und Rituale des (weiblichen) Erdgeistes vereinnahmten und ihren sexuellen Gehalt umkehrten; damit löschten sie die Macht des Weiblichen aus, trivialisierten es, diskreditierten es, machten es verächtlich und unterwarfen es einer männlichen religiösen Hierarchie.

Vor dem Niedergang der Göttin herrschte ein andere Weltsicht. Ihre Spuren sind im vorhellenischen Griechenland zu finden, im vorchristlichen Europa, in Indien und Asien. Die große Erdmutter Gaia hatte viele Gestalten. Eine ihrer ältesten Manifestationen war die babylonische Ischtar. Gaia war ein Archetypus, der unter vielen anderen Namen bakannt war: Ataentsik bei den Irokesen, Awonawilona bei den Zuni, sie ist die Nokomis der Algonquin, die mexikanische Ilamatecuhtli, die Mama Quilla und Pachamama der Inkas, die Göttin Astarte der Kanaaniter und Phönizier, die Kybele Phrygiens, die Isis Ägyptens, die Anahita Persiens, die Annis der Kelten, die griechischen Göttinnen Rhea, Demeter, Themis und Artemis, die römische Tellus Mater (oder Terra) wie auch Tellus, Ceres und Maia, die nordischen Göttinnen Nerthus, Erce und Freyja, die sanskritische Prithivi sowie die Jungfrau Maria des mittelalterlichen Europa. Die Geschichte aller dieser weiblichen Gottheiten ist gründlich erforscht und macht deutlich, daß diese Gestalten im Brennpunkt einer außerordentlich mächtigen, weltweiten Verehrung des weiblichen Prinzips standen. Wir können ihre faszinierenden Mythen hier nur streifen. Was uns vor allen Dingen interessiert, ist der Uraspekt der Heiligkeit, der die Fortpflanzungskraft der Frau umgab. Mit dieser Urmythologie scheint nämlich der Begriff der Sexualität seinen Anfang genommen zu haben.

Für viele Menschen hat die Geschichtsschreibung etwas Verlogenes. Die Geschichte der Sieger wird erzählt, nicht die der Opfer. Diese Geschichtsschreibung hat erheblichen Einfluß auf unsere Haltung gegenüber Menschen, die politisch unterlegen sind. Sie prägt auch unsere Einstellung gegenüber denjenigen, die sexuell entrechtet sind. Gesellschaftskritiker haben die Sexualgeschichte von ihrem parteiischen Rahmenwerk befreit und die alten Quellen der Sagen wieder ans Licht gebracht, die Männer umgeschrieben haben, um sie ihren eigenen patriarchalen Interessen dienlich zu machen.

Diese Revision der Geschichte erweist sich als eine heikle Aufgabe, weil wir nämlich bei dem Versuch, die Maskulinisierung der Vergangenheit umzukehren, stets geneigt sind, die männliche Prämisse als eine «Wahrheitsregel» hinzunehmen, die besagt, daß die Geschlechter in einem ewigen Antagonismus stehen, der ein unabänderlicher Aspekt der «menschlichen Natur» ist. Nach Ansicht der meisten Fachleute ist diese Annahme aber falsch. Kulturvergleichende Studien erlarven eine solche dualistische Auffassung von der menschlichen Sexualität als haltlos. Die Unterjochung der Frau tritt nicht in allen Gesellschaften auf, insbesondere nicht in solchen, die nicht von einer rigorosen Spaltung der Geschlechter ausgehen. In anderen Kulturen wächst die Spannung zwischen Männern und Frauen in Relation zur Breite der mythischen Kluft, die gesellschaftlich zwischen den Geschlechtern aufgerissen wird. Unser sexuelles Dilemma ist daher keine feststehende Tatsache, sondern ein Ausdruck kultureller Konstrukte.

Dies betont auch Mary Douglas (1970), wenn sie feststellt, daß die Mbuti-Pygmäen Afrikas den männlichen und den weiblichen Bereich keineswegs streng auseinanderhalten. «Männer und Frauen erledigen Aufgaben wie den Hüttenbau gemeinsam und gehen sogar gemeinsam auf die Jagd.» Diese flexible Handhabung der Arbeitsteilung nach Geschlechtszugehörigkeit ist Ausdruck der religiösen Zwanglosigkeit der Pygmäen sowie ihrer allgemeinen Unbekümmertheit gegenüber der «Sünde». Im Gegensatz dazu sind die Hadza-Jäger Tansanias so strikt und durchgängig in gesellschaftliche Kategorien geteilt, daß Männer und Frauen geradezu unterschiedlichen Arten anzugehören scheinen. «Für die Hadza gilt, was immer sie tun und wo immer sie sind, die Trennung zwischen den Geschlechtern. Es ist eine Trennung zwischen zwei verfeindeten Klassen, die sich zur Verteidigung oder zum Angriff gegen die andere Klasse organisieren können. Dieses außerordentlich starke Bewußtsein der geschlechtlichen Andersartigkeit ist die einzige beständige Organisationsebene, die die Hadza jemals erreichen» (Douglas 1970).

Das maskulinisierte Denken des Westens beharrt darauf, daß die Trennung der Geschlechter eine «Naturgegebenheit» ist, eine eherne Bedingung der «menschlichen Natur». Es gibt freilich keine anthropologischen und biologischen Beweise für diese Behauptung.

In unserem Jahrhundert ist es ein wesentliches Ziel der Sexualpolitiker geworden, die Grundlagen für eine wissenschaftliche Rehabilitation der Frau neu aufzufinden. Hierfür brauchte es Heroen – vielfach Gelehrte, die erst der Vergessenheit entrissen werden mußten. Einer dieser vernachlässigten Heroen ist der Schweizer Historiker Johann Jakob Bachofen, der im 19. Jahrhundert in Basel wirkte. Zu seiner Zeit war Bachofen wegen seiner Theorie der gesellschaftlichen Entwicklung, derzufolge die erste Phase der menschlichen Geschichte eine mutterrechtliche Phase war, recht berühmt. Er stellte zum Beispiel fest, daß die Frau in den homerischen Sagen mit erheblich größerer Würde und Autorität ausgestattet war als im historischen Athen, von wo offenbar die negative Einstellung gegenüber Frauen im westlichen Bewußtsein ihren Ausgang nahm. Die Frauen der *Odyssee*, die durchaus ihre guten und schlechten Seiten haben, sind Zeus gegenüber keineswegs unterwürfig. Nausikaa, Kirke, Kalypso und Penelope sind selbstbewußte Menschen mit eigner Kraft und Überzeugung.

Als Bachofen auf solche positiven Frauendarstellungen in der Mythologie verwies, schuf er Raum für das spätromantische Frauenbild, das so viele bedeutende Gelehrte und Künstler seiner Zeit nachhaltig beeinflußte: Friedrich Nietzsche, Jakob Burckhardt, Rainer Maria Rilke, Hugo von Hoffmannsthal und den Amerikaner Lewis Henry Morgan. Bachofens Theorie einer mutterrechtlichen Gesellschaft, aus der später die modernen vaterrechtlichen Kulturen hervorgingen, war unter den Soziologen bis zu Beginn des 20. Jahrhunderts allgemein akzeptiert. Heute besteht eine grundsätzlich andere Haltung gegenüber Bachofen: Seine Theorie wird fast durchwegs abgelehnt. Seine Kritiker verweisen darauf, daß es keine historischen Beweise dafür gibt, daß jemals ein Mutterrecht existierte. Für sie ist mit dieser «Tatsache» jegliche Debatte beendet. Mit einer solchen Ablehnung des Mutterrechts macht man es sich allerdings etwas zu leicht. Bachofen selbst unterschied streng zwischen dem, was er *Ideen*, und dem, was er *Fakten* nannte. Er verwies darauf, daß Gelehrte stets geneigt sind, in ihrer Gier nach «Fakten» die «Ideen» zu ignorieren.

«Was nicht geschehen konnte, wurde trotzdem gedacht.» Er vertrat die Auffassung, daß das, was die Menschen einer Gesellschaft dachten, fühlten und in ihren Gedanken bewegten (faktisch oder nicht) für unser Verständnis der Natur dieser Gesellschaft von wesentlicher Bedeutung ist. Wenn unser Begriff von «Geschichte» das innere Leben eines Volkes ausklammert, sind wir am Ende vielleicht im Besitz aller «Fakten» und gehen trotzdem wahrscheinlich am Wesentlichen vorbei.

Warum ist dies so? Weil Geschichte weitaus mehr ist als eine Abfolge äußerer Ereignisse. «Jede Kultur ist eine Reihe aufeinander bezogener Strukturen, die gesellschaftliche Formen und Werte, die Kosmologie und das gesamte Wissen umfassen und durch die alle Erfahrung vermittelt wird. Rituale bringen die Form gesellschaftlicher Beziehungen zur

Darstellung, und indem sie diesen Beziehungen sichtbaren Ausdruck verleihen, ermöglichen sie den Menschen die Erkenntnis ihrer eigenen Gesellschaft. Die Rituale wirken auf das Gemeinwesen durch das symbolische Medium des physischen Körpers» (Douglas 1984).

Eben eine solche *Vision* von menschlichen Gesellschaften übt einen wesentlichen Einfluß auf die Forschungen von Gelehrten aus, die an der Hinlänglichkeit von Fakten zweifeln. Sie glauben, daß man aus der Interpretation des kaum greifbaren und mythischen Erbes alter Völker, die keine Spuren einer faktischen Geschichte hinterlassen haben, sehr viel lernen kann. Ein solcher Gelehrter war der Mythologe Joseph Campbell. Er richtete den Blick nach *innen* auf die Ikonographie jungsteinzeitlicher Völker, um die «Geschichte ihres inneren Lebens» zu entdecken. Campell war weit weniger an äußeren Fakten als an der höheren Warte des Mythos, der Bilder und der Rituale interessiert. Durch seine Forschungen konnte er eine Zeit wiedererwecken, die zwar für immer in der Geschichte versunken, aber dennoch in dem Erinnerungsstrom lebendig ist, den wir Mythologie nennen. «Es kann keinen Zweifel daran geben», schrieb Campbell 1964, «daß in den Urzeiten der menschlichen Geschichte die magische Kraft und das Wunder des Weiblichen um nichts weniger staunenswert waren als das Universum selbst; und dies verlieh Frauen eine außerordentliche Macht, die zu brechen, zu kontrollieren und für die eigenen Ziele zu nutzen ein Hauptanliegen des männlichen Bevölkerungsteils war.»

Die Ursprünge dieses Erbes lagen, wie Campbell ausführt, weder in Indien, wie noch heute viele Gelehrte meinen, noch in China, sondern im Nahen Osten – der Levante –, wo jüngere archäologische Ausgrabungen eine durchgängige Kontinuität eines Muttergöttin-Kultes ergaben, der etwa bis 7500 v. Chr. zurückreicht. Etwa um diese Zeit waren in den Hochgebirgstälern Kleinasiens bereits Ackerbau und Viehzucht entwickelt. Die meisten Anthropologen glauben heute, daß Frauen die Kunst des Einpflanzens von Samen und des Feldbaus entdeckten. Zu dieser Innovation durch Frauen kamen die Viehzucht sowie die Erfindung der Kräutermedizin und der ersten häuslichen Fertigkeiten. Die ersten gesponnenen Tücher, Körbe und Töpferwaren stammten von Frauen. Die ersten Zusammenkünfte auf Marktplätzen waren Unternehmungen von Frauen, die überschüssige Güter und Erzeugnisse tauschten und damit eine Urform des Handels und wirtschaftlicher Aktivitäten erfanden.

Es wird heute kaum bestritten, daß die Verantwortung der Frauen für den Anbau der Feldfrüchte, mit denen sie ihre großen Familien ernährten, zur Entwicklung einer ganz bestimmten Mentalität führte: zur Empfindung der Einheit mit dem Boden und im weiteren Sinne mit der Natur als Ganzer. Eine solche Sensibilität begünstigt eine homogene Einstellung gegenüber der Welt, im Gegensatz zu dem ausgeprägten Dualismus, der sich letztlich des maskulinisierten westlichen Denkens bemächtigte. Es scheint, daß während der Jungsteinzeit das Bewußtsein nicht in unversöhnliche Gegensätze aufgespalten war – Himmel und Erde, Stoff und Geist. In einer mütterlichen Welt ist die Erde der allesspendende «ursprüngliche Ouroboros», wie es der Jung-Schüler Erich Neumann nennt. Diese Mutter Erde war freilich nicht bloß ein weibliches Konstrukt des bekannten Dualismus der Männer. Mutter Erde war auf geheimnisvolle Weise ganz, sich selbst erhaltend, männliche und weibliche Attribute in sich vereinigend.

Erich Fromm spekuliert über die gesellschaftliche Bedeutung einer solchen Mentalität, wobei er seine Überlegungen auf archäologische Befunde stützt. Unter Hunderten von Skeletten in nur einer jungsteinzeitlichen Stadt in Anatolien (Çatal Hüyük) weist nicht ein einziges Anzeichen eines gewaltsamen Todes auf. Die Skelettüberreste einer ununterbrochenen, mindestens 800 Jahre dauernden Besiedlung von Çatal Hüyük sind ein klarer Hinweis auf die soziale und religiöse Dominanz der Frauen. Frauen wurden offenbar mit größeren Ehren bestattet als Männer, und die Zahl solcher Begräbnisse von Frauen überstieg bei weitem diejenige von Männern.

«Die Daten, die für die Anschauung sprechen, daß die jungsteinzeitliche Gesellschaft relativ egalitär, ohne Hierarchie, Ausbeutung oder ausgeprägte Aggression war, sind überzeugend», schreibt Fromm. «Die Tatsache jedoch, daß diese jungsteinzeitlichen Siedlungen in Anatolien eine mutterrechtliche (matrizentrische) Struktur hatten, verleiht der Hypothese ganz erhebliches Gewicht, daß die jungsteinzeitliche Gesellschaft – zumindest in Anatolien – eine im wesentlichen agressionslose und friedliche war. Der Grund hierfür liegt im lebensbejahenden Geist und im Fehlen von Destruktivität, die, wie J. J. Bachofen glaubte, ein Wesensmerkmal aller vaterrechtlichen Gesellschaften war.»

Solche Befunde lieferten eine Grundlage für Spekulationen über die menschliche Sexualität in der Jungsteinzeit. Ein entsprechendes Szenario wurde von dem Sozialwissenschaftlerpaar Anne und Robert Francœur entworfen: «Man hatte eine nicht segmentierte Auffassung von der menschlichen Sexualität, die in denselben Kontext gestellt wurde wie die Sexualität der Tiere. Es war ein urtümliches sexuelles Bewußtsein mit polymorphem Charakter, das Sinnlichkeit und Sexualität zu einer Einheit verschmolz. Die Steuerung des Sexualverhaltens ergab sich ganz natürlich aus der Stammesgemeinschaft. In mutterrechtlichen Gesellschaften gab es typischerweise keine doppelten moralischen Normen, die das gesellschaftliche oder sexuelle Verhalten von Männern und Frauen regelten. Weil das Eigentum gemeinschaftlich war, spielte für die Menschen die Vaterschaft oder die Legitimität der Erben keine Rolle. Die verwandtschaftliche Linie wurde durch die Mutter bestimmt, die Quelle allen Lebens.»

Es spricht vieles dafür, daß den jungsteinzeitlichen Menschen der Zusammenhang zwischen Geschlechtsverkehr und Schwangerschaft unbekannt war. Eine solche Dissoziation findet sich noch bei vielen der heutigen Urvölker. Wenn auch nichts die Annahme nahelegt, daß die Mentalität der Stammesgesellschaften des 20. Jahrhunderts in einer unmittelbaren Beziehung zu neolithischen Kulturen steht, ist doch der Hinweis angebracht, daß viele Urvölker unserer heutigen Zeit eine unspezifische Auffassung von der Beziehung zwischen Sexualität und Schwangerschaft haben. So glauben zum Beispiel die Pueblo-Indianer im Südwesten Amerikas, daß Jungfrauen von einem heftigen Sommerregen befruchtet werden können. Bei den Aborigines im australischen Queensland besteht die Überzeugung, der Donnergott erschaffe Kinder aus Morast und pflanze sie dem Schoß ihrer Mütter ein. Dies läßt zumindest für die Möglichkeit Raum, daß eine solche Dissoziation von Sexualität und Empfängnis auch bei einigen jungsteinzeitlichen Völkern gegeben war.

Eine solche Dissoziation des Geschlechtsakts und der Fortpflanzung liefert den Boden für den polymorphen Charakter mutterrechtlicher Gesellschaften, durch den Sinnlichkeit und Sexualität in eines zusammenfließen. Für eine solche nichtpatriarchale Denkweise ist der Körper der Frau nicht der Besitz ihres Gatten, den er oft für eine beträchtliche Summe von ihrem Vater erwirbt, und auch ihre Jungfräulichkeit ist kein Grund für einen so hohen Preis. Die jungfräuliche Braut wird nicht in einem Ritual «weggegeben», dem die Auffassung zugrunde liegt, daß eine Frau nicht ihre eigene Herrin, sondern Eigentum ihres Vaters ist, der sie «als *Besitz* ihrem Gatten übergibt» (Harding 1971).

Wie es wahr ist, daß alles den Körper symbolisiert, gilt auch, daß der Körper alles andere symbolisiert. Die Jungfräulichkeit ist ein solches Symbol, das entweder die Selbstbestimmung einer Frau in einer mutterrechtlichen Gesellschaft bezeichnet oder aber im patriarchalen System die Unterjochung unter ihren Gatten als «unbenutztes und unbeschmutztes Gut». Die Symbole sind gesellschaftliche Konstrukte, weshalb sich ihr Gehalt je nach dem räumlichen und zeitlichen Rahmen ganz erheblich unterscheiden kann. In den meisten Kulturen ist der Begriff der Jungfräulichkeit eine männliche Idee. Es ist sehr unwahrscheinlich, daß diese Idee in einer matrizentrischen jungsteinzeitlichen Kultur irgendeine Rolle spielte, weil man eine Frau, die wir heute als «Jungfrau» bezeichnen würden, wahrscheinlich einfach als eine Frau ohne Bindung betrachtete – und nicht als ein weibliches Geschöpf ohne sexuelle Erfahrung. Diese Auffassung wird durch eine lange Tradition gestützt. Robert Briffault, der Pionier der Mutterrechtsforschung, stellte fest, daß «das Wort Jungfrau ‹unverheiratet› bedeutet und genau das Gegenteil dessen beinhaltet, was wir heute darunter verstehen. Die Jungfrau Ischtar wird vielfach auch als ‹die Hure› bezeichnet. Sie trägt den ‹posin› oder Schleier, der, so etwa bei den Juden, das Kennzeichen sowohl der ‹Jungfrauen› wie der Prostituierten war. Die Hierodulen oder heiligen Prostituierten der Ischtar-Tempel wurden auch die ‹heiligen Jungfrauen› genannt ... Uneheliche Kinder wurden ‹parthenioi› genannt, die ‹von einer Jungfrau Geborenen›.»

Es dürfte damit klar sein, daß der Ausdruck «Jungfrau» im Zusammenhang mit den alten Göttinnen eine völlig andere Bedeutung hatte als die, von der wir heute ausgehen. In unserem westlichen System gehört die junge, unverheiratete Frau ihrem Vater, während sie in früheren Zeiten ihre eigene Herrin war, bis sie sich vermählte. Ihr Recht, bis zur Heirat selbst über die eigene Person zu verfügen, ist Teil des Urkonzepts der Freiheit. Es spricht vieles dafür, daß es eine solche Freiheit gab. «Diese Handlungsfreiheit beinhaltet das Recht, Intimitäten abzulehnen wie auch zu akzeptieren. Ein Mädchen gehört *sich selbst,* solange sie Jungfrau – unverheiratet – ist, und sie darf weder gezwungen werden, Keuschheit zu bewahren, noch eine unerwünschte Umarmung hinzunehmen» (Harding).

Als Jungfrau gehört sie nur sich selbst. Sie ist «eins in sich selbst.» Damit ist die Jungfräulichkeit einer Frau nicht länger als eine Art Stammesgrenze anzusehen, die von Invasion und Verschmutzung bedroht ist. Sie wird durch den Grundsatz einer Urfreiheit in die Verfügungsgewalt der Frau über das Gut ihres eigenen Körpers transformiert.

In unserem Jahrhundert war der Maler Gauguin über diese Einstellung zur Jungfräulichkeit erstaunt, die er bei jungen tahitischen Frauen vorfand. In seinem Buch *Noa-Noa* berichtet er, daß viele einheimische Frauen sich ohne weiteres Fremden hingaben, die sie anziehend fanden, ohne dadurch im geringsten das Gefühl zu haben, ihre «Jungfräulichkeit zu verlieren.» Für Gauguins männliche Betrachtungsweise war dies ein sehr ungewöhnliches Verhalten für eine Frau. Er verstand dabei allerdings nicht, daß eine solche tahitische Frau sich nicht einem Mann *hingab;* sie gab sich ihrem eigenen sexuellen Begehren hin, so daß sie auch nach dem Geschlechtsakt «eins in sich selbst» blieb. «Sie war nicht vom Mann abhängig; sie klammerte sich nicht an ihn und verlangte nicht, daß die Beziehung dauerhaft sein müsse. Sie war nach wie vor ihre eigene Herrin, eine Jungfrau im alten, ursprünglichen Sinne des Wortes» (Harding).

Diese Auffassung von der weiblichen Sexualität ist der Nachhall einer alten Mythologie, wie etwa der Erzählung von Gaia, mit der wir diese Erörterung einleiteten. Im Zentrum dieser Mythologie steht die Ur-Muttergöttin. Der Altphilologe Gunther Zuntz hat eine wichtige Skizze dieser auf das Weibliche zentrierten Mentalität vorgelegt: «Um von der Erkenntnis der Gottheit in der Frau, der Quelle und dem Hort des Lebens, ergriffen zu werden, brauchte die Menschheit nicht auf die Erfindung des Ackerbaus zu warten. Überall, von Spanien bis Sibirien, sind so viele altsteinzeitliche Dokumente dieser Verehrung mit derart spezifischen, in jungsteinzeitlichen Relikten wiederkehrenden Zügen aufgetaucht, daß sich der oberflächliche Schluß verbietet, diese Veränderung, wie epochal sie auch gewesen sein mag, hätte in den Lebensgewohnheiten der Menschen für sich genommen das hervorbringen können, was man vage den ‹Kult der Muttergottheit› nennt ... Was es an Anhaltspunkten gibt – und es sind nicht wenige – deutet auf weit umfassendere und tiefere Anschauungen hin. Sie ist die älteste von der Menschheit wahrgenommene Gottheit.»

Nach den noch erhaltenen Artefakten und Mythen zu urteilen, war das gesamte jungsteinzeitliche Europa von einer religiösen Idee durchzogen, deren Grundlage die Verehrung einer unter vielen Namen bekannten Muttergottheit war. Aber unter welchem Namen auch immer – sie war der überragende Mittelpunkt der Gesellschaften und sexuellen Konzepte, die in ihrem Einflußbereich entstanden. Zu jener Zeit hatte der Gedanke der Vaterschaft noch nicht in das religiöse Denken Eingang gefunden. Es gab keine höchsten Götter im alten Europa, keine Gesetzgeber, keine Patriarchen. Die Große Mutter stand vielmehr über allen anderen Gottheiten, unsterblich und allmächtig. Sie wurde mit dem abnehmenden und zunehmenden Mond in Verbindung gesetzt, mit Stieren, deren Hörner rasch in einer Form wachsen, die an die Gestalt des zunehmenden Mondes erinnerte, und mit Schlangen, die sich erneuern, indem sie sich häuten – also mit Symbolen des unaufhörlichen Wachstums, der Schöpfung und des Wandels. Für die Feministin Merlin Stone sind diese mythischen Elemente die zentralen Fixpunkte einer Zeit, da Gott, wie sie es ausdrückt, eine Frau war: «Aus der Ausgestaltung der Orte, an denen ihr Bildnis gefunden wurde, wissen wir, daß sie als die Hüterin der Geburt, die Quelle der Weisheit, die Spenderin der Heilung, die Herrin der Tiere, die Quelle der Prophezeiung und als der Geist verehrt wurde, der über den Tod gebietet. Vor allem aber war sie das Symbol der Fruchtbarkeit, die Bürgin der

Feldfrüchte und Erhalterin von Tier und Mensch. In dieser Rolle war sie die Große Mutter, die Erdmutter, deren magische Kräfte die Versorgung mit Nahrungsmitteln und den Fortbestand des Menschengeschlechts gewährleisteten.»

In den meisten Mythologien pflanzt sich die Große Mutter schließlich fort, doch geschieht diese Fortpflanzung in vorpatriarchalen Mythologien immer parthenogenetisch. Die Fruchtbarkeitsgöttin Demeter entsprang nicht, wie Hesiod uns in seiner *Theogonie*, der Geschichte der olympischen Mythologie, glauben machen möchte, der Verbindung einer männlichen Gottheit, Kronos, mit einer Göttin namens Rhea. Demeter war eine Manifestation der sich selbst erhaltenden Großen Mutter. Wie Gaia war auch sie aus sich selbst geboren. Als die Große Mutter Nachkommen gebar, waren dies allein *ihre* Kinder. War das Kind eine Tochter, besaß es dieselben übernatürlichen Kräfte wie seine Mutter. Wenn es ein Sohn war, wurde er der Gemahl seiner Mutter, der ihr gegenüber eine untergeordnete Rolle einnahm. Gaias Sohn und Liebhaber zum Beispiel war Uranos. Zu einer mächtigen Gottheit wurde er erst nach der männlichen Neufassung der hellenischen Mythologie während der olympischen Ära; dann erst sah man ihn als den Vater von Gaias Kindern, die die erste Dynastie der historischen griechischen Götter bildeten. Diese Nachkommen waren die «alten» Götter, zu denen die zwölf Titanen sowie die drei Kyklopen und drei Riesen mit einhundert Händen, die Hekatoncheiren, gehörten. In der patriarchalen griechischen Mythologie wurden die Kinder der «furchterregend mächtigen» Großen Mutter dann bezeichnenderweise als monströse Wesen dargestellt. Gewisse Aspekte ihrer ursprünglichen mutterrechtlichen Bedeutung überdauerten aber zwangsläufig ihre Maskulinisierung. So soll zum Beispiel Uranos seine Kinder, entsetzt über ihre Häßlichkeit, in die Tiefen des Tartaros geschleudert haben, einen Ort der Strafe. Gaia bat ihre Söhne und vor allem Kronos, den jüngsten ihrer titanischen Nachkommenschaft, um Hilfe, um die Befreiung ihrer Kinder zu bewerkstelligen.

> ... wenn ihr gehorchen wollt, können wir
> die schlimme Schandtat eures Vaters rächen.
> Als erster nämlich hat er unrechte Taten erdacht.
>
> Hesiod, *Theogonie*

Als sich Uranos das nächste Mal zu Gaia legte, sprang Kronos aus seinem Versteck hervor und schnitt mit einer Sichel, die seine Mutter zu diesem Zweck verfertigt hatte, die Genitalien seines Vaters ab. Die herabfallenden Blutstropfen schwängerten die Erde, welche nun die Erinyen, die Giganten und die drei Nymphen gebar.

> Der Sohn aber streckte aus seinem Versteck die linke
> Hand aus, nahm mit der rechten die riesige Sichel,
> die lange, scharfzahnige, und schnitt die Geschlechtsteile
> seines Vaters eilends ab. Dann warf er sie fort, daß sie
> wieder hinter ihn flogen. Nicht wirkungslos jedoch
> entflohen sie seiner Hand: Wieviel blutige Tropfen
> nämlich herunterfielen: alle nahm Gaia sie auf. Im
> Kreislauf der Jahre aber brachte sie darauf die starken
> Erinyen und die großen Giganten hervor, glänzend in
> Waffen, lange Speere in den Händen haltend.
>
> Hesiod, *Theogonie*

Aus dem Schaum des Meeres, in das die Genitalien des Uranos fielen, wurde dann die Göttin Aphrodite geboren. Der kastrierte Uranos bedrängte nun die Erde nicht mehr mit seinem Liebesverlangen. Er blieb in seinem fernen Himmel, weit von der Erde, in abgelegene Himmelsgefilde verbannt, wo er zum Symbol der Abstraktion und Trennung wurde.

So schuf der Sohn Gaias also auf Drängen seiner Mutter eine neue Götterordnung. Kronos begründete mit seiner

Schwester-Gattin Rhea die zweite Götterdynastie, die über das Goldene Zeitalter der Vollkommenheit herrschte.

Die ununterdrückbare Macht der Metapher der Frau beschränkt sich keineswegs auf die Griechen. Überall auf der Welt findet sich der Nachhall einer Zeit, in der die generativen Kräfte der Frau die Grundlage des Heiligen waren. Das erste vollständig ausgeformte religiöse Bild, das im menschlichen Geist vor etwa 30 000 Jahren Gestalt annahm, könnte durchaus das Bildnis der Großen Mutter gewesen sein. «Das Hauptobjekt des minoischen Kults auf Kreta, das als individualisierte Gestalt kurz vor 2000 v. Chr. auftauchte, war eine der Kybele, der Großen Mutter Kleinasiens, ähnliche Muttergöttin. Aus Mykene stammen eine Darstellung einer Göttin, der sich Anhänger mit Blumen und Kornähren nähern, und eine Gruppe von Elfenbeinstatuetten, die man als Demeter, [ihre Tochter] Persephone und den kleinen Pluto [den König der Unterwelt] deutete, ... denn man glaubte offenbar, daß die Erde die Toten hütete» (Grant).

In den Ruinen der Indusebenen wurden viele Terrakotta-Statuetten nackter oder halbnackter Frauen ausgegraben. Die Fachleute sind fast ausnahmslos der Meinung, daß es sich hier um Darstellungen eines Erdgeistes handelt – einer Muttergöttin. Es wurden so viele von diesen Bildnissen gefunden, daß es sie wohl in jedem Haus der ummauerten Städte des Industals gegeben haben muß. In der arisch-vedischen Literatur gibt es keine Große Muttergöttin. Sie scheint bei den Überlebenden der Kultur der Indusebenen untergetaucht zu sein. Tausend Jahre später erschien sie jedoch wieder, und im Orient breitete sich ihre Macht rasch aus. Unter Namen wie Große Göttin, Mutter, Tochter der Berge (Parvati), die Unzugängliche (Durga), die Schwarze (Kali) ist sie bis heute eine der großen Gottheiten des modernen Indien geblieben (Parrinder).

Die Städte der Indusebene wurden bereits im 2. Jahrtausend v. Chr. zerstört. Die Göttin verschwand mit der Kultur, in der sie verherrlicht wurde. Eintausend Jahre lang konnte die Induskultur nicht mehr an ihren früheren Glanz anknüpfen. Als sie wieder auflebte, war sie zweifellos von Yoga-Lehren und dem Glauben an die Wiedergeburt beeinflußt, die aus alten Zeiten überlebt hatten. Ein neuer Gott namens Shiva verdrängte die Muttergöttin von ihrem Platz. Damit vollzog sich ein Übergang ähnlich demjenigen, bei dem im klassischen Griechenland der Gott Zeus die Rolle des Erdgeistes Gaia übernahm. Shiva ist in den altvedischen Hymnen noch unbekannt; er wird erstmals in der *Shvetashvatara-Upanishad* (etwa 6. Jahrhundert v. Chr.) als Attribut des vedischen Gottes Rudra erwähnt. Einige Jahrhunderte später wird Shiva in dem großen Epos *Mahabharata* zu einem der Hauptgötter Indiens. Und doch spielt die Muttergöttin, die Gemahlin Shivas, die bedeutendste Rolle. Sie war die Shakti oder Potenz ihres Gemahls, am aktivsten, wenn er passiv war. Sie war auch in den späteren tantrischen Glaubensvorstellungen von größter Bedeutung (Parrinder).

Wie groß die Macht Shivas auch sein mochte, stets bestätigte sich doch die Muttergöttin durch ihn. Ihr urtümlicher Geist war zu mächtig, als daß ihn eine männliche Gottheit hätte unterdrücken können. Auf sie wird fortwährend Bezug genommen. Shiva und seine Gemahlin etwa werden manchmal als einzige androgyne Menschengestalt dargestellt, wie zum Beispiel in der berühmten männlich-weiblichen Skulptur in den Elephanta-Höhlen bei Bombay. Für viele Hindus sind Shiva und seine Gemahlin keine Gegensätze, sondern miteinander austauschbare Wesen, die eben wegen der Spannungen zwischen männlichem und weiblichem Geist heilig sind.

Im Gegensatz zum niedrigen Status der Frau im heutigen Indien zeichnen die Epen der heroischen Zeit ein ehrerbietiges Bild von ihr. So wird zum Beispiel im *Mahabharata* berichtet, daß der Weise Agastya aus Teilen verschiedener Geschöpfe eine herrliche Frau schuf. Dann ließ er sie als

Kind eines großen Königs geboren werden, der sich nach Nachkommenschaft sehnte. Ihr Name war Lopamudra. Als sie zur Frau heranreifte, nahm sie an Schönheit zu. Der kluge Agastya ehelichte seine Geschöpf und gebot ihr, ihre schönen Kleider abzulegen und sich in schäbige Lumpen zu hüllen, um ihre Schönheit zu verbergen. Als sie zur Frau herangereift war, legte sie nach ihrer ersten Menstruation ihre Lumpen ab und reinigte sich in einem heiligen Bad. Dann rief Agastya sie zu sich auf sein Lager. Lopamudra bat den Weisen, sie nicht nur um der Zeugung von Kindern willen zu nehmen, sondern ihr auch so viel Wonne zu bereiten, wie er an ihr finde. Sie sagte ihm, daß sich die Empfängnis ihrer Kinder in sinnlicher Schönheit vollziehen müsse. Er müsse in einem schönen Bett bei ihr liegen, er müsse sie mit Juwelen schmücken und sich ihr blumenbekränzt und in Prunkstaat nähern. Die Lopamudra der Legende war offensichtlich kein lebendes Inventar, wie es die Inderinnen späterer Zeiten werden sollten. Sie wurde im Gegenteil als edel, würdig und frei dargestellt und ersehnte die sexuelle Vereinigung ebenso heiß wie ihr Gemahl.

In vielen Teilen Afrikas gilt Gott als weibliches Wesen. Im Niger-Delta beispielsweise ist die höchste Gottheit eine Mutter mit vielen Brüsten. Sie ist der Schutzgeist der Stadt Ibadan in Nigeria. Vor 80 Jahren berichtete ein europäischer Bewohner der Stadt, daß die Häuptlinge, als sie gefragt wurden, welches Emblem auf einer Medaille erscheinen sollte, mit der sie ausgezeichnet werden sollten, sich einmütig für das Bild dieser Göttin entschieden. Auch heute noch feiert man alljährlich ein Fest zu Ehren der Göttin, zur Zeit der größten Trockenheit im Lande, wenn der Regen am dringendsten gebraucht wird. Ibadan ist heute keine Provinzstadt mehr. Das Fest wird auf Asphaltstraßen im Schatten großer Kaufhäuser und Gebäude abgehalten, und der Festtag wird in der Zeitung angekündigt. Aber immer noch trägt der Priester der Göttin, wenn er zu ihrem Altar schreitet, sein

Haar wie eine Frau zu Zöpfen geflochten und umhüllt sein Haupt mit einem Frauenturban.

Bei den afrikanischen Igbo ist die Erdgöttin Ala das höchste Wesen. Im benachbarten Dahomey (heute Bénin) ist der oberste Gott das androgyne Wesen Mawu-Lisa – zwei Götter in Gestalt eines einzigen. Sie sind eng mit einer älteren und androgynen Gottheit verwandt, die den zweifachen Schöpfer gebar und dann verschwand. Mawu ist das weibliche Prinzip (Mond), das Fruchtbarkeit, Mutterschaft und Sanftmut bezeichnet. Lisa ist das männliche Gegenstück (Sonne) und steht für Macht, Krieg und Gewalt. Zusammen schaffen sie den Rhythmus von Tag und Nacht, und indem sie ihre beiden Naturen abwechselnd Männern und Frauen darbieten, bringt das göttliche Paar komplementäre Elemente im Leben Dahomeys zum Ausdruck.

Bei den patriarchalen Hebräern richtete sich der religiöse Kampf primär gegen weibliche Fruchtbarkeitsgottheiten. Salomos Frauen verführten ihn, und ließen ihn sich insbesondere der Göttin Aschtoreth oder Ischtar von Sidon zuwenden, «und offenbar stand in Jerusalem ein Tempel dieser Göttin, bis er dreihundert Jahre später von Josiah entweiht wurde» (Parrinder). Die monotheistischen Hebräer verabscheuten die Göttin als Ausdruck des Heidentums. Als Jeremias nach Ägypten kam, mußte er zu seiner Empörung feststellen, daß dort jüdische Frauen die Himmelskönigin Ischtar verehrten. Freilich verstellte die jüdische Verachtung für die Verehrung einer Muttergottheit den Blick für Elemente der eigenen Religionsgeschichte. Die Anbetung einer Göttin ist in den Papyri von Elephantine, einer Nilinsel in Oberägypten gegenüber Assuan, dokumentiert. «In diesen Schriften, die aus einer jüdischen Militärkolonie stammen, deren Gründungszeit unbekannt ist, erwähnen die Verehrung Jahwes, aber auch anderer Gottheiten; der Name der dort genannten Göttin Anat-Jahu setzt sich zusammen aus den Namen der Göttin Anat und des Gottes Jahu, und möglicherweise wurde sie als Jahwes Gattin betrachtet», des höchsten und alleinigen patriarchalen Gottes des jüdischen Monotheismus (Parrinder).

Der Einfluß der Muttergottheit kam auch in der frühchristlichen Verehrung Mariens zum Tragen, allerdings weniger in Ländern, in denen die patriarchale hebräische Tradition galt, und mehr in Kleinasien, wo die Große Mutter lange Zeit die Hauptgottheit gewesen war (Grant).

Die Verehrung aller dieser regionalen Formen der Großen Mutter könnte darauf zurückzuführen sein, daß die Menschen in alten Zeiten die anscheinend wunderbaren Funktionen des weiblichen Körpers beobachtet hatten. Charlene Spretnak bemerkt: «Der Körper der Frau blutete schmerzlos im Rhythmus des Mondes, und ihr Körper *erzeugte* in wunderbarer Weise Menschen und lieferte dann auch die Nahrung für die Kinder, indem er Milch produzierte ... ein weiteres Geheimnis war für unsere Vorfahren die Tatsache, daß Frauen aus ihrem Körper Frauen *und* Männer hervorbringen konnten.»

Anthropologen haben festgestellt, daß Männer auf diese «weiblichen Mysterien» mit einer Mischung aus Ehrfurcht und Neid reagieren. In vielen Urgesellschaften gehörte es zum Sozialisationsprozeß der Männer, daß sie sich gelegentlich aus der Gesellschaft der Frauen zurückzogen, frei durch das Land streiften und jene Männerhorden bildeten, aus denen sich schließlich die Jäger- und Kriegergesellschaften entwickelten. Der Einfluß der nämlichen Sozialisation veranlaßte die Frauen, in der Nähe der Heimat zu bleiben. Aufgrund dieser Gegebenheiten wurden sie zu Erfinderinnen einiger der bedeutendsten Errungenschaften der Zivilisation. Durch das Sammeln von Pflanzen und die Beobachtung der jahreszeitlichen Rhythmen, des Todes und der Wiedergeburt der Vegetation sowie auch ihre Beobachtung der Synchronizität von Menstruationszyklus und Mondphasen waren die Frauen mit den grundlegenden Periodizitäten der

Natur vertraut. Aufgrund dieser Vertrautheit hatten sie erheblichen Einfluß auf die sexuelle Grundlage (die sie vielleicht auch ganz allein entdeckten) der ersten großen Synthese von Religion, Astrologie und Wissenschaft. Vor allem wurde den Frauen ihre sexuelle Andersartigkeit gegenüber weiblichen Tieren ganz deutlich bewußt, denn sie erkannten, daß die Brunst in ihrem Leben keine Rolle spielte. Der bekannte Sexualsoziologe John H. Gagnon führt aus, daß «bei der Frau im Gegensatz zu anderen Primaten der Geschlechtstrieb nicht auf hormonellem Wege durch den Brunstzyklus geregelt wird. Bei den Affen wird die sexuelle Bereitschaft auf sehr direkte Weise von Hormonen gesteuert; bei Frauen dagegen ergibt sich das sexuelle Interesse aus sozialen und psychologischen Faktoren. Ihrem Sexualverhalten liegt ein offenes genetisches Programm zugrunde» (Gagnon 1977).

Männer sind in sexueller Hinsicht nicht einzigartig. Sie unterscheiden sich von anderen Primaten und Säugetieren nicht in so bemerkenswerter Weise wie die Frau, die keinem anderen Geschöpf auf der Erde gleicht. Aus dem weiblichen Körper ist die menschliche Sexualität entstanden, und von der Warte ihrer sexuellen Einmaligkeit aus konnten Frauen viele der wesentlichen Elemente erfassen, die die Besonderheit des menschlichen Bewußtseins, der menschlichen Zivilisation und Kultur ausmachen.

Durch die Wahrnehmung ihres eigenen Körpers erkannten Frauen, daß die Brunst der Tiere die Paarung auf einen oder zwei Tage im Monat und auf eine oder zwei Vereinigungen für jede Schwangerschaft beschränkt. Weil aber Frauen nicht der Brunst unterworfen sind, ist für sie ein kontinuierliches Geschlechtsleben möglich. Hierin liegt ein wesentlicher Unterschied. Für die Frau ist der Geschlechtsverkehr nicht einfach das Mittel zur Fortpflanzung, sondern ein Aspekt der Kultur. Solange die Mysterien der Frauen gegenüber der männlichen Autorität den Vorrang behielten, standen Frauen im Zentrum dieser Sexualisierung der Kultur – und die ältesten Mythologien bestätigen ihren kulturellen Einfluß und legen lebendiges Zeugnis davon ab. Frauen waren es, die die animalische Sexualität vermenschlichten. Die Revolution in der menschlichen Sexualität, die uns zu Menschen machte, ergab sich aus evolutionären Veränderungen im Körper der Frau. Solange die weibliche Sexualität zentrale Triebfeder der menschlichen Gesellschaft blieb, behielten Frauen ihre Rolle als primäre spirituelle Beweger der Menschheit. Die Große Mutter war der dominante, weltweit gültige Mythos, der diese ursprünglichen Paradigmen stützte.

In diesen ältesten Mythen über die Macht der Frau tritt uns eine außerordentliche Möglichkeit vor Augen. Die einzigartige Sexualität des weiblichen Homo sapiens war eine grundlegende Kraft bei der Schaffung des menschlichen Bewußtseins. Der Philosoph William Irwin Thompson stellt hierzu einige bemerkenswerte Überlegungen an: Die Menschen haben ein Selbstbewußtsein, das besonderen Nachdruck auf die Sexualität legt – vielleicht deshalb, weil die Ursprünge des menschlichen Bewußtseins irgendwie mit den Ursprüngen der menschlichen Sexualität zu tun haben. Menschen sind weitaus libidinöser als Tiere. Sie gehorchen keinen biologischen Zwängen, sie haben vielmehr die Sexualität konzeptualisiert. Deshalb ist die Annahme unsinnig, die sexuelle Leidenschaft sei das archaische Erbe unserer animalischen Natur. Im Gegensatz zur landläufigen Auffassung ist unsere leidenschaftliche Sexualität gerade das menschlichste und am wenigsten animalische Element unseres Wesens. Die weibliche Sexualität war das Modell für die menschliche Sexualisierung und das auslösende Moment für die Hominisierung der Primaten. Daher kommt Thompson zu dem Schluß, daß die Frau «das Geschöpf ist, das, in der Einheit von Leib und Seele, vom Brunstzyklus zum Menstruationszyklus fortschreitet ... Die Religion der

Schimpansen ist animistisch; die Religion der Menschen ist sexuell, doch schuf die Frau aus der Verbindung der Sexualität mit den Kräften der Natur unsere erste Religion, eine Religion der Menstruation, der Geburtsmysterien und der Mondphasen».

Das Reich der Muttergöttin gehört längst der Vergangenheit an, doch bereitete sie in den ungezählten Jahren ihrer Herrschaft die Grundlagen, auf denen menschliche Gesellschaften noch heute existieren. Trotz jahrhundertelanger Ablehnung und dem Aufkommen patriarchaler Werte, die ihrem Einfluß entgegenwirken, steht der Impuls der Muttergöttin nach wie vor im Mittelpunkt unserer mythischen Auffassungen von uns selbst und unserer Welt. Mit den Worten des Religionshistorikers Mircea Eliade: «Jedes Urbild ist Träger einer Botschaft von unmittelbarer Relevanz für die Verfassung der Menschheit, denn das Bild enthüllt Aspekte einer letzten Wirklichkeit, die anders nicht zugänglich sind» – Formen eines Wissens, das anders als in mythischen Metaphern nicht erkennbar ist. Robert Graves war so sehr von der Macht der Erdmutter überzeugt, daß er sie als die Urquelle der Dichtkunst bezeichnete und die Auffassung vertrat, daß Sprache und Metaphern des Dichters mit dem weiblichen Prinzip verknüpft sind, nicht mit dem rationalen apollinisch-patriarchalen Denken, durch das die größte Mythologie maskulinisiert, verderbt und trivialisiert wurde.

Wir sind das, wofür wir uns halten. «Jegliche Zivilisation, ob sie religiös oder wissenschaftlich ist, ist nichts weiter als eine Externalisierung des Bewußtseins. Es ist daher für unser Vorgehen bei der Erkenntnis und für die Erkenntnis unseres Vorgehens von grundlegender Bedeutung, die gemeinsamen Grundlagen von Mythos und Wissenschaft anzuerkennen» (Thompson). Werner Heisenberg zielte auf dasselbe ab, wenn er sagte, daß es so etwas wie «Naturwissenschaft» nicht geben kann; wir können nur eine Wissenschaft von der Naturerkenntnis des Menschen haben.

Fassen wir zusammen: Wir finden einen Aspekt unserer vermenschlichten Auffassung von der Natur in der Urkraft des weiblichen Geistes, der die erste und wichtigste Grundlage für die Mystifizierung der Natur schuf. Dieser außerordentliche Einfluß der weiblichen Mentalität auf unsere Welterkenntnis hat die menschliche Geschichte revolutioniert. Es ist sogar möglich, daß das menschliche Bewußtsein selbst zumindest teilweise eine Urantwort auf den einzigartigen Charakter der weiblichen Sexualität war. Es gibt weiterhin historische Belege dafür, daß die weibliche Mentalität den Impuls zu Erfindungen wie Ackerbau, Handwerkskünsten und Tauschhandel gab, die für den Prozeß der menschlichen Sozialisation, durch den erst Kultur und Zivilisation entstanden, von wesentlicher Bedeutung waren. Es gibt weiterhin Grund zu der Annahme, daß die sexuelle Physiologie der Frau und ihre Fortpflanzungsfähigkeit den Anstoß zu den ersten von der Menschheit entwickelten Mythologien gab. Aus diesen Mythen gingen wiederum weltweit Rituale und Ideale hervor, die unsere ersten Religionsformen prägten und sehr wahrscheinlich auch unsere ersten Gesellschaftssysteme beeinflußten. Schließlich scheint es, daß die menschliche Sexualität von der Verfassung der Frau ihren Ausgang nahm, die im Unterschied zu allen anderen Säugetieren keine Brunst mehr kennt und dadurch in den Besitz einer Selbstbestimmung gelangte, wie sie allein dem Homo sapiens eigen ist.

Angesichts dieser zentralen Rolle der Frau für die Entwicklung der menschlichen Sexualität, des menschlichen Bewußtseins und der menschlichen Kultur haben wir nun zu untersuchen, welche Umstände die Frau von einer Position universeller Macht in einen Zustand der Unterjochung und Machtlosigkeit brachten.

Der Körper als Mann

Am Anfang war Gaia, sie ist die Erde. Das Leben entsprang aus ihrem Mund. Von all ihren Kindern ging Uranos, der gestirnte Himmel, als erster aus ihrem Körper hervor, ohne einen Vater oder Gemahl. Dann brachte die Erde wiederum aus sich selbst die Hügel hervor, wo die Nymphen tanzen, und das Meer mit seinen wogenden Wellen. Dann legte sich die Erde zu ihrem göttlichen Sohn, dem Himmel, und aus ihrer Verbindung ging die erste Götterdynastie hervor: die Titanen Okeanos, Hyperion, Iapitos, Themis, Mnemosyne, Phoibe, Thetys, die einäugigen Kyklopen, Rhea und ihr Bruder und Gemahl Kronos – der jüngste und verschlagenste der Nachkommen der Erde, der seinen Vater kastrierte und seinen Platz im Himmel einnahm.

Dieser Bericht über den Verrat unter den griechischen Göttern ist eine erhebliche Transformation einer gleichen Geschichte, die über die Muttergöttin erzählt wird. Er geht auf die *Theogonie* zurück, ein Epos, das meist Hesiod zugeschrieben wird, wiewohl seine Autorschaft umstritten ist. Wer immer der Autor war, die *Theogonie* bildet einen maskulinisierten Mythologiekorpus ähnlich den Werken, die Homer zugeschrieben werden – Kulmination einer langen Aufeinanderfolge mündlicher Traditionen, die in ihrer heutigen epischen Form vermutlich im ausgehenden 8. Jahrhundert v. Chr. Gestalt annahmen. Aus diesen Erzählungen setzt sich die phantastische männliche Mythologie zusammen, die der westlichen Welt Form und Substanz gab.

Nach diesem alten Epos begründeten Kronos und die Titanin Rhea, seine schwesterliche Gemahlin, die zweite

Götterdynastie – die olympischen Götter, die über eine Zeit der Vollkommenheit herrschten, das sogenannte Goldene Zeitalter. Einer der Nachkömmlinge von Kronos und Rhea erwies sich als der ehrgeizigste unter den Göttern; sein Name war Zeus. Kronos wurde schließlich durch denselben Verrat gestürzt, den er an seinem eigenen Vater begangen hatte. Er versuchte einer Prophezeiung, er werde von einem Sohn entthront werden, der größer sein werde als er selbst, dadurch zu entgehen, daß er alle seine Kinder bei ihrer Geburt verschlang. Nachdem seine Gemahlin, die Muttergöttin Rhea, auf diese Weise fünf ihrer Kinder verloren hatte, flüchtete sie sich bei ihrer nächsten Schwangerschaft auf die Insel Kreta, wo sie Zeus gebar. Als sie zu ihrem Gemahl zurückkehrte, gab sie ihm einen in Windeln eingewickelten Stein, den er im Glauben verschlang, es wäre sein Sohn.

Als Zeus zum Mann heranreifte, verließ er sein Versteck. Er überwand seinen Vater und zwang ihn sodann, seine fünf Geschwister (Poseidon, Hades, Demeter, Hestia und Hera) sowie auch den Stein wieder zu erbrechen, der zum *Omphalos* wurde, zum «Nabelstein der Erde». Dieser geheimnisvolle Stein, der es ermöglicht hatte, das Leben des Kindes der Muttergöttin zu retten, wurde schließlich in Delphi aufgestellt, dem heiligen Ort der Frauen, an dem der Sonnengott Apollo eines Tages einen entscheidenden Kampf gegen die urtümlichen Kräfte der Erdgöttin führen sollte. Vorläufig jedoch herrschte unter den Göttern und Göttinnen noch Harmonie. Die Frauen hatten ihre alte Stellung als Spenderinnen und Erhalterinnen des Lebens noch inne. Während dieser mythischen Zeit begann sich allerdings das Verhältnis der Frauen zu den formenden Elementen der Gesellschaft dramatisch zu ändern, als nämlich die Gottheit eines eindringenden patriarchalen Volkes über die antike Welt hinwegfegte.

Dieser kriegerische Gott, den wir so selbstverständlich mit der griechischen Mythologie assoziieren, stammte nicht aus der hellenischen Welt, sondern wurde von diesen Eindringlingen nach Griechenland gebracht. Er erhielt den Namen Zeus und wurde in den griechischen Mythos integriert, als wäre er schon immer eine zentrale Gottheit gewesen. Zeus wurde von seinen Verehrern in das Pantheon Gaias und Rheas, der mächtigsten Göttinnen, eingeschmuggelt. Aufgrund dieser drastischen Umkehrung der ältesten Mythen der Ägäis mußten sich Gaia und Rhea nunmehr mit dem Status von Gemahlinnen bescheiden und sich in eine Situation fügen, die ihrer mutterrechtlichen Welt den Todesstoß versetzte. Zeus wurde die Herrschaft über alle Götter eingeräumt, über seine erlauchten olympischen Geschwister ebenso wie über seine finsteren und derben Vorfahren, die Titanen. So brach das Silberne Zeitalter des Zeus an, das den meisten fundamentalen Haltungen, die wir heute im Westen als Realität akzeptieren, Form und Inhalt gab.

Der Kampf zwischen der alten matrizentrischen und der neuen patrizentrischen Mentalität wurde in der Welt des Mythos ausgefochten. Im Himmel hatten die neuen Götter den Frauen die Macht entrissen. Auf der Erde selbst aber gab es kein Geschöpf, in dem der Geist der Götter wohnte. Mit dem Titanen Prometheus wurde das erste Wesen in Menschengestalt geboren, und er stieg zur Erde nieder. Als Kind der Muttergöttin besaß er ein Geheimnis, das Zeus unbekannt war. Er wußte, daß der Keim des Himmels unter dem Mantel Gaias in der Erde ruhte. Er nahm daher ein wenig Lehm in seine Hände, befeuchtete ihn mit Flußwasser und knetete ihn, bis er nach dem Bildnis der Götter geformt war. Die Göttin Athene war begeistert, als sie entdeckte, was dieser Titanensohn geschaffen hatte. Sie hauchte der aus der Erde geschaffenen Gestalt den göttlichen Atem ein, und sie erhob sich und wurde zum Menschen.

Die Götter im Himmel bemerkten diese neu geschaffenen Männer und erklärten sich bereit, sie zu schützen, solange sie sich ehrerbietig zeigten. So setzten sich an einem vorbestimmten Tag Sterbliche und Unsterbliche an dem alten Ort Mekone zusammen, um die Rechte und Pflichten der Menschen festzulegen. Um sie vor übermäßigen Forderungen der Götter zu schützen, trat Prometheus als ihr Anwalt auf. Er war klug und vernünftig, bis er sich in seiner Verehrung für die Muttergottheit dazu hinreißen ließ, dem großen Zeus einen Streich zu spielen. Es war ein harmloser Scherz, doch ließ sich der höchste Gott eine solche Beleidigung nicht bieten. Um Prometheus für sein Bubenstück zu bestrafen, enthielt Zeus den Sterblichen, die Prometheus aus Lehm geformt hatte, das Geschenk des Feuers vor. Prometheus wiederum konnte diese Strafe nicht hinnehmen. Er erhob sich zur Sonne, entzündete eine Fackel am Himmel und brachte sie den Menschen. Erneut donnerte Zeus in seinem Zorn. Als er die Lagerfeuer der Sterblichen auf der fernen Erde flackern sah, befahl der höchste Gott des Olymp Hephaistos, dem Gott des Feuers, ein Wesen in Gestalt einer schönen jungen Frau zu schmieden. Die Verfertigung dieses neuen Menschenwesens bezeichnet offensichtlich den endgültigen Zusammenbruch der Macht der Frauen. Hesiod läßt uns über das Ausmaß dieser Diskreditierung der Frauen nicht im Zweifel: «Staunen ergriff da die unsterblichen Götter und die sterblichen Menschen, als sie die jähe List erblickten, unwiderstehlich für die Menschen. Von ihr stammt das unheilvolle Geschlecht der Frauen und ihre Arten. Als ein großes Unglück wohnen sie unter den sterblichen Männern.»

Wie sollen wir diese strategische Wendung im Gang der mythischen Ereignisse auffassen? Aus der Sicht des neuen griechischen Pantheon ist die Aussage klar: Zeus bestrafte den Menschen, indem er als Preis für das Feuer ein böses Geschöpf namens Frau schuf. Auf diese Weise gelang es den heroischen olympischen Göttern, die Macht der Großen Göttin zu diskreditieren und zu brechen. Prometheus aber wurde zur Strafe für seine Komplizenschaft bei dem Versuch, die Herrschaft der Muttergöttin zu erhalten und die aus dem Lehm der Erde gebildeten Menschenkinder zu schützen, auf Geheiß des Zeus an einen Felsen geschmiedet, wo jeden Tag ein Adler Wunden in seinen Leib schlug und an seiner Leber fraß, die über Nacht wieder nachwuchs.

Zeus regierte jetzt über Himmel und Erde. Es war aber kein Friede zwischen den neuen Göttern und den ursprünglichen Göttinnen. Schließlich entlud sich der Widerstreit zwischen zwei einander entgegengesetzten Weltauffassungen in einem Kampf zwischen den neuen Göttern des Olymp und den alten titanischen Göttern des Othrys-Berges. Dieser monumentale Krieg war das bedeutendste Ereignis in der dorischen Mythologie der Griechen: Die Muttergottheit war damit endgültig unterworfen, und die heutige westliche Weltsicht wurde geboren. Die Metaphern sind so aussagekräftig, daß wir nicht umhin können, sie als den endgültigen Zusammenbruch eines mutterrechtlichen Reiches zu deuten, das ungezählte Jahrtausende weltweit die menschlichen Gemeinschaften dominiert hatte.

Zeus und die Olympier kämpften zehn Jahre lang gegen die Titanen. Mit der unerwarteten Unterstützung Gaias und ihrer monströsen Kinder, der Kyklopen und Hekatoncheiren, wurden die Titanen schließlich überwunden und in den Tartaros geworfen, die tiefsten Tiefen der Unterwelt. Nachdem der Sieg sein war, entledigte sich der verräterische Zeus Gaias, womit seine Herrschaft über Himmel und Erde endgültig gesichert war.

Mit diesem Verrat an Gaia und mit der Oberhoheit des Zeus brach die Herrschaft der Muttergottheit endgültig zusammen. Symbolisch ist diese Niederlage in zwei mythischen Ereignissen festgehalten. Wie bereits erwähnt, ließ Zeus Prometheus für den Diebstahl des Feuers an einen Felsen schmieden, und er bestrafte zudem die Geschöpfe des Prometheus durch die Erschaffung der Frau. «Die Frau war das größte aller Übel, so wie auch Eva die Wurzel allen Übels war» (Grant). In Hesiods *Werke und Tage* wird diese negative Sicht der Frau um einen weiteren Bericht über die erste Frau ergänzt. Hier trägt sie den Namen Pandora, die Allspendede – vielleicht deshalb, weil sie ursprünglich eine Erdgottheit war. Hesiod sagt, daß Hephaistos, als er Pandora schuf, «in ihr Herz Lügen und falsche Worte und Treulosigkeit legte ... damit sie der Kummer der Männer der Erde sei».

Die Verwandlung einer vorhellenischen Erdgöttin in eine so zerstörerische Dämonin wie Pandora erlaubt einen faszinierenden Einblick in die Funktionsweise des patriarchalen griechischen Denkens. Dem bekannten Mythos über diese erste Frau zufolge waren alle Übel und alles Böse sowie alle Schlechtigkeit und aller Kummer in einer Büchse eingeschlossen. Trotz aller Warnungen, sie nicht zu berühren, öffnete Pandora die Büchse und setzte dadurch unendliches Leid für die Menschen in die Welt. Wie im Falle der späteren Eva war es Pandoras betörende Sexualität, die es ihr ermöglichte, den Sündenfall herbeizuführen. Deswegen brachte Hesiod die griechische Auffassung von der Frau zum Ausdruck, als er schrieb: «Laßt euch nicht von einer Frau, die mit süßer Zunge zu euch spricht, durch die Faszination ihres Körpers betören.»

Wie wir noch sehen werden, wurde diese negative griechische Sicht der Pandora zu einem wesentlichen Aspekt der Betrachtung der Frauen als *instrumenta diaboli,* und die frühe christliche Kirche wurde nicht müde, diese Diffamierung so lange zu wiederholen, bis sie sich schließlich im Westen zu einer so grundlegenden Haltung auswuchs, daß sie sogar das Frauenbild von Künstlern beeinflußte. So gab zum Beispiel der im 16. Jahrhundert lebende Maler Jean Cousin d. Ä. aus Sens seinem Porträt der aus dem Paradies vertriebenen Eva den Titel «Eva prima Pandora.» So wurde die Macht der Frau verteufelt. Ein Semonides von Samos sagte im 7. Jahrhundert v. Chr., daß Frauen «das Schlimmste sind, was Zeus für uns geschaffen hat».

Dieser alles andere als rational begründeten Abscheu vor der Macht und letztlich sogar der Biologie der Frau stand bei den rationalen und patriarchalen Griechen stets ein unaustilgbares vorhellenisches Erbe entgegen, das die Fruchtbarkeit der Frau als eine mystische und übermenschliche Kraft von chaotischer Art verehrte. Jenes Paradoxon der «männlichen Ordnung» und des «weiblichen Chaos» wird im griechischen Denken unaufhörlich in immer neuen Gestaltungen wiederholt und führte schließlich zu einer der zentralen Spannungen des westlichen Geistes. Diese Widersprüchlichkeit in der Haltung gegenüber den Frauen war so tief verwurzelt, daß selbst die vollständige patriarchale Revision der klassischen griechischen Kosmologie und Mythologie die Frauenmysterien nicht gänzlich aus der hellenischen Welt auslöschen konnte. So spricht zum Beispiel in einem homerischen Hymnus, der ansonsten von männlicher Aggression strotzt, der Dichter von der Universellen Mutter – dem ältesten aller Wesen: «Alle Geschöpfe, die im Meer wohnen, alle Kreaturen, die fliegen oder auf der Erde kriechen, alle diese Wesen sind Dein.»

Auf einen kurzen Nenner gebracht: Die Griechen verehrten die universelle Fruchtbarkeit der alten Großen Mutter, während sie gleichzeitig die Frauen verunglimpften. Diese Haßliebe gegenüber Frauen – die Ehrfurcht vor ihrer schöpferischen Macht einerseits und die Furcht vor ihrem Einfluß auf die Jugend andererseits – verlieh dem hartnäckigen Bemühen der Griechen, die Frauen von ihrem vorhellenischen Thron der häuslichen Herrschaft und der religiösen Autorität zu stürzen, beträchtliche Energie. Es handelt sich um eine so beharrliche, aber auch derart subtile Verleumdung, daß ihr die berühmte Literatur der Griechen einen erheblichen Teil ihres Impetus und ihrer Spannung verdankt. Im Drama wie in der epischen Dichtkunst wird immer wieder der Geist der Frauen herabgesetzt oder ignoriert. Diese so unaufhörlich wiederholte Metapher von Niedergang, Schande und Sturz der Frau ist allerdings zu durchsichtig, als daß man dahinter nicht die Bemühung des männlichen griechischen Denkens erkennen könnte. Wie wir noch sehen werden, haben einige der großartigsten tragischen Elemente des attischen Dramas ihre Wurzeln in Erzählungen über das Scheitern außerordentlich starker und willenskräftiger Frauen. Diese partriarchale Usurpation des uranfänglichen matrizentrischen Mythos bedeutet nichts Geringeres als eine mythologische Verschwörung.

Dieses lange psycho-mythische Ringen gegen die tellurischen Mutter- oder Naturkräfte wird in einer Folge von Mythen solcher Helden wie Bellerophon, Herakles, Theseus und Perseus, Ödipus und Orest sowie des delphischen Apollo geschildert. Der Prototyp dieses Kampfes zwischen weiblichem und männlichem Prinzip, Göttin und Gott, Unordnung und Ordnung, Natur und Stadt *(polis)* ist die berühmte Auseinandersetzung zwischen dem schlangenköpfigen Ungeheuer Typhoeus (oder Typhon) und Zeus.

Diesem Bericht zufolge war die Oberherrschaft des Zeus nicht gesichert, solange er nicht die chaotischen Naturkräfte, welche die Titanen repräsentierten, überwunden und solange er nicht ihre Macht der Unordnung gebrochen hatte, so daß die Erleuchtung sich durchsetzen konnte. Daher mußte Zeus das Ungeheuer vernichten, das jüngste Kind der Erdgöttin Gaia und des Tartaros. Dieses Kind trug den Namen Typhoeus; es war ein gräßliches Geschöpf mit gefiedertem Leib und gewaltigen Schwingen. Die klassische Erzählung von Zeus' Sieg über Typhoeus gibt eine dramatische Beschreibung eines metaphorischen Wettstreits zwischen dem Chaos und der Ordnung. Um diesen Mythos im Zusammenhang mit unserer Erörterung der griechischen Einstellung gegenüber Frauen richtig zu verstehen, müssen wir uns klar machen, daß Zeus für das hellenische Denken als der Feind des Chaos galt. Er wird als der Held dargestellt, der die Götter gegen die wilde, zügellose Unordnung verteidigt, die mit den Frauen und ihrer «monströsen» Nachkommenschaft gleichgesetzt wird.

Es heißt also, daß der gewaltige Leib des Typhoeus halb Mensch und halb Schlange war (die sich häutende Schlange ist ein Bild für die Fortpflanzungskraft der Frau). Typhoeus war so riesig, daß sein Haupt die Sterne berührte und seine Arme von Sonnenaufgang bis Sonnenuntergang reichten. Nach Hesiods Bericht erhoben sich auf seinen Schultern einhundert feuerspeiend züngelnde Schlangenköpfe, aus deren Augen Flammen schossen. In dieser grotesk karikierenden Darstellung des Typhoeus drückt sich eine universelle Voreingenommenheit aus, die oft zum Tragen kommt, wenn Feinde geschildert werden. Freilich ist es nicht seine Gräßlichkeit, die so dringend die Vernichtung des Typhoeus erfordert. Am bedrohlichsten ist vielmehr die Gefahr, daß das Ungeheuer politische Macht erlangen könnte. Hesiod erläutert: «Dieses Ungeheuer hätte sich zum Herrn der Welt aufgeworfen, wenn Zeus es nicht im Kampf besiegt hätte.»

Joseph Campbell (1964) gibt die Erzählung mit der ihm eigenen Farbigkeit wieder: «Unter den Füßen des Göttervaters wankte der Olymp, als das Ungeheuer Typhoeus herannnahte, und die Erde ächzte. Die Flammen von Zeus' Blitzen und die Augen und der Atem seines Widersachers gossen einen lodernden Feuerschein über das dunkle Meer. Der Ozean kochte; mächtig sich auftürmende Wogen brandeten gegen die Vorgebirge der Küste. Das Land erbebte; Hades, der Herr der Toten, erzitterte, und selbst Zeus befiel für eine Weile Kleinmut. Als er jedoch seine Kraft wieder gesammelt hatte, ergriff der große Held seine furchtbare Waffe, sprang von seinem Berg und schoß, blitzeschleudernd, alle jene feuerspeienden, brüllenden, fauchenden, bellenden, zischenden Köpfe in Brand. Das Ungeheuer stürzte auf die Erde, und die Erdgöttin Gaia stöhnte unter ihrem Kind. Der Leichnam ging in Flammen auf. Dann schleuderte Zeus, der mächtige König der Götter, herrlich anzusehen in seinem rasenden Zorn, sein Opfer in den klaffenden Tartaros – von wo aus bis heute sein Titanenleib alle jene Winde aussendet, die mit furchtbarer Gewalt über das Meer hinwegfegen und den Sterblichen Leid bringen, die Schiffe zerschmettern, Seeleute ertränken und die liebevoll geschaffenen Werke der Landbewohner mit Sturm und Staub zunichte machen.»

Dieser Sieg besiegelte die Herrschaft der patriarchalen Götter des Olymp über die ihnen vorangegangenen Titanen-Nachkömmlinge der Großen Muttergöttin.

Die Erzählung von Zeus und Typhoeus nimmt auch den Bericht über eine andere Auseinandersetzung vorweg. Dabei standen sich aber der Sonnengott Apollo und die Schlange Python (oder Typhon) gegenüber. Als Vorbild diente der Zweikampf zwischen Zeus und Typhoeus am Ätna, doch errang Apollo seinen Sieg in Delphi am Fuße des Parnaß.

Heute sind wir gewöhnt, Delphi und sein berühmtes Orakel in Verbindung mit Apollo zu sehen, doch war Delphi einst Gaias Heiligtum gewesen. Der griechische Dramatiker Aischylos stellt den Übergang der Macht von Gaia an Apollo als eine friedliche Revolution dar, während Carl Olsen in seinem Essay über die Göttin feststellt, daß «Hesiod und der homerische Apollo-Hymnus von einer eher gewalttätigen Auseinandersetzung berichten. Python wurde von Apollo erschlagen, damit dieser die Macht über das Orakel an sich reißen konnte ... Die Schaffung der olympischen Ordnung war eine Revolution ... In der dann folgenden, von Zeus beherrschten Hierarchie haben (insbesondere in Homers Berichten) die Göttinnen eindeutig eine untergeordnete Rolle. Aphrodite, die bei Hesiod Generationen älter ist als Zeus, wird in der *Odyssee* als die Tochter des Zeus und der Diana vorgestellt. Selbst Athene, deren Format noch am wenigsten beschnitten wurde, wird zu einer Göttin gemacht, die sich ganz auf männliche Kraft verläßt und stolz darauf ist, keine Mutter zu haben und des Zeus parthenogenetische Schöpfung zu sein. Die Göttinnen sind nicht nur den Göttern untergeordnet, sondern werden jeweils in einer ganz bestimmten Weise in ihrem grundsätzlichen Wesen vom Mann her definiert: Hera ist Gemahlin, Athene die Tochter ihres Vaters, Aphrodite die willige Geliebte, Artemis diejenige, die die Männer flieht. Sie werden also aus der Perspektive der männlichen Psychologie dargestellt.» Dieser Wende zur Dominanz der männlichen Haltung bei den Griechen manifestiert sich im archetypischen Mythos vom Sieg des Zeus über Typhoeus; dadurch wird symbolisch der Übergang des Delphischen Orakels von Gaia auf Apollo möglich.

Das auf dem griechischen Kernland gelegene Heiligtum von Delphi wurde von einer Schlange und einer im Dienste der Gaia stehenden weissagenden Priesterin regiert. Die (weibliche) Schlange Python hauste im *Omphalos,* dem Schrein des Nabelsteins, der, wie man sich erinnert, nach dem Stein benannt ist, den Rhea Kronos gab und den dieser im Glauben verschlang, es handle sich um seinen neugeborenen Sohn Zeus. Das Delphische Heiligtum soll unterirdisch in Form eines Bienenkorbs errichtet gewesen sein. Der Name «Delphi» soll auf «Delphyne» zurückgehen, eine Anspielung auf die große Schlange, die in der Mythologie der Mittelmeerländer oft mit der Muttergöttin verknüpft ist. Die militante Feministin Monica Sjoo weist darauf hin, daß die Göttin auf Malta Delphyne hieß, da sie zur Hälfte Schlange war, und daß dieser Name auf das alte Wort *delphys* zurückgeht, das «Schoß» bedeutet. Die weibliche Vorherrschaft in Heiligtümern wie Delphi ist offenbar sehr alten Ursprungs. Im Vergleich dazu war Apollo, der patriarchale Sonnengott der Griechen, gewissermaßen ein mythologischer Emporkömmling. Sein Ursprung ist unklar, doch nimmt man meist an, daß er aus Asien über Kleinasien zu den dorischen Griechen gelangte. Möglicherweise war er zunächst ein Hirtengott. Schließlich wurde er zum zentralen

Symbol des hellenischen Idealbildes vom griechischen Geist. Apollo konnte jedoch seine Herrschaft auf Delphi erst antreten, nachdem er die heilige Schlange (Python) erschlagen hatte, wie Zeus vor ihm Typhoeus töten mußte, um über die Erdgöttin triumphieren zu können.

Dieser Bericht sagt sehr viel darüber aus, wie wir die Mythen zu lesen haben, die den griechischen Geist formten. «Ob wir die Siege von Zeus und Apollo, Theseus, Perseus, Iason und all den übrigen über die Drachen des Goldenen Zeitalters betrachten oder an die Überwindung Leviathans durch Jahwe denken – immer geht es um eine eigenständige Kraft, die stärker ist als die Macht irgendeines erdgebundenen Schlangenschicksals. Immer geht es (um mit Jane Harrison zu reden) ‹zuerst und vor allen Dingen um einen Protest gegen die Verehrung der Erde und die *daimones* der Fruchtbarkeit der Erde›» (Campbell 1964).

Es heißt, daß Hera die Python aus Verärgerung über Zeus schuf, der ganz allein Athene geboren hatte. So zeugte Hera parthenogenetisch die Schlange Python aus dem Schleim der Urflut, die sich während des Eisernen Zeitalters der griechischen mythologischen Geschichte ereignet hatte. Diese Flut hatte einen großen Schlammstrom gegen den Parnaß gelenkt, und hier, am Fuß des Berges, wo das Heiligtum von Delphi steht, wurde die Python geboren. Sie baute ihr Nest in der Nähe der von Blumenfülle umgebenen Quelle des Heiligtums. Einigen griechischen Autoren zufolge war diese weibliche Schlange eine Plage für die Menschheit, weil sie das Geheimnis der Fruchtbarkeit für sich behielt – und dieses Vergehen kreiden Männer, für die die weibliche Fortpflanzungskraft etwas Bedrohliches hat, Frauen gerne an.

Über den Tod der Python weiß man nichts Genaues, doch heißt es in den meisten Mythen, daß Apollo sie mit seinen Sonnenpfeilen tödlich verwundete, die – natürlich – Symbole der «männlichen» Erleuchtung und Ordnung sind. Dann nahm er das Orakelheiligtum von Delphi in Besitz. Ganz im

Einklang mit der griechischen Haßliebe gegenüber Frauen durften aber dann – auch nach der Überwindung der Erdmutter, der ursprünglichen Gottheit des Orakels, durch den griechischen Sonnengott – nur Frauen dort prophezeien.

Ungeachtet der verschiedenen Versionen der Auseinandersetzung zwischen Apollo und der Python ist klar, daß die Geschichte die Ritualisierung eines wesentlichen griechischen Konzepts darstellt: Frauen sind die Verkörperung der ungezähmten Natur, und Natur bedeutet Chaos und Unordnung. Der Mann dagegen verkörpert Aufgeklärtheit und Ordnung. Deshalb besiegt der Sonnengott Apollo die Mondschlange und bezwingt die Natur, damit die Vernunft den Vorrang habe. Für die Griechen war dieser Machtwechsel von außerordentlicher Bedeutung. Er ebnete den symbolischen Weg zur Zivilisation und zur *polis*. Für sie bezeichnete das Wort *agrios* («wild») ein barbarisches und tierisches Reich außerhalb der Zivilisation.

Die Auffassung, daß Frauen die finsteren Mächte, die Irrationalität, die chaotischen und wilden Kräfte der Natur (als Mutter Natur selbst) verkörpern, wird in der griechischen Literatur immer wieder als Lebenstatsache wiederholt. Später wurde sie zu einem so grundlegenden Element unseres westlichen Bewußtseins, daß wir die Werke von Homer, Hesiod, Aischylos, Sophokles und Euripides meistens lesen, ohne dabei zu bemerken, daß sie auf brilliante Weise die Geschichte als gigantische Verleumdungskampagne gegen die Frauen inszenieren.

Hier ein typisches Beispiel für diese literarische Tradition. Die *Orestie,* eine Triologie des Aischylos, befaßt sich mit der blutigen Aufeinanderfolge von Verbrechen und ihrer Vergeltung im Königshaus des Atreus. Die Ereignisse beginnen vor dem Anfang des ersten Stücks, *Agamemnon,* damit, daß Atreus seinem Bruder Thyestes den Thron von Argos verweigerte. In *Agamemnon* ermorden Thyestes' Sohn Aigistos und Klytaimnestra, die Gemahlin Agamemnons, den König Agamemnon und bemächtigen sich seines Throns. Im zweiten Stück, *Die Choephoren*, rächt Agamemnons Sohn den Mord an seinem Vater, indem er seine Mutter Klytaimnestra und ihren Liebhaber Aigistos tötet. Im letzten Stück der Trilogie, *Eumenides*, endet die Blutrache damit, daß ein neugeschaffenes Gericht den Sohn von seinen Verbrechen freispricht.

Dies ist der Handlungsfaden der Tragödien. So haben wir es zumindest in der Schule gelernt. In jüngster Zeit haben jedoch Gelehrte die Texte näher geprüft und Elemente entdeckt, die früher übersehen oder ignoriert wurden. In der Trilogie geht es um einen Erbfluch. Die Pelops-Söhne Thyestes und Atreus ermorden ihren Stiefbruder und fliehen nach Mykene, wo sie zu Macht und Reichtum gelangen. An einer Blutfehde entzündet sich ihre Gegnerschaft, und sie werden zu Todfeinden. Dann verführt Thyestes die Frau des Atreus. Atreus versöhnt sich zum Schein mit Thyestes, tötet dann aber die Söhne seines Bruders und gibt sie ihrem Vater zur Speise – eine so furchtbare Tat, daß sogar die Sonne vor Schmerz ihr Antlitz verhüllt. Durch diese schrecklichen Ereignisse kamen die Feindschaft und der Fluch, die Grundlage der Trilogie des Aischylos sind, auf die beiden Zweige des Hauses Atreus.

Agamemnon schloß sich der Belagerung Trojas an, um die entführte Helena zurückzuholen. Wie Aischylos aber sagt, war Helena eine böse Versucherin, und es war eine Schande, daß sich junge Männer wegen einer bösen Frau in einem Krieg hinmetzeln ließen. Damit ist das Pandora-Motiv der schrecklichen, unglückbringenden Frau einer der bedeutsamsten Unterströme jener von Aischylos dramatisierten Mythen. Diese Einstellung gegenüber Frauen zieht sich durch alle Dramen hindurch, denn der Autor läßt den Chor fortwährend Loyalität gegenüber Agamemnon zum Ausdruck bringen, während der wankelmütige Sinn der schönen Helena verurteilt und der Blutzoll beklagt wird, den der Krieg unter den jungen Männern fordert. Der Chor stellt

aber auch ausführlich den Schrecken der Opferung Iphige-
nies dar, des erstgeborenen Kindes von Agamemnon und
Klytaimnestra. Die griechische Flotte konnte nämlich ihren
Feldzug gegen Troja wegen widriger Winde nicht fortsetzen.
Der Seher Kalchas offenbart Agamemnon und seinem Bruder Menelaos, daß sich nur dann günstige Winde einstellen
würden, wenn Agamemnon seine Tochter Iphigenie opferte.
Er lockt sie also unter einem Vorwand in sein Heerlager und
opfert sie um seiner politischen Ambitionen willen auf dem
Altar der Artemis, denn nur um den Preis ihres Todes konnte das unter seinem Befehl stehende Heer nach Troja aus-
fahren. Schließlich kehrt Agamemnon nach Mykene zurück;
er bringt seine trojanische Konkubine Kassandra mit und
befiehlt seiner Gattin Klytaimnestra, ihr großzügige Gast-
freundschaft zu gewähren. Klytaimnestra läßt sich ihren
Zorn nicht anmerken. Sie empfängt ihn als siegreichen Helden mit gespielter Herzlichkeit. Sie betört ihn und begleitet
ihn unter Schmeicheleien zu seinem Bad. Sobald er sich ent-
kleidet hat und in das heiße Wasser getaucht ist, wirft sie ein
Netz über ihn und erschlägt ihn mit einer Axt. Kassandra, die
ihr Schicksal ahnt, begibt sich freiwillig in den Palast, weil sie
weiß, daß es ihr Los ist, mit Agamemnon zu sterben.

Aigistos erscheint und ist voll heimlicher Freude über diese Ereignisse. Der Chor zürnt. Während ihr feiger Liebhaber
vor der wütenden Menge flieht, tritt die starke Klytaimnestra
vor die Menschen und überzeugt sie mit ihrer leidenschaftlichen Anklage gegen Agamemnon. Sie verweist darauf, daß
sie das Opfer des Schicksals und das Instrument eines Blut-
fluchs war, der dem ewigen Gesetz der Vergeltung unterliegt.
Sie besteht darauf, daß es ihr Recht war, den Mann zu töten,
der es wagte, ihre Tochter zu opfern.

«Hat er nicht ein furchtbares Verbrechen gegen dieses
Haus verübt? Für seine Tat mußte er sterben, denn sonst
hätte das Schicksal selbst danach gerufen, daß sie gesühnt
werde. Aus seinen Samen ist dieses Kind entsprungen. Sie

war die Blüte, die ich hervorbrachte, meine vielbeweinte Iphigenie. Sein Tod war eine gerechte Tat für eine furchtbare Sünde. Stolzer Mann! Wird er sich in der Hölle seiner Tat rühmen? Es kommt nicht darauf an, denn die Rechnung ist jetzt beglichen. Er hat mit dem Tod gesündigt und mit dem Tod bezahlt.»

In Klytaimnestra spricht eindeutig noch die Stimme der Muttergöttin, die empört ist über die männliche Anmaßung, die lediglich um eines politischen Vorteils willen das Leben ihres Kindes opferte. Die dorischen Griechen konnten allerdings Klytaimnestras Triumph nicht zulassen. Sie mußte zu Fall gebracht werden, auch wenn dies eine grundsätzliche Umwandlung der Überzeugungen erforderte, die Jahrtausende für die Gesellschaften gültig gewesen waren. Deshalb ist der Fluch hiermit noch nicht aufgelöst. Klytaimnestra und ihr Liebhaber Aigistos werden schließlich mit derselben Axt ermordet, mit der die Königin ihren Gemahl tötete. Klytaimnestras Tochter, die maskulinisierte Elektra, drängte, außer sich vor Kummer wegen des Schicksals ihres geliebten Vaters, ihren Bruder Orest, ihre eigene Mutter zu ermorden, ein im Reich der Göttinnen so ungeheuerliches Verbrechen, daß es noch heute in unserer Psyche Nachhall findet.

Durch sein furchtbares Verbrechen wahnsinnig geworden, flieht Orest, von den Furien gehetzt, deren Aufgabe es ist, diejenigen zu töten, die frevelhaft ihre eigenen Eltern ermordet haben. Schließlich wird Orest von einem von Athene zusammengestellten Gericht der Prozeß gemacht; zwölf männliche Athener sind seine Richter. Bei diesem Prozeß nun wird der Kern des Glaubens der Göttinnen durch eine neues patriarchales Denken ersetzt. Der Sonnengott Apollo, der die von der Erde mit chthonischer Macht ausgestattete Schlange Python erschlug, setzt sich für den Muttermörder Orest ein und hält den Argumenten der Erynien entgegen, daß der Vater, nicht die Mutter der wahre Erzeuger eines Kindes ist.

«Die Mutter ist nicht die Erzeugerin des Kindes, nur die Amme dessen, was sie geboren hat. Der Erzeuger ist der Vater, der ihr seinen Samen anvertraut.»

Der Tenor der patrizentrischen Haltung, die in dieser Argumentation zum Ausdruck kommt, ist von so unumstößlicher Eindeutigkeit, daß wir in ihr nichts anderes als die völlige Entwertung der weiblichen Fortpflanzungskraft sehen können, was letztlich den Abbau ihres kulturellen und politischen Status zur Folge hatte.

Die athenischen Geschworenen sprachen Orest frei. Wie der Gräzist Michael Grant anmerkt, ist diese Entscheidung «nicht einfach ein Schlag zugunsten der relativ reizlosen griechischen Sache der männlichen Vorherrschaft; sie hat auch eine tiefere nationale Bedeutung. Orest wird durch einen Appell an das patriotische Empfinden rehabilitiert. Das Gericht, dem die ruhmreiche Aufgabe zufällt, die Blutrache zu beenden, ist das Gericht des Areopag, des athenischen ‹Hügels des Ares›, der auf die Tage der alten Monarchie zurückgeht». Aischylos sagt hier im Grunde, daß die Autorität des Gerichts ein Spiegel der Gesetze des Himmels ist. Die *Orestie* demonstriert also auf ihrem Höhepunkt den Niedergang der Gesetze des erdgebundenen mutterrechtlichen Systems, an dessen Stelle eine neue Form der gesellschaftlichen Organisation getreten war, die ein patriarchales Volk mit indoeuropäischer Sprache nach Griechenland gebracht hatte. Die kulturelle und sexuelle Aussage des Dramas ist klar: Die erzürnten Erinyen, die nun den Mord eines Sohnes an seiner Mutter ungerächt lassen müssen, rufen aus: «Diese neuen Götter haben die Gesetze der alten Zeit gebrochen und sie unseren Händen entwunden!»

Die Opferung der Iphigenie und der Freispruch des Orest sind weitgehend in den Mittelpunkt der Diskussion um die Bedeutung des Mythos wie auch des Dramas des Aischylos gerückt. In ihrer kritischen Neufassung der Götter- und Heldensagen sagt Patricia Monaghan, daß «sich in diesem komplexen Zyklus von Morden und Rachemorden einigen Interpreten zufolge der gesellschaftliche Aufruhr in den griechischen Stadtstaaten ausdrückt, als die Ära des Mutterrechts zu Ende ging und sich die vaterrechtliche Familie als Fundament der gesellschaftlichen Ordnung etablierte. Im mutterrechtlichen System war das Handeln Klytaimnestras, als sie den Mörder ihres Kindes tötete, verständlich, wenn auch grausam. Im neuen patriarchalen System aber handelten Klytaimnestras Kinder recht, als sie die Mörderin ihres Vaters umbrachten. Diejenigen, die diese Interpretation des Mythos bevorzugen, zitieren das Ende der *Orestie* des Aischylos: Der von den mutterrechtlichen [Furien] gehetzte Sohn Klytaimnestras wird durch die Anhänger des Patriarchats vom Mord an seiner Mutter freigesprochen.»

Dieselbe dramatische Thematik wie in der *Orestie* steht auch im Mittelpunkt einer anderen griechischen Tragödie, der *Antigone* des Sophokles. Eine kurze Wiedergabe der Handlung wird unserer Interpretation dienen.

Antigone und Ismene sind die Töchter des Oidipus, des inzestuösen Königs von Theben, der aus seinem Reich verbannt wurde. Theben wird von den beiden rivalisierenden Söhnen des Königs belagert, die anstelle ihres abgesetzten Vaters die Alleinherrschaft anzutreten wünschen. Die beiden Männer töten sich gegenseitig im Zweikampf. In der Eröffnungsszene der Tragödie berichtet nun Antigone ihrer Schwester, König Kreon, ihr Onkel, habe verfügt, daß von den Brüdern nur Etiokles, der Theben verteidigte, feierlich bestattet werden dürfe, während der Leichnam des Polyneikes auf dem Platz, auf dem er fiel, den Raubvögeln zum Fraße überlassen werden sollte. Kreon verfüge weiterhin, daß jeder Versuch, Polyneikes zu begraben, mit dem Tode bestraft werden solle. Dieser Hoheitsakt ist das auslösende Moment für das tragische Schicksal der Antigone.

Antigone begehrt gegen diesen strengen Erlaß auf und lehnt es ab, sich einem Befehl zu unterwerfen, den sie für ebenso pietätlos wie unbarmherzig hält. Antigone ist entschlossen, den Leichnam ihres Bruders dem Schoß der Erde zurückzugeben. Ihr Geliebter, der Sohn Kreons, bittet sie dringend, das Gesetz nicht zu mißachten, doch läßt sie sich nicht von ihren Überzeugungen abbringen. Sie riskiert ihr Leben, um den Leichnam mit Erde zu decken. Nach ihrer Ergreifung verteidigt sie sich brillant und leidenschaftlich, doch Kreon verurteilt sie zum Tod durch lebendiges Begraben. Nun tritt der blinde Seher Teiresias auf und richtet eine schreckliche Warnung an den König: «Alle Altäre der Stadt sind vom Kot der Hunde und Vögel beschmutzt, die am Fleisch dieses gefallenen Sohnes des Königs Oidipus gezerrt haben. So groß ist diese Beleidigung der Erde, daß die Götter uns nicht hören wollen. Der Gesang der Vögel bringt keine Botschaft mehr, denn die gefiederten Bewohner der Lüfte haben sich am Blut des Toten gesättigt.»

Kreon läßt sich von der Warnung des Propheten nicht beeindrucken. Er hält störrisch an seiner Entscheidung fest: «Wisse, daß du an meinem Beschluß nicht zu rütteln hast.»

Teiresias verkündet daraufhin: «Dann wisse du, und wisse es wohl, daß eines deiner eigenen Kinder ein Leichnam unter Leichnamen sein wird, bevor noch viele Läufe des schnellen Sonnenwagens um sind. Dies ist dein schreckliches Schicksal, weil Du Kinder des Tageslichts in die Finsternis gestoßen hast. Du hast die Lebenden ins Grab geschickt und die Toten unbegraben, ohne Ehren und Weihen gelassen.»

Nun doch von Furcht ergriffen, ändert Kreon seinen Sinn und macht sich auf den Weg zur Ebene, um Polyneikes zu bestatten; Antigone will er die Freiheit wiedergeben. Doch seine Tat kann nicht mehr ungeschehen gemacht werden. Nachdem die sterblichen Überreste des Polyneikes verbrannt sind, entdeckt Kreon, daß Antigone sich selbst den Tod gegeben hat. Ihr Geliebter Haimon nimmt ihren Leichnam in die Arme und weigert sich, mit seinem Vater Kreon wegzugehen. «Mit zornerfüllten Augen blickte der Knabe auf seinen Vater. Er spie ihm ins Gesicht und zückte sein Schwert, doch entkam Kreon der blinkenden Klinge. Rasend über das Scheitern seines Anschlags, schrie der unglückliche Knabe auf und stürzte sich in seine Waffe.»

Als Kreons Gemahlin Eurydike von einem Boten diese Nachricht vernimmt, kehrt sie schweigend in den Palast zurück und ersticht sich.

«Kreon: Unwissend habe ich meinen Sohn und mein Weib ermordet. Es gibt keine Hilfe für mich. Ich bin nichts. Ich habe kein Leben. Führt mich fort.»

Damit endet das Stück.

Antigone läßt sich in recht unterschiedlicher Weise interpretieren. Hegel sah den dramatischen Konflikt als den zwischen einer Frau, die die Familie verteidigt, und einem Mann, dem das Staatswohl am Herzen liegt. Michael Grant vertritt die Ansicht, daß «das Thema die Kollision zwischen dem einzelnen Menschen und seinem politischen Herrscher ist – zwischen persönlichem Gewissen und öffentlicher Autorität». Der polnische Kritiker und Theaterwissenschaftler Jan Kott meint, daß «ihre Loyalität gegenüber dem Toten sie der Gemeinschaft mit den Lebenden entfremdet hat. Im Epilog der Tragödie tritt Kreon mit dem Leichnam seines Sohnes in den Armen auf die Bühne. Im nächsten Augenblick wird auch seine Gattin Selbstmord begehen. Die Argumente der praktischen Vernunft haben ihn allen Blutsbanden entfremdet.»

Die meisten Gelehrten räumen ein, daß hinter der Konfrontation von Kreon und Antigone ein griechischer Glaube an das steht, was Aristoteles «ein universelles Naturgesetz» nannte. Dieses Naturgesetz unterschied sich von den Gesetzen der *polis,* den von der Gesellschaft erlassenen Gesetzen. Antigone verfocht das «ungeschriebene Gesetz», das für sie ein universelleres Recht war als das Gesetz, das zu einer bestimmten Zeit und an einem bestimmten Ort galt. «All deine Macht ist nichts gegenüber den unsterblichen, ungeschriebenen Gesetzen des Himmels», hält sie Kreon vor. «Sie bestehen nicht nur jetzt. Sie waren und werden immer sein – im tiefsten Inneren empfunden, doch für den Menschen unsäglich.»

Wie Grant feststellt, ist die Triebfeder für Antigones Entscheidung, sich Kreon zu widersetzen, nicht nur ihre Liebe und Loyalität gegenüber dem Bruder, sondern auch ihre Erkenntnis, daß menschliches Handeln sowohl von leidenschaftlicher Überzeugung wie auch von objektiver Vernunft getragen sein muß. Kreon andererseits spricht für die Welt, den Staat, die politische Räson. Sein Standpunkt ist vernünftig, respektabel und wichtig. Aber seine Pflichtauffassung steht auf einer niedrigeren Ebene als diejenige Antigones. Sie gebrauchen dieselben Worte, meinen aber sehr unterschiedliche Dinge, und schließlich tritt Antigone, die Frau, von naturgegebenem Mitleid bewegt, in sehr beeindruckender Weise für ihre Sache ein. Kreons Fehler ist sein *Machismo,* seine männliche Arroganz. Selbst bei den patriarchalen Griechen war Anmaßung – oder *hybris* – ein streng gerügter Charakterfehler. «Kreon hat ein ausgeprägtes Empfinden für Recht und Ordnung, doch versucht er mit jener typischen, klassischen *hybris,* die bedeutende Männer oft Unrecht tun läßt, einen moralischen Standard zu korrigieren, über den er keine Verfügung hat ... Was Kreon als Gerechtigkeit ansah, war in Sophokles' Augen Anmaßung» (Grant).

Die in *Antigone* aufgezeigte Spannung zwischen einem einzelnen und einer Gemeinschaft, zwischen vernünftigem Gesetz und leidenschaftlicher Überzeugung, zwischen der Pietät gegenüber den Toten und der Loyalität gegenüber den Lebenden, sind wesentliche und gültige Themen der Tragödie, doch gibt es noch einen anderen Impuls, der das Drama vorantreibt. In vielen Werken der griechischen Literatur sind Frauen nicht nur Besitz und Sexualobjekte, sondern auch Symbol für «das Andere», für das Unbekannte. Sie sind aktive Metaphern für die Naturmysterien; daher überrascht es nicht, daß eine so kraftvolle dramatische Gestalt wie Antigone für die geheimnisvollen, nirgendwo aufgezeichneten Gesetze eintritt, die aus der Natur selbst hervorgehen. Damit erweist sich Antigone als eine Figur aus der dumpfen Unterwelt des matrizentrischen Mythos, die in einem Drama Gestalt annimmt, das sich im Spannungsfeld zwischen der *polis* des Bewußtseins und der Personifikation des Unbewußten entwickelt.

Der Altphilologe Charles Segal gibt in seiner Interpretation einer der verwirrendsten und erstaunlichsten Tragödien des klassischen Griechenland, der *Bakchen* des Euripides, eine brillante Analyse dieses Frauenbildes: «Weil Frauen den biologischen Abläufen des Naturlebens, der Geburt, dem Wachstum und der Veränderung, näher stehen als die männlichen Mitglieder der *polis,* stehen sie in einer engeren Beziehung zu Dionysos, dem Gott der Lebensenergien, und sie stehen auch in engerem Zusammenhang mit der Freisetzung der unterdrückten Emotionalität, die er verkörpert. Aufgrund ihrer direkten Mitwirkung bei der Hervorbringung von Leben stehen sie nicht nur der Natur näher, sondern stellen auch die Sehnsucht nach Autonomie, nach dem die Zeit Überdauernden, nach Unsterblichkeit und Transzendenz in Frage, die für die männlichen Schöpfungen in der *polis* – die zeitlosen Werke der Bildhauer- oder Bühnenkunst, den unsterblichen Ruhm der großen Helden – so typisch ist. Weil Frauen die Andersartigkeit der Natur in ihrer unmittelbarsten Nähe zum menschlichen Leben verkörpern, stehen sie zwischen Kultur und Natur. Sie sind Teil der Stadt, doch haben sie auch eine Nähe zu etwas, das über die Stadt hinausgeht und das ihr möglicherweise gefährlich werden könnte ... Sie sind der Abgrund, der den König verschlingt.»

Die *Bakchen* sind ein tiefreligiöses Stück, aus der Essenz der griechischen Urerfahrung von einem nichtreligiösen

Autor geschaffen, der sein Leben lang aus seiner Feindseligkeit gegenüber den olympischen Göttern kein Hehl machte.
William Arrowsmith, der englische Übersetzer des Stücks,
merkt an: «Die *Bakchen* sind letztlich ein geheimnisvolles,
fast gespenstisches Werk, durchdrungen von Göttlichkeit
und jener dämonischen Kraft der Notwendigkeit, die für
Euripides die gleichgültige Quelle des tragischen Schicksals
und der moralischen Würde des Menschen ist. Ungreifbar,
komplex und bezwingend entzieht sich das Stück stets dem
verstehenden Zugriff, versinkt, nein schreitet fort in immer
größeres Chaos und in eine immer umfassendere Ordnung
und kommt schließlich, Gott weiß wo, zum Stillstand – will
sagen dort, wo es Bedeutung erlangt.»

Das Drama hat einen geschichtlichen Hintergrund: das
Eindringen der trunkenen Riten des Dionysos nach Griechenland. Die Geschichte von König Pentheus von Theben
ist Euripides' Ritualisierung eines Mythos. Hinter den Ge-
schehnissen des Stücks verbirgt sich eine Serie revolutionärer Ereignisse, die in ganz Griechenland für erhebliche
soziale Unruhe sorgten. Diese Ereignisse sind im Bilde der
Stadt Theben und der Auseinandersetzung zwischen König
Pentheus und dem Gott Dionysos exemplifiziert.

Der König weigert sich zunächst, Dionysos oder seine religiösen Anhänger in der Stadt aufzunehmen. Als sie trotzdem
nach Theben eindringen, läßt König Pentheus die Verehrer
des Dionysos ins Gefängnis werfen. Diese Maßnahmen sind
Dramatisierungen des jahrhundertelangen Widerstandes
gegen die neue Religion, der schließlich zusammenbrach
und damit endete, daß Dionysos Gott aller Thebaner war.
Kadmos, der einstige König Thebens, erklärt den verwirrten
und verängstigten Menschen in Euripides' Stück, die ganze
Stadt sei «der bakchischen Raserei» verfallen.

Bis hierher gibt die Geschichte, zumindest ungefähr,
tatsächliche Ereignisse wieder. Das Eindringen der Religion
des Dionysos ist freilich nur vordergründig der Gegenstand

dieses Spiels. Es handelt nicht von diesem Umsturz. «Die dionysische Religion ist die Szenerie, vor der die Handlung des Spiels abläuft, aber *nicht* sein innerstes Thema» (Arrow-smith).

Eigentlich geht es in dem Stück um religiöse Berauschung. Diese «unzivilisierte» und erdverbundene Art leidenschaftlichen Glaubens ist aber eindeutig ein Nachhall der unterdrückten Rituale der Muttergöttin.

Dionysos (oder Bacchus) ist der Sohn des Zeus und der sterblichen Semele. Er kehrt, als Mensch verkleidet, von einer Pilgerfahrt nach Asien, wo er seine Tänze, Mysterien und Riten einführte, in seine Heimatstadt Theben zurück. Anlaß seiner Rückkehr ist der Entschluß, der Verleumdung seiner verstorbenen Mutter durch ihre neidischen Schwestern ein Ende zu bereiten, zu denen auch Agave zählt, die Mutter des Königs Pentheus von Theben. Diese Frauen bestritten, daß Zeus der Vater des Dionysos sei. Für diese Beleidigung schlägt Dionysos die Frauen mit Wahnsinn, sie sind von seiner Macht trunken und tollen und wandern in dumpfer Raserei am Berg Kithairon umher. Auch König Pentheus weigert sich, die Göttlichkeit des Dionysos anzuerkennen, und der erzürnte Gott erklärt, daß er den König und jeden anderen Bewohner Thebens zwingen werde, ihn als Gott anzuerkennen.

Diese Drohung läßt den König unbeeindruckt. Er ist nur umso entschlossener, den zügellosen Riten ein Ende zu bereiten, in denen Dionysos verherrlicht wird, und die religiösen Fanatiker, die Bacchanten, ins Gefängnis werfen zu lassen. Der wütende König Pentheus muß indes erfahren, daß alle Frauen Thebens wahnsinnig geworden sind, die Stadt verlassen haben und zum Berg hinausgezogen sind, wo sie trunken zu Ehren des Gottes tanzen.

Pentheus beschließt, alle Männer der Stadt zu bewaffnen und mit ihnen wider die Frauen auf ihrem heiligen Berg zu ziehen. Der verkleidete Gott Dionysos überredet aber den

König, daß er sich, um den Erfolg seiner Expedition zu gewährleisten, als Frau verkleiden müsse. «Wie das?» fragt er. «Werde ich dann vom Mann zu einer Frau?» Dionysos antwortet ihm: «Ja, denn sonst werden sie Dich töten, wenn sie dich dort als Mann entdecken.»

Mit langen blonden Locken, in ein langes Kleid und Tierfelle gewandet, bricht Pentheus auf, um die Frauen niederzuzwingen und die Dionysos-Verehrer zu unterwerfen. Aber diese Frauen sind, wie Segal bemerkt, «durch Gewalt nicht zu bezwingen ... weil Pentheus' Illusion der Stärke wie der geistigen Gesundheit nur seine innere Schwäche verbirgt, so wie sein autoritäres Äußeres eine unsichere und instabile Identität verhüllt, die der Gott leicht vom Krieger zur Frau, vom Anspruch der Hypermaskulinität zur Feminisierung verschieben kann».

Auf dem Berg klettert der verkleidete Pentheus auf einen Baum, um die Riten der Frauen zu beobachten. Er wird entdeckt und von seiner eigenen Mutter im besinnungslosen Rausch des Rituals erschlagen, weil sie ihn für ein wildes Tier hält. Unter wilden Jubelgesängen stürzen sich die Rasenden auf seinen Leichnam und fressen ihn auf.

Diese drastische Handlung ist eine perfekte Schilderung dessen, was man so treffend das *unwiderstehliche Irrationale* genannt hat, die «zutiefst nichtmenschlichen und nichtmoralischen Dinge», die, wie der Cambridger Altphilologe Gilbert Murray sagt, «dem Menschen Seligkeit bringen oder sein Leben in Fetzen reißen, ohne dabei etwas von ihrer eigenen heiteren Gelassenheit einzubüßen». König Pentheus' Schicksal ist wie dasjenige Kreons und Agamemnons besiegelt, weil er die unwiderstehliche Natur der irrationalen Elemente des Unbewußten nicht anerkennt, jene Impulse, die C. G. Jung den «Schatten» der menschlichen Psyche genannt hat. Die Griechen litten ständig unter dem Widerstreit ihrer apollinischen Ordnung und Vernunft einerseits und der Faszination der Unordnung und Irrationalität des

Dionysos andererseits. Sie schrieben, wie die *Bakchen* belegen, traditionell den Frauen das Reich des Spontaneität und des Wahnsinns zu. Der dionysische Kult verlieh den Frauen eine Macht und Bedeutung, die sie ansonsten im Athen des 5. Jahrhunderts nicht hatten. Für das männliche griechische Denken setzte Dionysos die den Frauen zugeordnete emotionale Gewaltsamkeit frei und gab ihr «einen formalisierten Platz im Ritual, das kein Ritual der *polis* war, sondern eines der Wildnis, insbesondere in Form der *oreibasia,* der Feier auf den Bergen, wo die in der Stadt unterdrückten emotionalen Energien freien Lauf hatten ... Insofern das Stück Frauen und Dionysos gemeinsam gegen den König und seine starre Definition der Stadt setzt, bilden die *Bakchen* eine Art quintessentieller Tragödie, ein Destillat des Konflikts zwischen menschlicher Macht und menschlicher Machtlosigkeit, der widersprüchlichen Regungen zwischen der Vernunft und dem Irrationalen in unserer Fähigkeit, uns selbst zu verstehen ... In den *Bakchen* geht es nicht nur um den Gott der ekstatischen Religion, des Weins und des Wahnsinns, es geht auch um den Gott der Tragödie und um das ‹Dionysische› in seinem Verhältnis zur künstlerischen Illusion und zur künstlerischen Wahrheit» (Segal).

Das Stück lotet Elemente des Weiblichen aus, die im alten Griechenland weitgehend unterdrückt waren. Indem es sich mit den Wurzeln der Kunst und des Mythos auseinandersetzt, befaßt es sich auch mit dem in ästhetischer und religiöser Hinsicht fließenden Übergang zwischen dem, was für die rationalistischen Griechen die Unversöhnlichkeit von Unbewußtem und Bewußtem war. Die *Bakchen* ritualisieren diesen Übergang in Form jener symbolischen Kräfte der Frau, die unter den gesellschaftlichen Beschränkungen des patriarchalen Denkens seit langem untergegangen waren. Das Besondere dieses Stücks liegt darin, daß es sich mit einem Ursprungsmythos auseinandersetzt, der sowohl mit den Quellen der Kunst und der Phantasie als auch mit der

Evolution der irrationalen Aspekte des dionysischen Kults in Griechenland zu tun hat. Damit weist die dramatische Handlung der *Bakchen* des Euripides einen subversiven Einfluß der Frauen auf das griechische Denken aus.

Die sexuellen Aussagen des Stücks sind subtil und weitreichend zugleich. Im 5. Jahrhundert v. Chr. war der einst heroisch-maskuline Dionysos, das männliche Kind der höchsten männlichen Gottheit Zeus, bereits zu einem verweichlichten Milchbart in Frauengewändern geworden.

Auf dem Höhepunkt des Dramas ist es Pentheus – und nicht die weiblichen Festanten –, der als Tier gezeigt wird. Er wird von den Frauen gejagt und getötet, die er vernichten wollte. Schließlich werden seine Glieder von jenen «gefährlichen weiblichen Mächten» verschlungen, die zu bändigen und zu unterwerfen er gehofft hatte. Segal bemerkt dazu: «Euripides scheint sich auf eine weitverbreitete kulturelle Repräsentation eines Übergangs im männlichen Erwachsenenalter zu beziehen, wobei das Gejagt- und Gefressenwerden in der Wildnis, die Gefangennahme durch eine mächtige Muttergestalt und die Zufluchtnahme zu Täuschung [die Verkleidung als Frau] statt zu Gewalt sämtlich homologer Ausdruck eines gescheiterten Übergangs sind.»

Euripides benutzt diesen äußerst verwundbaren Punkt der hellenischen Maskulinität als tragisches Moment und stellt daher den patriarchalen König Pentheus als Vertreter der geordneten Stadt den überwältigenden dionysischen Naturkräften gegenüber, wobei er sich auch nicht scheut, die eigene Mutter des Königs als Zelebrantin in dem rauschhaften Kult und als Mörderin ihres eigenen Sohnes zu zeichnen. Wie Kreon in *Antigone* ist Pentheus ein rationaler Despot, der die *polis* und ihre bürgerlichen Gesetze als das höchste Gut betrachtet. «Er sieht sich als den selbsternannten Sieger nicht nur des Kampfes der Männer gegen die Frauen, sondern auch der Griechen gegen die Barbaren» (Segal).

Die Rolle des Dionysos selbst im griechischen Leben ist noch komplexer. Mit der Geburt aus des Zeus «unsterblichem Feuer» und «männlichem Schoß» benutzten die Griechen Dionysos, um, wie Segal meint, «eine Phantasie der männlichen Unabhängigkeit vom weiblichen Zyklus von Menstruation und Geburt mit der damit verbundenen Unreinheit» zu verwirklichen und «jene Unabhängigkeit von der Frau zu erlangen, die sich als sehnlicher Wunsch in der ganzen frühgriechischen Literatur offenbart».

Diese Neubetrachtung einiger der klassischen Werke der griechischen Literatur macht deutlich, daß die Dominanz männlicher Werte im hellenischen Denken die ursprüngliche Macht der Muttergöttin niemals gänzlich auslöschen konnte. Obwohl die heroischen Haltungen und Handlungen dieser starken Frauen beständig durch eine männliche Klitterung verunglimpft und sie meist als «Wesen von einem anderen Stern» mit gestörtem Geist und wilder Natur dargestellt wurden, hielt sich andererseits die männliche Faszination, die von einer solchen Andersartigkeit ausging, im Mittelpunkt der griechischen Mythologie und ihrer Ritualisierung auf der Bühne.

Wie bereits festgestellt, wurde die Autorität der Frau auf Dionysos übertragen, einen feminisierten männlichen Erdgeist, dessen Einfluß auf das griechische Denken so komplex war, daß er heute noch ein wichtiger Gegenstand der Spekulation der Psychoanalytiker ist. Für die Griechen war das Spannungsverhältnis zwischen Ordnung und Chaos, Natur und Vernunft, Zivilisation *(polis)* und Barbarentum, männlich und weiblich eine Hauptquelle der Selbsterforschung. Die Angst vor der Frau war in den Grundlagen der griechischen Kultur verankert. Diese Phobie führte zu einer so massiven Geschlechtsidentitätskrise, daß sie sich in Form einer männlichen Sozialisation niederschlug, durch die der Mann Gegenstand der Verehrung durch Männer wurde. Im weiteren führte diese Idealisierung des Mannes zu der unvermeidlichen männlichen Kameraderie und der Homoerotik, die für die hellenische Gesellschaft so typisch war. Wie Foucault (1985) darlegt, war für einen griechischen Mann das primäre Objekt sexuellen Interesses ein anderer Mann, vor allem ein erwachsener freier Mann. «An zweiter Stelle standen natürlich Frauen, doch bildeten Frauen nur ein Element einer viel größeren Gruppe, die meist summarisch die Objekte möglichen Lustgewinns bezeichnete: ‹Frauen, Knaben, Sklaven.›»

Diese sogenannte Bisexualität war allerdings keineswegs die Folge einer Geschlechtsambiguität (wie dies in anderen, nichtwestlichen Kulturen der Fall ist). Sie beruhte auf dem griechischen Schönheits- und Genußideal. «Wir können in Bezug auf die freie Wahl, die sie sich zwischen den beiden Geschlechtern gestatteten, zwar von ihrer ‹Bisexualität› sprechen, doch hatte diese Wahlmöglichkeit gar nichts mit einer dualen, ambivalenten und ‹bisexuellen› Triebstruktur zu tun. Was es ihrer Auffassung nach ermöglichte, einen Mann ebenso wie eine Frau zu begehren, war einfach die Lust an ‹schönen› Menschen gleich welchen Geschlechts, die die Natur dem Menschenherzen eingepflanzt hatte.» (Foucault 1985)

Wir haben es hier also nicht mit der Ambiguität der Sexualität zu tun, wie wir sie im Hinblick auf nichtwestliche Kulturen erörtert haben, bei denen die sexuelle Präferenz kein bedeutsames moralisches Problem war. Im alten Griechenland entwickelte sich vielmehr eine Form der Homoerotik aus einem genau entgegengesetzten Ansatzpunkt: einer Betonung der Unterschiede zwischen den Geschlechtern und insbesondere einer Reduzierung der Macht der Frau, was zur nämlichen Entfremdung zwischen den Geschlechtern führte, die ich bereits als die Grundlage ausgeprägt heterosexueller sozialer Gruppen beschrieben habe, die die Andersartigkeit von Männern und Frauen stark in den Vordergrund stellen und dadurch eine massive Barriere zwischen ihnen aufrichten. Gesellschaften, die der Frau keine Achtung entgegenbringen, sind meist ausgeprägt sexistisch, betrachten Frauen als sexuellen Besitz und als Objekte, die keiner Liebe wert sind. Die Tatsache, daß solche Gesellschaften heterosexuell oder homosexuell sein können, tut nichts zur Sache. Sie sind in jedem Fall Ergebnis einer Furcht vor der Macht der Frau. In einer ausgeprägt heterosexuellen Gesellschaft ist die antagonistische Haltung der Männer gegenüber Frauen im Prinzip dieselbe wie in der homoerotischen Welt der Griechen. Wie schon erwähnt, ist die Welt der Hadza-Jäger Tansanias durch eine so strikte gesellschaftliche Kategorie zweigeteilt, daß Männer und Frauen buchstäblich unterschiedlichen Spezies anzugehören scheinen – «eine Teilung zwischen zwei feindlichen Klassen, die sich jeweils zur Verteidigung oder zum Angriff gegen die jeweils andere organisieren können» (Douglas 1984).

Dieser heterosexuelle Antagonismus manifestiert sich in vielen Kulturen. Ich denke hier insbesondere an das Deutschland und Amerika des 20. Jahrhunderts, an Nationen, in denen die männliche Selbstidealisierung unvermeidlich zum einen zu der Tendenz führt, «unter richtigen Männern» unter sich bleiben zu wollen, zum anderen zu einer subtilen und mißtrauischen Verachtung der Frau, die man einer fremden Spezies zuordnet. Ein solcher *Machismo* nimmt meist die Form einer Homoerotik an, die durch Sozialisation sorgfältig verborgen wird, zum Beispiel in exclusiven Herrenclubs, speziellen männlichen Sportarten, Herrenabenden und einer Form des angelsächsischen Sprachgebrauchs, die als ungeeignet für dasjenige gilt, was man einst eine «gemischte Gesellschaft» nannte. Damit möchte ich sagen, daß ein männliches Denken, das aus Furcht vor und Verachtung für Frauen geboren ist, sich sowohl in der idealisierten Männlichkeit im Sinne eines *Machismo* als auch in der männlichen Faszination von der

Männlichkeit manifestiert – vom eigenen Mannsein in Form des Narzißmus, und vom Mannsein anderer Männer in Form der Homoerotik.

Die Griechen waren weniger den Frauen gegenüber intolerant als vielmehr von der höchsten Vollkommenheit des Mannes überzeugt. So wie für die Kaukasier Amerikas und Europas die Schwarzen einst nichtmenschliche Geschöpfe waren, die keine menschliche Behandlung verdienten, so glaubten die Griechen, daß Frauen wie Sklaven und Nichtgriechen (die sie Barbaren nannten) keine wirklichen Menschen und daher nicht im Besitz des göttlichen Geistes waren, der die frei geborenen hellenischen Männer beseelte. Das griechische Ideal des Adels drückte sich im Begriff der *areté* aus. Ziel der Erziehung und Ausbildung eines jungen Mannes war die Entwicklung der *areté;* hinter diesem Wort verbirgt sich ein griechischer Tüchtigkeits- und Tugendbegriff, für den wir in den modernen Sprachen keine genaue Entsprechung haben (Vanggaard). Die Grundlage der *areté* sind sowohl geistige Qualitäten wie auch körperliche Tüchtigkeit. Homer spricht von einem Mann, der «große *areté* in der Schnelligkeit seiner Füße, in seinem Umgang mit den Waffen und in seinem Geist» besaß. Pindar schrieb über die «*areté* der Faust», als er die Künste eines Boxers rühmte. Der Soziologe Thorkil Vanggaard stellt fest, daß «sich in der *areté* eine Auffassung von der menschlichen Natur ausdrückt, die sich von der unsrigen erheblich unterscheidet, weil den Griechen eine dualistische Trennung zwischen Körper und Geist fremd war».

Für die Griechen war *areté* also das höchste Gut, das nur frei geborene griechische Männer besitzen konnten. Die *areté* war eine physische und psychische Idealisierung des Mannes, die in den visuellen Künsten der hellenischen Welt unaufhörlich rekapituliert wird. Adel und hohe Gesinnung waren nur ein Aspekt des «Guten», denn das Gute umfaßte ebenso die männliche Körperlichkeit und Sexualität. Das

Gymnasion war daher nicht bloß ein Ort der militärischen Schulung und der «Ertüchtigung», für die Griechen war es auch ein Zentrum der Kultur. Für sie war jede Schönheit tugendhaft. Diese Schönheit war allerdings grundsätzlich ein männliches Attribut. Für die Hellenen symbolisierte der Phallus die volle Kraft der Männlichkeit, nicht nur die Zeugungskraft. Dies galt für Götter wie für Sterbliche. Die Fülle der Kraft solcher Männlichkeit war die *areté*. Vanggaard stellt fest, daß «der Phallus das Symbol der *areté* in ihrer ganzen Bedeutungsfülle ist. Apollos männliche Kraft ist in seinem Phallus konzentriert, und als Krimon unter Anrufung Apollos den päderastischen Akt mit dem Sohn des Bathykles vollzog, übertrug er dem Knaben seine *areté* mit Hilfe des Gottes durch seinen Phallus ... Der Samen des Mannes, der dem Knaben *per anum* verabreicht wird, ist der Träger seiner *areté*».

Die Homoerotik löste und ritualisierte die Spannung der gesellschaftlichen Einstellungen der Griechen gegenüber sich selbst und anderen. Wegen der politischen Ausklammerung der Frauen als Barbaren – als Fremde ohne Sitte, Adel und Geist – mußten sie die Macht der Frauen in einer vollständigen Revision der Geschichte und der Mythologie zum Verschwinden bringen. Sie glorifizierten sich selbst, um die Frauen herabzuwürdigen, so wie westliche Historiker einst die Weißen glorifizierten und die Helden ignorierten, wenn sie Asiaten, Schwarze, Südländer oder Frauen waren – sie wurden kurzerhand aus den Ereignissen wegretuschiert, in denen sie eine Hauptrolle spielten. Eine solche Ethnozentrizität findet sich bei den meisten Kulturen. Kaum ein Volk hielt sich für etwas anderes als das «auserwählte Volk».

Die Griechen dehnten diese Haltung einfach auf alle aus, deren Andersartigkeit sie als Bedrohung empfanden. Viele Völker wurden Opfer ihrer Geschichtsklitterung, doch niemand bekam dies in dem Maß zu spüren wie die Frauen. Die alte Macht der Frauen war mythologisch und politisch ihre größte Bedrohung. Diese Paranoia ist überall in der hellenistischen Kunst sichtbar. Die Zartheit der Knaben wurde bewundert, weibisches Wesen an einem erwachsenen Mann jedoch verachtet. Passivität wurde mit dem Weiblichen gleichgesetzt, und diese Identifikation hatte einen negativen Beigeschmack. Die Griechen verabscheuten das «Andere», konnten sich aber seiner Faszination nicht entziehen. Sie errichteten Schranken zwischen Männern und Frauen, und sie verunglimpften die Rolle der Frau. Deshalb konnten sie nicht dulden, was für sie die weibliche Geschlechterrolle war. Foucault (1985) führt dazu aus: «Es scheint, daß der Trennungsstrich der moralischen Beurteilung auf dem Gebiet des Sexualverhaltens nicht anhand der Natur des Akts mit seinen möglichen Variationen gezogen wurde, sondern vielmehr anhand der Aktivität und der quantitativen Abstufungen ... Für einen Mann waren bei der Praxis der *aphrodisia* Exzeß und Passivität die beiden Hauptformen der Unmoral ... Maßlosigkeit geht auf eine Passivität zurück, die sie in Zusammenhang mit dem Weiblichen bringt. Maßlos zu sein hieß, sich bezüglich der Gewalt der Lust widerstandslos zu zeigen, in einer Position der Schwäche und Unterwerfung; es bedeutete, jener männlichen Haltung bezüglich seiner selbst unfähig zu sein, durch die man stärker als man selbst sein konnte.»

Die griechische Form der Homoerotik basierte nicht auf einem Sexualitätsbegriff, der die Unterschiede zwischen Mann und Frau ignoriert hätte. Sie entwickelte sich im Gegenteil aus einer Gesellschaft, die diese Unterschiede betonte und weibisches Wesen verachtete, wie auch heute «männliche» Homosexuelle «Tunten» verachten. Interessanterweise spielt heute in hypermaskulinen Gesellschaften der *Machismo* für homosexuelle wie für heterosexuelle Männer eine überragende Rolle. In Gesellschaftssystemen wie etwa denen vieler nordamerikanischer Indianerstämme, bei denen Geschlechtsunterschieden weniger Bedeutung beigemessen wird, gibt es ein breites Spektrum akzeptierten Sexualverhaltens, durch welches das dualistische Gegensatzpaar von Heterosexualität und Homosexualität sinnlos wird, weshalb weder Frauen, die sich männlich verhalten, noch Männer, die sich weiblich verhalten, mit einem Stigma behaftet sind.

Die Spannung in der griechischen Welt zwischen dem apollinischen männlichen Ideal und dem irrationalen und «weiblichen» dionysischen Verhalten kann man als Metapher eines Kampfes auffassen, den Männer im Westen auch heute noch in ihrem Inneren ausfechten: den Widerstreit zwischen feminin und maskulin, Ordnung und Unordnung, Zivilisation und Barbarei. Dieser Konflikt, der in der psychiatrischen Literatur reich dokumentiert ist, tritt in ganz unterschiedlichen kulturellen Manifestationen zutage, von altbabylonischen Inschriften bis hin zur klassizistischen französischen Malerei des 19. Jahrhunderts.

Eigenartigerweise ist seine aktivste Manifestation ein traumartiges sexuelles Paradoxon – eine abstoßende und faszinierende Gestalt, in der die Geschlechter miteinander verschmolzen sind: der Androgyn. Er ist das Symbol dieser Ambiguität, in der die Unterscheidung und damit die Spannung zwischen Mann und Frau metaphorisch aufgelöst ist. Allerdings stellt der Androgyn im Westen keine Auflösung des sexuellen Dualismus dar, wie dies zum Beispiel im asiatischen Begriffspaar von Yin und Yang der Fall ist, die keine Gegensätze sind, sondern sich komplementär zueinander verhalten. Der westliche Mythos des Androgyns ist im Gegenteil eine Korruption der Natur, von der eine schaurige Faszination ausgeht. Es ist ein Symbol, das das westliche Denken ebensosehr fasziniert wie abstößt. Nichts anderes als die Tatsache, daß wir das Geschlechtsverhalten für absolut und die Sexualität für «naturgegeben» halten, führt uns zu der Auffassung, daß jedes Verhalten, das nicht streng männlich oder weiblich ist, «unnatürlich» sei. Für uns ist sogar schon der Gedanke ein Trauma, daß alle menschlichen Foeten gleich aussehen und sich die männlichen Geschlechtsmerkmale erst relativ spät in der Schwangerschaft ausbilden. Unsere Obsession der geschlechtlichen Unterschiedenheit ist so groß, daß wir einen komplexen moralischen Kosmos um unsere Sexualität errichtet und Abweichungen zu einem solchen Greuel gemacht haben, daß sie jahrhundertelang von anständigen Menschen, für die der Gedanke einer sexuellen Ambiguität etwas Widerliches hatte, nicht einmal erörtert werden konnte.

Obwohl sich unsere Haltung weitgehend aus Interpretationen und Verzerrungen griechischen Denkens entwickelt hat und obwohl es viele scheinbare Ähnlichkeiten zwischen unserer sexuellen Haltung und derjenigen der Griechen gibt, hatten diese letztlich doch eine andere Ethik und eine andere Psychologie des Geschlechtlichen. Vielleicht war für sie das Geheimnisvolle des Geschlechtlichen deshalb durch die Leugnung der Macht der Frau verzerrt (das heißt, sie lehnten nicht die Frau als solche ab), weil sie vom Zeitalter der Muttergöttin weniger weit entfernt waren als wir. Während wir uns Frauen als machtlos vorstellen, nahmen die Griechen ihre Macht wahr und erkannten die darin liegende Bedrohung ihrer patriarchalen Ideale. Ihre Zerstörung der Macht der Frau war kein moralisches, sondern ein bewußtes politisches Anliegen, dem Enthusiasmus der Kirchenväter nicht unähnlich, mit dem sie den politischen Einfluß vorchristlicher Gottheiten, Priester und Priesterinnen auslöschten. Die Christen diffamierten ihre religiösen Konkurrenten und verwandelten den Gott eines rivalisierenden Volkes in den eigenen Teufel. Doch bei all ihrer moralischen Entrüstung waren ihre Motive nicht so sehr moralisch als vielmehr politisch. Um ihre Sippeninteressen durchzusetzen und die Macht ihrer christlichen Gottheit zu stärken, mußten sie die Macht der Mythologie und der Götter eines anderen Volkes für ihre eigenen Zwecke einspannen. Diese missionarische Haltung pflegten die Griechen nicht weniger als später die Christen. Für die Griechen war der Feind die Mythologie der Frauen, nicht etwa die Frauen selbst. Sie zweigten etwas von der Macht der machtvollen Frauenmythologie für sich ab, weil diese Mythologie jahrtausendelang unter den Jägern und Sammlern gültig gewesen war. Bei allen Kämpfen um Dominanz diffamieren sich die Feinde gegenseitig. Es gibt allerdings etwas in einer Mythologie, das nicht zu negieren ist. Und da ein militärischer oder kultureller Sieg nie bedingungslos sein kann, sind die Sieger immer bereit, Kompromisse einzugehen und eine Ambiguität hinzunehmen, die dem symbolischen Androgyn nicht unähnlich ist, der als psychische Metapher eines Kampfes zwischen Apollo und Dionysos überlebte, in dem es keinen Sieger geben kann. Apollo tötete die Python, und damit gewann er die Herrschaft über das Delphische Orakel. Er unterwarf damit symbolisch die weiblichen Kräfte der Unordnung, damit die patriarchale «Aufklärung» die Oberhand gewinnen konnte. Bezeichnenderweise aber hatte bei jeder Abwesenheit Apollos in Delphi Dionysos die Herrschaft inne. Die unterdrückten Kräfte der Natur ließen sich also doch nicht leugnen. Die Natur behauptet sich immer in Metapher, Mythos und Ritual, auch wenn sie aus dem Bewußtsein verschwindet.

Dieses heimliche Interesse an der «wilden Welt» erklärt zum Teil die ungeheure Faszination, die die Franzosen immer für die rechtlosen spanischen Zigeuner empfanden und die Amerikaner für die ihres Landes beraubten Indianer, Völker, die sie mit der ungebändigten Natur gleichsetzen. In dieser metaphorischen Form üben das Chaotische und das Unbewußte nach wie vor eine ungeheure subversive Macht über uns aus. Was für uns gilt, galt auch für die alten Griechen. Noch während ihres Goldenen Zeitalters schrieben sie weiterhin über Urgöttinnen und weibliche Gestalten, die sie doch radikal unterworfen hatten. Ebenso feiern die Christen heute noch Weihnachten mit Jultannen und geschmückten Weihnachtsbäumen, und sie begehen Ostern mit Schokoladehasen und Eiersuchen, und beides hat nicht das Geringste mit Geburt oder Tod Jesu Christi im Nahen Osten zu tun. Dies sind subversive Elemente des heidnischen Europa, die die Austilgung der alten Gottheiten überlebt haben und letztlich zu kraftvolleren Symbolen christlicher Festeszeiten als die vom Christentum selbst entwickelten Symbole geworden sind.

Die homoerotischen Griechen hätten unsere Haltung gegenüber der Geschlechtlichkeit wohl kaum begriffen. Für uns ist die Sexualität in komplexer Weise mit dem Bösen verknüpft. Fast in jedem Wort, das unser Gott zu uns spricht, wird die Sexualität abgelehnt. Die griechischen Sterblichen und Unsterblichen dagegen hatten Freude am Sexuellen als einem Aspekt der Schönheit und des Genusses. Für sie war der Geschlechtsakt mitnichten eine Quelle des Bösen. Der Gräzist K. J. Dover bemerkt hierzu: «Bei den Griechen gab es kein Erbe einer Glaubensvorstellung, daß eine göttliche Macht der Menschheit einen Vorschriftenkodex für die Regelung des Sexualverhaltens geoffenbart hätte, noch entwickelten sie eine solche Vorstellung; sie hatten keine religiöse Institution mit der Autorität, sexuelle Verbote zu erzwingen.» Für die Griechen war das «Problem» nicht die Moralität des Geschlechtsakts, sondern die tiefgreifendere Frage des Verhältnisses zwischen Geschlechtlichkeit und Zivilisation, zwischen Ordnung und Unordnung, zwischen Leidenschaft und *polis*. Sie hatten das hohe Ideal der adligen Gesinnung und erwarteten, daß freie Männer sich gemäß einem ethischen Standard verhielten, der nicht stellvertretend für Gott, sondern für die Stadt stand – jene gesellschaftliche Entität, die die Matrix des griechischen Kulturideals bildete. Sie idealisierten den Mann und achteten die Frau gering, doch erkannten sie das Weibliche (das Dionysische) im Mann an und waren nicht völlig in der apollinischen

Weltsicht befangen, die heute das westliche Bewußtsein prägt. «Diese Bewußtseinsstruktur», erläutert der Jungsche Theoretiker James Hillman, «wußte mit dem dunklen, materiellen und leidenschaftlichen Teil seiner selbst nie etwas anderes anzufangen als ihn von sich zu weisen und Eva zu nennen.» Im Gegensatz dazu war die hellenische Kultur flexibel genug, um den dionysischen Kult zu institutionalisieren, der den Frauen eine Macht und Bedeutung zumaß, wie sie ihnen sonst im Athen des 5. Jahrhunderts verweigert wurde.

Die Art, wie sich diese griechischen Haltungen in der Mythologie manifestierten, und die Form, wie diese Mythologie zu gesellschaftlich akzeptablem Handeln ritualisiert wurde, bilden die Matrix der griechischen Welt. Wie wir gesehen haben, lieferten gewisse Aspekte dieser Mythologie die Basis für die Hochschätzung der *areté* der Männer und die gleichzeitige Geringschätzung der übrigen Menschheit. Andere Mythen liefern eine positivere Sicht dessen, was wir sind, und warum wir uns so und nicht anders verhalten. Eine schlichte Erzählung, die Platon dem Aristophanes zuschreibt, erlaubt uns einen recht faszinierenden und aufschlußreichen Blick auf einen solchen Mythos.

Die ersten Menschen der Welt waren ganz anders gestaltet als wir heutigen. Sie waren weder groß noch klein, sondern rund. Sie hatten nicht ein, sondern zwei Antlitze, die in entgegengesetzte Richtungen blickten. Sie hatten außerdem vier Arme und vier Beine. Außerdem waren die Genitalien dieser Urmenschen paarig – zweifach männlich, zweifach weiblich, oder je einmal männlich und weiblich.

Dies ist die Beschreibung der ursprünglichen Erdbewohner, wie sie Platon in seinem Dialog *Das Gastmahl* gibt. Während dieses berühmten fiktiven Gelages werden vor einer erlauchten Versammlung (männlicher) literarischer Gäste Reden über die Natur des Eros gehalten. In seinem Beitrag gibt der Komödienschreiber Aristophanes eine griechische Überlieferung über den Ursprung der Sexualität wieder. Leider teilt uns Aristophanes wenig über die Sexualpraktiken dieser mythischen Menschen mit. Soviel wissen wir indes: Ursprünglich gab es drei Geschlechter, ein rein männliches, ein rein weibliches und noch ein drittes, das die männlichen wie auch die weiblichen Merkmale hatte. Das unbegrenzte Liebespotential verleitete schließlich diese alte Rasse zum Übermut. In ihrer Anmaßung wagten ihre Angehörigen sogar, die Götter zu beleidigen. Dieser dreiste Hochmut führte jedoch zum Fall.

Um ihren Frevel zu bestrafen, spaltete Zeus jeden dieser Missetäter in zwei Teile. Was einst ganz war, war jetzt in zwei Hälften zerteilt. Die einst runden und symmetrischen Menschen mußten jetzt auf zwei statt auf vier Beinen umherstolpern und vermochten kaum das Gleichgewicht zu halten. Sie konnten nach vorne blicken, aber nicht mehr nach hinten. Vor allen Dingen aber besaßen sie jetzt nur noch ein Zeugungsorgan. Diese elenden Geschöpfe sahen wirklich erbärmlich verstümmelt aus und boten einen schrecklichen Anblick; dabei konnte es aber nicht bleiben, denn schließlich hatten die griechischen Götter ja eine Schwäche für Schönheit. Deshalb verständigten sie sich darauf, daß das Äußere unserer gespaltenen Vorfahren etwas aufgebessert werden mußte. Apollo erhielt die Aufgabe, die Sache in Ordnung zu bringen. Seinen kunstvollen Bemühungen war es zu verdanken, daß die Verunstaltung, die des Zeus grobe Chirurgie hinterlassen hatte, korrigiert wurde. Apollo zog die Haut der Geschöpfe über die Schnittfläche und band sie zu einem Knoten zusammen, den wir heute den Nabel nennen. Auch die Geschlechtsorgane dieser verwandelten Menschen wurden versetzt. Die ursprüngliche Lage der Genitalien hatte sexuelle Praktiken ermöglicht, die sich erheblich von dem unterschieden, was heute unter den Menschen üblich ist. Durch Apollos Kunstfertigkeit kamen die Genitalien in den Schritt, wo sie sich noch heute befinden.

Deshalb, erklärt Aristophanes, sind wir so, wie wir heute sind. «Weil unser ursprünglicher Körper auseinandergeschnitten wurde, sehnt sich jede der Hälften nach ihrem Gegenstück.» Wenn diese sehnsuchterfüllten Hälften einander begegnen, so schlingen sie in der Hoffnung, wieder zusammenzuwachsen, die Arme umeinander. Wenn sie ihr Gegenstück wieder gefunden haben, ertragen sie die Trennung nicht mehr, so groß ist die Raserei der Leidenschaft. «Jeder von uns ist also nur die abgetrennte Hälfte eines Menschen, das traurige Ergebnis einer Trennung, die uns unserer Ganzheit beraubt.» Diejenigen, die einstmals die Hälften einer zugleich männlichen und weiblichen Person waren, müssen in der Welt nach dem Mann oder der Frau suchen, die einst ihre andere Hälfte bildete, und diese Männer und Frauen lieben Menschen des anderen Geschlechts. Aber nicht jeder hat diese Neigung. Eine Frau, die die Hälfte eines weiblichen Ganzen war, sucht die Liebe einer anderen Frau und möchte mit Männern nichts zu schaffen haben. Alle Männer, die Hälften eines männlichen Ganzen waren, sehnen sich nach der Liebe von Männern. «Ursprünglich», so schließt Aristophanes, «waren wir ganze Wesen, bis wir zur Strafe für unseren Frevelmut von Zeus gespalten wurden. Doch müssen wir dem Gott danken, der die Ursache hierfür ist, weil er uns durch Hinleitung zu dem uns Verwandten den reichsten Segen gibt, und wenn wir den Gott verehren, wird er uns gewiß durch Zurückführung zur ursprünglichen Natur und durch seine heilende Kraft glücklich und selig machen.»

Diese alte Volkssage, die Aristophanes im Literatenzirkel gekonnt als komische Einlage bringt, war freilich weit mehr als eine Quelle der Erheiterung. Sie war ein bedeutsamer Mythos, der den Griechen Antworten auf die uralten Rätsel der menschlichen Sexualität gab. Was ist das sexuelle Verlangen? Warum drängt es die Menschen zur Paarbildung? Warum sind Verliebte so in ihren Partner vernarrt, daß sie keine Trennung ertragen können? Die Erklärungen, die der Mythos bot, befriedigten die rationalen Griechen durchaus. Für sie waren die Menschen eben Hälften dessen, was sie einst waren, und es ist nur natürlich, daß man die fehlende komplementäre Hälfte sucht. Der Mythos lieferte die Rechtfertigung für den Drang der Sexualität und erklärte zugleich die Existenz der Homoerotik in einer Gesellschaft, in der die männliche Homosexualität gang und gäbe war.

Wie unzählige Skulpturen belegen, war für die Griechen das Symbol der Vollkommenheit der Jüngling, ein hübsches androgynes Wesen, das etwas Überirdisches an sich hatte. Damit rekapituliert der Mythos des Aristophanes in knapper Form eine fundamentale menschliche Antwort auf die Geheimnisse des menschlichen Triebs, die die griechische Welt transzendierte und der beinahe universellen Überzeugung Ausdruck verlieh, die sich oft in mutterrechtlichen Gesellschaften findet: Die Sexualität ging aus einer ursprünglichen und undifferenzierten Vollkommenheit hervor – einer Ganzheit, nach der wir uns unablässig zurücksehnen. Für die Griechen war der Androgyn die Materialisierung dieser Ganzheit, die Ewigkeit und Unsterblichkeit verkörperte. Selbst für die stark maskulinisierten Juden und Christen später Zeiten blieb der Nachhall des Urmythos der Großen Mutter in Gestalt ihrer androgynen Nachkommenschaft erhalten. Der Sozialgeschichtler Gonzales-Crussi führt aus: «Parallel zur christlichen orthodoxen Lehre blieben immer esoterische Auffassungen lebendig, die die Existenz einer androgynen Gottheit behaupteten, die für die Erschaffung eines ebenfalls androgynen ersten Menschen verantwortlich war. Lange Zeit gab es heftige Auseinandersetzungen über eine dunkle Bibelstelle: ‹Elohim schuf den Menschen nach seinem Bildnis. Nach dem Bildnis Elohims schuf er ihn. Als Mann und Frau schuf er sie› (Genesis 1,27). Gnostiker, Neuplatoniker, Kabbalisten, Alchimisten und ähnliche Vertreter esoterischer Lehren faßten dies so auf, daß eine zweigeschlechtliche Gottheit den Menschen nach ihrem Bild und Gleichnis geformt habe.» In seinem *Dictionnaire Philosophique* gibt Voltaire zu bedenken: «Wenn Gott oder die sekundären Götter den männlichen und weiblichen Menschen nach ihrem Gleichnis schufen, würde dies bedeuten, daß die Juden glaubten, Gott und die Götter wären männlich und weiblich.»

Auch die Kirchenväter setzten sich mit der Bedeutung des Wortes *Elohim* auseinander. Bezeichnete es nur Gott allein oder Gott zusammen mit seinem himmlischen Gefolge? Viele Theologen kamen zu dem Schluß, daß mehr als eine göttliche Person gemeint war, und sie fanden für ihre Auffassung biblische Belege. «Adam ist einer von uns geworden» *(Genesis 3,22)*. Gonzales-Crussi erinnert daran, daß auch die Kirche «die Synthese männlicher und weiblicher Essenzen in Adam und daher in Gott einräumte, nach dessen Bildnis der Mensch ja geschaffen war. Der Mensch verdankte im Garten Eden seine Herrschaft über die Welt dem vereinigten männlichen und weiblichen Prinzip. Diese anfänglich vereinigten Prinzipien wurden dann infolge des Sündenfalls auseinandergerissen und voneinander getrennt; die Erlösung aber bedeutet eine Wiederherstellung des ursprünglichen Zustandes, wenn die göttliche Einheit in einer symbolischen Synthese wiedererlangt wird».

Die meisten östlichen Religionen haben die zweigeschlechtliche Natur ihrer Gottheiten anerkannt. Die hermetische Philosophie geht zum Teil von der Vorstellung eines Hermaphroditen und eines androgynen inneren Menschen aus, des *homo Adamicus.* Dieses Adam-Verständnis erläutert der Sexualgeschichtler Rom Landau: «Adam muß zu beiden Geschlechtern veranlagt gewesen sein, da aus ihm ein weiblicher Organismus abgeleitet werden konnte. Der Kirche war diese Implikation nicht entgangen, und zumindest Papst Innozenz III. versuchte die Interpretation im Sinne einer Bisexualität zu bekämpfen, indem er eine Deutung dieser Passage der Schöpfungsgeschichte in diesem Sinne verurteilte.»

Soziologen haben des öfteren die Vermutung angestellt, daß der männlich-weibliche Charakter des Menschen ein Hauptaspekt der Mythologien der Welt ist. Schwerpunkt der Forschungen zu diesem Thema war meist die Homosexualität der alten Griechen und ihre legendäre Unterwerfung der Amazonen, deren Mutterrecht von den eindringenden Dorern abgeschafft wurde. Indes waren die Griechen keineswegs das einzige Volk der Antike, das einen großen mythologischen Kampf gegen die Erdgöttin führte. Campbell (1964) bemerkt, daß «gegen Ende der Bronzezeit und verstärkt zu Beginn der Eisenzeit (etwa 1250 v. Chr. in der Levante) die alte Kosmologie und die Mythologien der Muttergottheit von jenen plötzlich eindringenden patriarchalen Kriegerstämmen, deren Traditionen uns hauptsächlich im Alten und Neuen Testament und in den Mythen Griechenlands überliefert sind, von Grund auf umgewandelt, neu interpretiert und weitgehend sogar unterdrückt wurden». Historiker, die sich mit den Ursprüngen nahöstlicher Religionen wie dem Judentum befaßten, haben Elemente entdeckt, in denen sich diese Revolution widerspiegelt. Die Hebräer hatten ein patriarchales System, das einen patriarchalen Gott verlangte. Die Juden führten einen heftigen Kampf gegen den Polytheismus wie auch den Einfluß weiblicher Fruchtbarkeitsgottheiten. Offenbar gab es noch zur Zeit Josias in Jerusalem einen Ischtar-Tempel, der damals zerstört wurde. Dazu bemerkt der Religionshistoriker Geoffrey Parrinder, wie bereits erwähnt, daß Jeremia, als er nach Ägypten kam, entsetzt war, dort Jüdinnen zu finden, die Ischtar, die Himmelsgöttin, anbeteten und ihr Kuchen und Getränke als Opfer darbrachten.

Die jüdischen und griechischen Bemühungen, weibliche Gottheiten zu unterdrücken, waren nur ein Teil der männlichen Revolution, die den Nahen Osten veränderte und den menschlichen Körper vom Bildnis der neolithischen Venus in dasjenige eines königlichen Mannes verwandelten. Die Auflösung der Macht der Großen Mutter hatte ihren Anfang genommen, als die alten Zivilisationen in Babylon, Assyrien, Sumer und Ägypten ihre Ideen des Privateigentums, der Klassenstruktur und der patriarchalen Hierarchie durchsetzten. Der Gleichheitsgedanke, der meist in Verbindung mit der Erdgöttin anzutreffen war, wurde unterhöhlt. Die Zivilisation wurde zur Antithese der Kultivierung – im landwirtschaftlichen wie im künstlerischen Sinne. Die Leidenschaft wurde zum Feind der Vernunft. Kern dieses Antagonismus war das Bild der leidenschaftlichen, wilden, sexuellen und «kultivierenden» Frau. Wir können heute begreifen, daß dieses negative Frauenbild erklären half, in welchem Ausmaß sich Männer unterschiedlicher Gesellschaften von Leidenschaft, Intuition und Gefühlen bedroht sahen. Eine solche Haltung setzt nicht nur voraus, daß sich die Männer der Überlegenheit der Frauen in irgendeiner Weise bewußt gewesen sein müssen, sondern wirft auch Fragen bezüglich der Herkunft der männlichen Identität selbst auf. Dieses westliche patriarchale Erbe trug dazu bei, einen Zusammenhang zwischen männlicher Identität, Dominanz und Selbstbeherrschung zu institutionalisieren. Es schuf eine Verbindung zwischen der Kontrolle über das eigene Sexual- und Gefühlsleben (Natur) und all dem, was man sich unter Zivilisation vorstellen kann. Wie Foucault (1986) darlegt, geht selbst unsere Vorstellung von geistiger Gesundheit auf diese Institutionalisierung zurück.

Pat Caplan führt Foucaults berühmte Beobachtung weiter aus, wenn sie sagt, daß «ebenso, wie der Wahnsinn im 18. Jahrhundert als Rückfall in die Tierhaftigkeit empfunden wurde, eine männliche Identifizierung mit der Vernunft angeblich ein Entrinnen aus einem Zustand der Knechtschaft ermöglichte, in dem die Vernunft Sklavin der Leidenschaften ist. Die männliche Sexualität wird damit zu einem

Zeichen einer Tierhaftigkeit, die wir nicht hinter uns zu lassen vermochten. Frauen [Pandora und Eva], die als sexuelle Geschöpfe definiert wurden, sollen dann unaufhörlich die Männer in Versuchung geführt haben, vom rechten Pfad der Vernunft und Moral abzuweichen. Es ist, als ob Frauen der Vorwurf zu machen wäre, daß sie die Männer an ihre Sexualität erinnern. Aber auch dies wird Teil einer Geschichte der Männer, die die Verantwortung für die männliche Sexualität von sich weisen, weil diese Sexualität, wenn sie einmal erregt ist, angeblich der Kontrolle der Vernunft nicht mehr unterliegt. Für die Griechen wie für uns bedroht Sexualität das Gefühl der Selbstbeherrschung, das die Rationalität der Männer bestimmt. Sexualität ist eine Bedrohung für den Bestand der Zivilisation. Hätten Männer die Wahl gehabt, hätten sie vielleicht die sexuelle Begierde vollständig ausgelöscht, wenn nicht Kinder für das Überleben der männlichen Identität und damit für den männlichen Traum von der Unsterblichkeit wichtig wären.»

Somit brach der relativ gleichwertige Status von Männern und Frauen einer früheren mutterrechtlichen Zeit zusammen, und doch behaupteten sich die machtvollen Einflüsse dieser Zeit in Mythos und Ikonographie. Anna und Robert Francœur weisen darauf hin, daß «das alte psychische Thema der Göttlichen Mutter nach wie vor den Hintergrund bildete, aus dem der männliche Herrscher seine Macht und Autorität bezog. Deshalb thronten die großen Pharaonen Ägyptens auf dem Schoß der Königin Isis, der Göttlichen Mutter. Dieses Thema findet seine Fortsetzung in Darstellungen des Jesusknaben, der vom Schoße seiner Mutter aus regiert.»

Das Christentum wollte die Göttin in das Reich der Vergangenheit verbannen, doch ließ sie sich nicht in die mythologische Vergessenheit abdrängen. Diesen mythischen Nachhall unterstreicht Joseph Campbell (1964): «Wie die Titanen der älteren Glaubensvorstellungen waren Adam und Eva die Kinder der Muttergöttin Erde. ‹Der Mensch›, so lesen wir in der Bibel, ‹gab seinem Weib den Namen Eva, weil sie die Mutter alles Lebendigen war.› Als die Mutter alles Lebendigen muß Eva selbst daher als der fehlende anthropomorphe Aspekt der Muttergöttin betrachtet werden. Und Adam muß deshalb ihr Sohn wie auch ihr Gemahl gewesen sein: Die Legende von der Rippe ist eindeutig eine patriarchale Umkehrung des früheren Mythos (die dem Mann den Vorrang einräumt), demzufolge der Held aus der Göttin Erde geboren wird und zu ihr zurückkehrt, um wiedergeboren zu werden.»

Diese Umkehrung des Berichts von Adam und Eva hat den Körper in eine Manifestation der Sünde transformiert.

Der Körper als Sünde

Dem persischen Schöpfungsbericht zufolge gab es zwei Schöpfer. Sie waren nicht geboren und nicht geschaffen, denn sie waren ewig. Diese beiden gegensätzlichen Mächte schufen die unvollkommene Welt, in der wir leben. Einer dieser Schöpfer trug den Namen Ahura Mazda, der große Herr des Lichts. Der andere war der schreckliche Angra Manyu, der Dämon der Finsternis. Weil sie die Väter des Kosmos waren, senkten sie Licht und Dunkelheit in jeden Teil der Natur. Das auf sie zurückgehende Gute und Böse bekämpft sich unaufhörlich auf dem großen kosmischen Schlachtfeld, auf dem alles in einem Zustand fortwährender Unordnung ist.

Ahura Mazda war allwissend und konnte daher allezeit vor und hinter sich blicken. Aus diesem Grund wußte er, daß es seinen Feind Angra Manyu gab, während Angra Manyu der Blick für die Existenz von Ahura Mazda fehlte. Die Schöpfung begann, als der Herr des Lichts aus seinem Geist Geistwesen gebar, die 3000 Jahre lang unbeweglich, ohne Gedanken und ohne materiellen Leib in vollkommener Harmonie existierten.

Am Ende dieser lichtvollen Jahre erhob sich der Dämon der Finsternis aus der Nacht. Als er die geistige Glorie rings um sich gewahrte, versuchte er, die Geschöpfe des Lichts zu zerstören, denn er war böse und wollte nichts als das Gute zerstören. Seine Macht reichte aber nicht aus, die Geschöpfe Ahura Mazdas zu vernichten. Geschlagen zog er sich in seinen Abgrund zurück, wo er alle Teufel der Welt schuf, die sich schließlich gegen das Licht erhoben.

Der Herr des Lichts wußte, daß die Macht des Bösen nur gebrochen werden konnte, wenn erst 3000 Jahre vergehen würden, in denen das Gute die höchste Herrschaft innehatte; danach würden 3000 Jahre lang Gut und Böse miteinander vermischt sein. Weil der Herr des Lichts dies wußte, schlug er einen Frieden zwischen ihm und dem schrecklichen Angra Manyu vor. Er versprach, daß eine Zeit kommen werde, in der beide Götter gleiche Macht haben würden, wenn sich Angra Manyu 3000 Jahre lang zurückziehe. Der Herr der Finsternis war mit dieser Abmachung zufrieden und kehrte in seinen Abgrund zurück.

Ahura Mazda schuf daraufhin unverzüglich den Guten Geist (Sponta Manyu) und den Himmel. Um nicht während seiner Verbannung ins Hintertreffen zu geraten, schuf Angra Manyu den Bösen Geist und die Lüge. Vom Guten Geist kamen das Licht der Welt, die gute Religion, die rechte Ordnung, die vollkommene Herrschaft, die göttliche Frömmigkeit, hohe Tugend und Unsterblichkeit. Um diese Tugenden zu schützen, schuf der gute Herr Mazda die Heerschar der Sternbilder. Auch schuf er den Mond, die Sonne, Wasser, Erde, Pflanzen, Tiere und Menschen.

Nun hatte der böse Angra Manyu 3000 Jahre lang geschlafen. Ein weiblicher Teufel namens Jahi (Menstruation) entsprang der Finsternis und rief ihrem Herrn zu: «Erhebe dich, unser aller Vater! Ich will in der Welt Böses tun, das Elend über Ahura Mazda und seine Erzengel bringen wird. Ich werde den aufrechten Menschen vergiften, den arbeitenden Ochsen, das Wasser, die Pflanzen, das Feuer und alle Schöpfung.»

Angra Manyu erhob sich und küßte die Teufelin auf die Stirn, wodurch sie sogleich jene Verunreinigung namens Menstruation empfing. Angra Manyu war erfreut. Um sie zu belohnen, fragte der Herr der Finsternis: «Welchen Wunsch kann ich Dir erfüllen?»

«Ein Mann ist mein Wunsch», antwortete sie.

Angra Manyu verwandelte seinen Echsenleib in den Körper eines fünfzehnjährigen Jünglings. Jahi war über diesen hübschen Knaben höchst erfreut, und er wurde ihr hilfloser Gemahl.

Nun warf sich Angra Manyu gegen die Sternbilder, gegen die er die Planeten schleuderte, wodurch er die feste Ordnung des Firmaments zerstörte. Dann ergoß er seine Wut in das Wasser, das der Herr des Lichts geschaffen hatte, und er erzeugte eine schreckliche Trockenheit. In die Erde schickte er die Schlange, den Skorpion, den Frosch und die Eidechse. Die Erde schüttelte sich im Ekel ob dieser abscheulichen Dinge so heftig, daß sich die Berge erhoben. Dann stach Angra Manyu der Erde ins Herz, und diese große Wunde wurde zum allzeit geöffneten Tor zur Hölle. Der nächste Angriff des Herrn der Finsternis richtete sich gegen Gayomart, den erstgeschaffenen Menschen, den er haßte, denn Gayomart war ein reines, spirituelles und nichtphysisches Wesen, das mit dem einzig-geschaffenen Ochsen in Eran Vej, dem zentralen Land der sieben Länder der Erde in erhabenem Frieden lebte. Nun brachte Ahura Mazda, der Herr des Lichts, aus Gayomart einen Schweiß des Geistes hervor, und aus diesem Schweiß schuf er den jugendlichen Körper eines fünfzehnjährigen Knaben, der schlank und groß, strahlend und gut war. Als aber dieser schöne Jüngling auf die Welt blickte, war er von Furcht erfüllt, denn er sah, daß die Welt dunkel und die Erde mit Ungeziefer und Gewürm bedeckt war. Überall war Chaos. Die Himmel waren in Aufruhr. Sonne und Mond rasten in Unordnung über das Firmament. Die Planeten standen im Krieg gegen die Sterne.

Der böse Angra Manyu ließ den Dämon des Todes auf den erstgeschaffenen Menschen los, doch er starb nicht, weil seine Zeit noch nicht gekommen war. Über diesen Fehlschlag erzürnt, griff der Herr der Finsternis den erstgeschaffenen Menschen mit Geiz, Not, Schmerz, Hunger, Krankheit, Wollust und Apathie an. So litt der erste Ahnvater der

Menschheit unter allen diese Heimsuchungen, bis er zuletzt starb. Als er aber zur Erde stürzte, floß Samen aus ihm, aus dem eine Pflanze mit einem Stengel und fünfzehn Blättern entsproß. Dies war das erste Menschenpaar, in so inniger Umarmung umschlungen, daß man nicht sehen konnte, wer der Mann und wer die Frau war oder ob es sich überhaupt um zwei getrennte lebende Seelen handelte. Aus der Pflanze entsprangen sie als Mashya und Mashyoi, und es wurde ihnen der Atem eingehaucht, nämlich die Seele, und Ahura Mazda, der Herr des Lichts, sprach: «Ihr seid die Menschheit, die Vorfahren der Welt, in vollkommener Anbetung geschaffen. Erfüllt die Pflichten des Gesetzes, denkt gute Gedanken, sprecht gute Worte, tut gute Taten, und verehrt nicht die Dämonen.»

Angra Manyu aber brachte es soweit, daß der erste Mann und die erste Frau sich stritten. Dämonen riefen ihnen zu: «Ihr seid Menschen! Verehrt den Dämonen, damit euer Dämon der Bosheit gezügelt werde.» So kam das Böse in das Leben der Männer und Frauen. Sie wurden in eine verderbte Welt hineingeboren, die vom Kampf zwischen Gut und Böse zerrissen ist. So wird es immerdar bleiben, bis der Prophet Zoroaster geboren und die Schlacht gegen das Böse endgültig gewonnen wird. So spricht das *Bundahischn*.

Der abgrundtiefe Pessimismus dieser persischen Schöpfungsgeschichte ist evident. Für sie gilt die Verderbtheit des Stoffs, der Natur, der Welt und des Körpers als ausgemacht. Auch wenn sie die Erlösung und die letztliche Niederlage des Bösen verheißt, ist diese Daseinsvision von solcher Düsterkeit, daß wir kaum begreifen können, wie sie zur Grundlage einer religiösen Philosophie werden konnte, die als Zoroastrismus jahrtausendelang das Leben von Millionen von Menschen beherrschte. Umso schockierender ist die Erkenntnis, daß unser eigener Standpunkt weitgehend von der moralischen Kosmologie beeinflußt ist, die diesem persischen Mythos von Schöpfung, Sündenfall und Erneuerung der Welt zugrunde liegt. Tatsächlich hat der persische Zoroastrismus, wie wir sehen werden, die messianischen Vorstellungen des Judentums und des Christentums sowie die Weltauffassung des Islam stark geprägt. Diese düstere, polemische Kosmogonie eines absoluten Guten und Bösen begegnet uns in unseren eigenen religiösen Mythologien auf Schritt und Tritt.

Sie geht zurück auf das zoroastrische Epos *Bundahischn*, die «Urschöpfung», das in der ausgehenden Zeit der sassanidischen Restauration (226–641 n. Chr.) entstand, wiewohl die zoroastrische Tradition bis in das 7. Jahrhundert v. Chr. zurückreicht.

Wie bei unserer eigenen Schöpfungsgeschichte ist der Schlüssel zur persischen Mythologie ein kosmischer Dualismus: Ein unablässiger Kampf tobt zwischen den Kräften des Guten (oder des Lichts) und den Kräften des Bösen (oder der Finsternis). Dieser Konflikt spiegelt sich in allen Aspekten unseres Lebens, in der Tiefe wie an der Oberfläche. Es ist für uns selbstverständlich, daß die Finsternis mit dem Bösen gleichzusetzen ist und daß das Licht eine Metapher des Guten ist. Es ist für uns völlig stimmig, daß in Film und Science Fiction «finstere» Schurken «strahlenden» Helden nach dem Leben trachten, daß Cowboys mit weißen Hüten auf weißen Pferden ausreiten, um den Bösewichtern den Garaus zu machen, die schwarze Hüte tragen und dunkle Pferde reiten. Wir fürchten die Dunkelheit. Für uns sind die Kräfte der Dunkelheit böse. Die Nacht hat einen schlechten Ruf. Sie ist erfüllt von Dämonen, Vampiren, Werwölfen und all den anderen mit dem weiblichen Mond zusammenhängenden Kreaturen, die das Licht des Tages nicht ertragen. Selbst die betörende Königin der Nacht in Mozarts *Zauberflöte* wird als zutiefst böse und männerverschlingende Mutter dargestellt.

Wir fühlen uns recht wohl mit solchen polemischen Haltungen. Sie liefern die Grundstruktur, auf der wir unser

Wertsystem von Unschuld und Schuld, Gut und Böse, Schmerz und Lust, Normalität und Abnormalität aufbauen. So müssen wir die Behauptung geradezu als Verhöhnung empfinden, daß dieser bequeme Dualismus durchaus keine letzte Wahrheit ist, die die Menschen aller Zeiten vertreten hätten, sondern daß andere Kulturen völlig andere Auffassungen vom Kosmos hatten. Nach allem, was wir von den ältesten Kulturen wissen, waren deren Mythen, Riten und Philosophien dem Dasein gegenüber relativ positiv eingestellt. Lust hatte einen höheren Stellenwert als Schmerz. Man war der Auffassung, daß das Leben Erfüllung und Genuß biete, nicht Entsagung und Schmerz. Das Böse war kein unumstößliches Faktum und kein unausweichlicher Aspekt der kosmischen Verderbtheit. Diese positive Haltung des Altertums hatte im westlichen Denken keinen Bestand. Etwa 600 v. Chr. trat das ein, was Campbell «die Große Wende» genannt hat, als die herrschende Weltsicht von einer Bekräftigung des Lebens in eine Negation des Lebens umschlug, von der Erwartung von Belohnung, Glück und Unschuld zur Annahme von Strafe, Unglück und Schuld. Die Große Wende war ein einschneidendes Ereignis in der Geschichte. Es entstand ein negativer Schicksalsbegriff, der schließlich in der Erbsünde symbolische Gestalt annahm, durch die Leid und Strafe zu einem unabänderlichen Aspekt des westlichen Lebens geworden sind.

«Das Leben wurde zu einem feurigen Schlund von Enttäuschung, Begierde, Gewalt und Tod, einer brennenden Ödnis» (Campbell 1968). Die ersten Anzeichen dieser Wende finden sich nicht nur in den Lehren des persischen Propheten Zarathustra, des Begründers des Zoroastrimus, sondern auch in den Reden des Buddha: «Alle Dinge sind in Flammen», und in den Axiomen des orphischen Kults Griechenlands: «*Soma sema* – der Körper ist ein Grab.»

«In der Lehre des Buddha wurde das Bild des sich drehenden Speichenrades, das in früheren Zeiten die Glorie der

Welt symbolisierte, zu einem Zeichen des ständig wiederkehrenden Leides einerseits und der Befreiung zur sonnenhaften Lehre der Erleuchtung andererseits. Auch in der antiken Welt erschien zu dieser Zeit das sich drehende Speichenrad als Emblem der Niederlage und des Schmerzes des Lebens, nicht als eines der Sieghaftigkeit und Heiterkeit» (Campbell 1968).

Die kosmische Ordnung der Muttergottheit, «die in einem unaufhörlichen hehren Kreislauf unausweichlich wiederkehrender Zeitalter von Ewigkeit her bis in alle Ewigkeit umlief», war ein heiliges Rad, das wie eine göttliche Maschine seinen majestätischen Gang ging, von allem Handeln der Menschheit unberührt. «Die Sonne, der Mond, die Sterne auf ihrer Bahn, die verschiedenen Tierarten ... würden niemals etwas anderes tun als das, was sie jetzt taten, und Wahrheit, Tugend, Verzückung und wahres Sein lagen darin, das zu tun, was man schon immer getan hatte – ohne Protest, ohne Ego, ohne Urteil ... eine solche Denkordnung war metaphysisch ausgerichtet, nicht ethisch oder rational, sondern transethisch und transrational. Im Fernen Osten wie in Indien, in den mythischen Gefilden des Shintoismus, Taoismus und Konfuzianismus wie im Mahayana ging es nicht darum, die Welt zu reformieren, sondern darum, sie zu erkennen, zu verehren und ihre Gesetze zu befolgen» (Campbell 1968).

Wie wir noch sehen werden, bemächtigten sich die Mythologien, die eben einem solchen mechanistischen Fatalismus zugrunde lagen, schließlich zunächst des christlichen religiösen Dogmas und dann der westlichen Wissenschaft und Arbeitswelt.

Das Wirken des Bösen, das bei Campbells «großer Wende» auftritt, spielt bei egalitären Völkern keine besondere Rolle. In krassem Gegensatz zu dem patriarchalen System des zoroastrischen Mythos und den Berichten des Alten Testaments war der göttliche Zorn in den mythischen Systemen der meisten alten nahöstlichen Religionen kein bestimmendes Merkmal. So ist zum Beispiel in den Traditionen von Sammlerstämmen das Thema der Schuld im Zusammenhang mit Natur und Sexualität nicht nachweisbar. Die physische Stofflichkeit ist der Leib der Gottheit, weshalb sie nicht verderbt sein kann. «Der Segen der Erkenntnis des Lebens liegt bereit ... und er wird freigiebig jedem Sterblichen ausgeteilt, Mann oder Frau, der ihn mit rechtem Willen und rechter Bereitschaft zu empfangen begehrt» (Campbell 1968). Wie wir gesehen haben, gibt es eine Reihe von Gottheiten, die diesen Zugang zu den Mysterien der Natur verkörpern. Sie sind die Gatten und Söhne der Großen Göttin. Wenn er im Tod in ihren Schoß zurückkehrt, wird der Gott wiedergeboren – wie der Frühling zum Winter zurückkehrt, wie der Mond aus seinem eigenen Schatten wiedergeboren wird, und wie die Schlange sich ihrer Haut entledigt und in einen neuen Leib geboren wird. In derselben Welt, in der wir heute nur Kummer und Tod erblicken, sah ein anderes mythologisches System Verzückung und einen unaufhörlichen Zyklus des Werdens.

Alles dies änderte sich mit der «großen Wende». Natur, Materie, der Körper, die Sexualität und alle anderen Aspekte der physischen Welt waren nicht mehr zentraler Gegenstand des Ausdrucks und der Verzückung. Nach Zarathustras mythischer Auffassung zum Beispiel war die Welt verderbt und konnte nur erlöst werden, wenn sich die Menschen in der richtigen vorgeschriebenen Weise verhielten. Weisheit, Tugend und Wahrheit mußten in der Welt durch menschliches Eingreifen in die Verderbtheit der Natur erzeugt werden. Die entscheidende Schwelle zwischen äußerstem Sein und Nichtsein fand man nicht länger in der physischen Welt der Natur, sondern in einem rational festgelegten ethischen System. «Der ursprüngliche Charakter der Schöpfung war Licht, Weisheit und Wahrheit, aber Finsternis, Täuschung und die Lüge waren eingedrungen. Die

Aufgabe des Menschen war es nun, diese durch seine eigene Tugend in Denken, Worten und Taten wieder zu beseitigen» (Campbell 1968).

In der einen oder anderen Weise ist für die meisten für uns das Axiom selbstverständlich, daß wir uns von der unvermeidlichen Verderbtheit des Fleisches durch tugendhaftes Verhalten erlösen müssen.

Diese unterschwellige Auffassung von der Gefährlichkeit der Natur ist weitgehend ein Erbe des persischen Zoroastrismus. Wir müssen uns vor Augen halten, daß in der Lehre Zarathustras, wie schon bemerkt, zwei gegensätzliche Kräfte die Welt, in der wir leben, schufen und erhalten: Ahura Mazda, der Herr des Lichts, und sein Widersacher Angra Manyu, der Dämon der Finsternis. Diese beiden Mächte werden als explizite Aspekte des Kosmos vorgestellt, denn sie existieren seit ewigen Zeiten. Der Dämon selbst aber ist nicht ewig, denn im zoroastrischen System wird verheißen, daß er am Ende der Zeiten, wenn allein das Licht herrscht, zunichte sein wird. «Dies ist nicht der alte, unaufhörlich wiederkehrende Zyklus der archaischen Mythologien des Bronzezeitalters, sondern vielmehr eine einmalige unwiderrufliche Sequenz von Schöpfung, Sündenfall und fortschreitender Erlösung, die in dem endgültigen, entscheidenden und unwiderruflichen Sieg des Einen Ewigen Gottes der Gerechtigkeit und Wahrheit ihren Höhepunkt und Abschluß findet» (Campbell 1968).

Diese Darstellung des Gangs der Welt ist uns so im Innersten geläufig, daß wir oft übersehen, daß dies nur eine von vielen möglichen Betrachtungsweisen des Kosmos und seines Schicksals ist. Wie das zweite Kapitel der *Genesis* ist der zoroastrische Mythos eindeutig aus den alten Mythologien der Ackerbaugesellschaften hervorgegangen. In den Mythologien naturorientierter, mutterrechtlicher Urvölker gibt es aber keine moralische Kritik des Lebens und der Welt, wie sie sich in diesen levantinischen Lehren vom Sündenfall findet, und dementsprechend auch nicht die Vorstellung einer moralischen Erlösung. Sowohl das Alte Testament der Juden als auch das *Bundahischn* der Perser präsentiert den Sündenfall als die Antwort auf das moralische Rätsel des Bösen und des Leidens in der Welt. Und doch unterscheiden sich die beiden Auffassungen von diesem mythischen Dilemma wie auch von der Erlösung grundlegend. Der persische Mythos, der doch von ganz erheblichem Einfluß auf die Schöpfer der Bibel war, sieht das Böse aus einem kosmischen Standpunkt, als zeitlich vor dem Sündenfall der Menschheit liegend, während in der Bibel der Sündenfall die Schuld der Menschen ist, deren Ungehorsam das Leid in die natürliche Welt brachte. Diese Metapher der verderbten und erlösungsbedürftigen Natur ist so spezifisch, daß in den Beschreibungen des Sündenfalls und der Vertreibung aus dem Paradies das Leiden in der Natur ikonographisch durch den Verfall und Tod des Lebensbaumes dargestellt wird, von dem die verbotene Frucht gepflückt wurde. In der christlichen Ikonographie wurde die Metapher beibehalten und transformiert: Christus wird an das tote Kreuzesholz geheftet, und die Tropfen seines Blutes erwecken es wieder zum Leben.

Das Christentum erbte damit ein jüdisches Konzept, nämlich daß das Böse und die Erlösung Funktionen des menschlichen Handelns sind. Dem hebräischen messianischen Ideal zufolge «war das natürliche Böse in den Augen der Propheten die Folge des menschlichen Bösen. Gott, der Schöpfer der Natur, kann nicht die Ursache des Bösen sein: Wenn dies anders wäre, würde er zwei Kräfte, das Gute und das Böse, in Verwirrung durcheinander gebrauchen, und sein Wesen wäre nicht vollständig, harmonisch, essentiell groß. Die Taten des Menschen sind daher die Ursache des Bösen in der Gesellschaft wie in der Natur» (Klausner).

Nach dieser jüdischen Auffassung ist die Natur (das heißt die Welt und die Materie, aus der sie zusammengesetzt ist)

nicht verderbt. Die Natur ist gottgeschaffen und gottge-
schenkt, und insofern ist das Judentum eine lebensbejahen-
de Religion. Schmerz, Böses, Tod, Unglück und Leid sind
keine inhärenten Aspekte der Natur. Vielmehr schuf das
Höchste Wesen der Juden das Böse wegen des Bösen der
Menschen und zur Bestrafung des menschlichen Bösen. Es
existierte nicht a priori in der Natur, sondern wurde von
einem vollkommenen Gott erzeugt, um den Ungehorsam
der unvollkommenen Menschheit zu bestrafen. Dieser
jüdisch-christlichen Prämisse zufolge würde alles Böse aufhören, selbst das natürliche Böse wie Unglücksfälle und
Katastrophen, wenn das Böse in bösen Menschen aufhören
würde.

Dies ist eine paradoxe Prämisse, die dennoch eine Grund-
vorstellung des westlichen Denkens ist und sich in vielen
unserer Haltungen ausdrückt: die Überzeugung, daß Krankheit irgendwie eine Art kosmischer Strafe für Fehlverhalten
ist, und die Angst, daß das Unglück die Folge schlechten
Betragens ist. Campbell (1968) charakterisiert dieses Paradoxon mit dem ihm eigenen Humor: «Wie das Böse seinen
Ursprung in Gott haben kann und wiederum doch nicht in
Gott, sondern in bösen Menschen, möchte ich lieber nicht
diskutieren; der Kontrast dieser Gedankenwirrnis mit dem
zoroastrischen System lohnt allerdings einen Moment des
Nachdenkens.» Im persischen Mythos ist die Ursache für die
Schlechtigkeit der Welt *keine Person, sondern ein Prinzip.*
Hierin liegt ein wichtiger und wesentlicher Unterschied zwischen der zoroastrischen Naturauffassung und der ganz
anderen Vorstellung von der Natur, die die Christen von den
Juden ererbten. Trotzdem unterliegen die Völker, die dem
Judentum, dem Christentum und dem Zoroastrismus anhängen, dem Zwang einer praktisch identischen sexualitätsfeindlichen Haltung, denn trotz aller Unterschiede ist der
beherrschende Gedanke in allen drei religiösen Überzeugungen der, daß die Natur verderbt sei, ganz gleich, wie die-

se Verderbnis zustande gekommen ist. Für den Zoroastrismus ist das Böse ebenso wie bei dem indischen Prinzip der *maya*, der welterschaffenden Kraft der Illusion, ein inhärenter Aspekt der Welt. Die Sünde Adams und Evas dagegen war der Ungehorsam, der, wie Campbell ausführt, nichts mit Ontologie, sondern mit ethischer Pädagogik zu tun hat.

Fassen wir zusammen: Sowohl der Zoroastrismus als auch die Lehre des Alten Testaments legen großen Nachdruck auf traditionelle Normen und versuchen, die Stammessitte in den Status eines kosmischen Gesetzes zu erheben. Auf einer anderen Ebene haben diese beiden religiösen Mythologien jedoch erheblich verschiedene Auffassungen vom Kosmos; dies hat dazu geführt, daß ihr tiefgreifender und widersprüchlicher Einfluß auf das westliche religiöse Denken über Gut und Böse unauflösliche Paradoxa hinterlassen hat. Die Bibel begreift den Sündenfall als ein Element der tatsächlichen menschlichen Geschichte; es war eine Sünde wider Gott, die den Charakter der Menschheit verdarb und zu der Notwendigkeit führte, die Boshaftigkeit des Fleisches abzutöten und sich aus der Verdammnis zu erlösen. Die persische kosmische Auffassung ist nicht historisch-faktisch, sondern symbolisch-philosophisch und faßt die Verderbtheit der Welt als metaphorische Erklärung für die Existenz von Leid, Kummer und Tod auf. Letztlich aber hingen die Perser derselben negativen Auffassung von der Welt und vom Körper an wie die Juden. Die genannten Unterschiede und Ähnlichkeiten zwischen Judentum und Zoroastrismus sind signifikant. Beide Religionen vertreten in jeweils unterschiedlicher Weise eine weltverachtende Haltung, die später die christliche Philosophie beeinflußte. In der westlichen Weltsicht befrachtete diese «große Wende» unser Verständnis der Natur, des Körpers und der Sexualität mit einer tiefreichenden kosmologischen Negativität. Eine negative Grundhaltung steht hinter jeder Handlung, die in den ersten drei Kapiteln der Schöpfungsgeschichte dargestellt wird.

Wie wir wissen, schuf der Gott der Hebräer im Anfang Himmel und Erde.

Dann fährt der Bericht fort: «Gott sprach: ‹Lasset uns Menschen machen nach unserem Abbild, uns ähnlich; sie sollen herrschen über des Meeres Fische, über die Vögel des Himmels, über das Vieh, über alle Landtiere und über alle Kriechtiere am Boden!› So schuf Gott den Menschen nach seinem Abbild, nach Gottes Bild schuf er ihn, als Mann und Frau erschuf er sie. Gott segnete sie und sprach zu ihnen: ‹Seid fruchtbar und mehret euch, füllet die Erde und machet sie untertan und herrschet über des Meeres Fische, die Vögel des Himmels, über alles Getier, das sich auf Erden regt!›»

Dann gibt der Schöpfungsbericht eine zweite, andere Version vom Ursprung der Menschen. Obwohl Gott bereits einen Mann und eine Frau aus seinem eigenen Wesen und nach seinem eigenen Abbild geschaffen hatte, schafft er nun aus dem Staub nur den Mann namens Adam: «Als Gott, der Herr, die Erde machte und den Himmel, da gab es noch keinen Steppenstrauch auf Erden, und Grünkraut sproßte noch nicht auf dem Felde; denn Gott der Herr hatte noch nicht regnen lassen auf die Erde, und kein Mensch war da, den Boden zu bebauen. Nur Feuchtigkeit stieg von der Erde auf und wässerte die gesamte Fläche des Erdbodens. Da bildete Gott, der Herr, den Menschen aus dem Staub der Ackerscholle und blies in seine Nase den Odem des Lebens; so ward der Mensch zu einem lebendigen Wesen. Darauf pflanzte Gott, der Herr, einen Garten in Eden gegen Osten und versetzte dorthin den Menschen, den er gebildet hatte. Und Gott, der Herr, ließ aus dem Erdboden allerlei Bäume aufsprießen, lieblich zum Anschauen und gut zur Nahrung, den Lebensbaum aber mitten im Garten und auch den Baum der Erkenntnis von Gut und Böse.

Gott, der Herr, gebot dem Menschen: ‹Von allen Bäumen des Gartens darfst Du essen, nur vom Baum der Erkenntnis von Gut und Böse darfst Du nicht essen; denn am Tage, da Du davon issest, mußt Du sterben.»

Dann beschloß Gott, daß Adam nicht allein sein solle.

«Da ließ Gott, der Herr, einen Tiefschlaf auf den Menschen [Adam] fallen, so daß er einschlief, nahm ihm eine seiner Rippen und verschloß deren Stelle mit Fleisch. Gott, der Herr, baute die Rippe, die er dem Menschen entnommen hatte, zu einer Frau aus und führte sie ihm zu.»

Bezeichnenderweise läßt die *Genesis* Adam dann folgendes sagen: «Das ist nun endlich Bein von meinem Gebein und Fleisch von meinem Fleisch. Diese soll man Männin heißen; denn vom Manne ist sie genommen.»

Dann wird die Unschuld des Gartens Eden durch die unvermeidliche jüdische Metapher von der Verderbnis der Natur und dem Ursprung von Sünde und Leid gestört.

Das Unheil nimmt mit dem Auftreten der Schlange seinen Lauf. Es scheint dies dieselbe Schlange zu sein, die lange in einem Zusammenhang mit der Muttergöttin stand. Jetzt aber wird sie zur Ursache der Verderbnis im Garten Eden. Die Geschichte des Sündenfalls ist metaphorisch so sehr mit sexuellen Haltungen befrachtet, daß ich sie etwas ausführlicher zitieren muß.

Die Schlange sprach zur Frau: «Hat Gott wirklich gesagt: ‹Ihr dürft von keinem Baum des Gartens essen?›»

Da sprach die Frau zur Schlange: «Von den Früchten der Gartenbäume dürfen wir essen. Nur von den Früchten des Baumes in der Mitte des Gartens hat Gott gesagt: ‹Esset nicht davon, ja rühret sie nicht an, sonst müßt Ihr sterben!›»

Die Schlange scheint Gott etwas zu unterstellen, was uns nicht wenig überrascht: Gott wacht offenbar eifersüchtig über seine Erkenntniskraft.

Die Schlange sprach zur Frau: «O nein, auf keinen Fall werde Ihr sterben! Vielmehr weiß Gott, daß Euch, sobald Ihr davon esset, die Augen aufgehen, und Ihr wie Gott sein werdet, indem Ihr Gutes und Böses erkennt.»

Für viele Wissenschaftler ist dieser widersetzliche Dialog zwischen der Schlange und der Frau ein metaphysischer Diskurs zwischen einem Reptil, das lange Zeit der Muttergottheit zugeordnet war, und der neugeschaffenen jüdischen Menschheitsmutter. In den Worten der Schlange und der Antwort Evas kann man das Wiederauftauchen von Haltungen einer unterdrückten mutterrechtlichen Philosophie erblicken.

«Da sah die Frau, daß der Baum gut sei zum Essen und eine Lust zum Anschauen und begehrenswert, um weise zu werden. Sie nahm von seiner Frucht, aß und gab auch ihrem Manne neben ihr, und auch er aß. Da gingen beider Augen auf, und sie erkannten, daß sie nackt waren. Sie hefteten Feigenlaub zusammen und machten sich Schürzen daraus.»

Gott, der doch eigentlich allmächtig sein soll, kann Adam nicht finden, als er ihn im Garten sucht. «Wo bist du?» fragte Gott.

Und Adam antwortete darauf: «Dein Geräusch hörte ich im Garten; ich hatte Scheu; denn nackt bin ich ja; daher versteckte ich mich.»

Gott fragt nun: «Wer tat dir kund, daß du nackt bist? Hast du etwa von jenem Baume gegessen, von dem zu essen ich dir verboten habe?»

Der Mensch entgegnete: «Die Frau, die du mir als Gefährtin gegeben, hat mir vom Baume gereicht, und ich aß.»

Da sprach Gott, der Herr, zur Frau: «Was hast du getan?»

Die Frau erwiderte: «Die Schlange hat mich betört, und ich aß!»

Da sprach Gott zur Schlange: «Weil du dies getan hast, sei verflucht aus allem Vieh und allem Getier des Feldes! Auf deinem Bauche sollst du kriechen und Staub fressen dein Leben lang! Feindschaft will ich stiften zwischen dir und der Frau, zwischen deinem Samen und ihrem Samen; er wird dir den Kopf zertreten, und du wirst nach seiner Ferse schnappen.»

Zur Frau sprach Gott: «Zahlreich will ich deine Beschwerden machen und deine Schwangerschaften: Unter Schmerzen sollst du Kinder gebären. Und doch steht dein Begehren nach deinem Manne, er aber soll herrschen über dich.»

Zu Adam sprach Gott, der Herr: «Du hast auf die Stimme deiner Frau gehört und vom Baume gegessen, von dem zu essen ich dir streng verboten habe; darum soll der Ackerboden verflucht sein um deinetwillen; mühsam sollst du dich von ihm nähren alle Tage deines Lebens! Dornen und Gestrüpp soll er dir sprießen, und Kraut des Feldes sollst du essen! Im Schweiße deines Angesichtes sollst du dein Brot verzehren, bis du zum Ackerboden wiederkehrst, von dem du genommen bist. Denn Staub bist du, und zum Staube sollst du heimkehren!»

Dann sprach Gott, der Herr: «Ja, der Mensch ist jetzt wie einer von uns geworden, da er Gutes und Böses erkennt. Nun geht es darum, daß er nicht noch seine Hand ausstrecke, sich am Baume des Lebens vergreife, davon esse und ewig lebe!» ... So wies Gott, der Herr, ihn aus dem Garten Eden fort, daß er den Ackerboden bearbeite, von dem er genommen war. Er vertrieb den Menschen, ließ ihn östlich vom Garten Eden wohnen und stellte die Cherubim und die flammende Schwertklinge auf, den Weg zum Baum des Lebens zu behüten.

Keine Erzählung der westlichen Welt hatte einen ähnlich tiefgreifenden Einfluß auf jeden Aspekt unseres Denkens wie diese Berichte in den ersten drei Kapiteln des Buches *Genesis*. Kein Bericht – vielleicht mit Ausnahme der mosaischen Zehn Gebote – war philosophisch ähnlich suggestiv oder wurde in ähnlicher Weise fortwährenden Interpretationen unterzogen. Die Religionshistorikerin Elaine Pagels hat eine vorzügliche Untersuchung über die Beziehung zwischen westlichen gesellschaftlichen Werten und jüdisch-christlichen Mythologien geschrieben. Sie interessiert sich wie ich für die Art und Weise, wie traditionelle geschlechtsspezifische Verhaltensmuster und Beziehungsstrukturen aus dem biblischen Text hervorgingen, Strukturen, die für diejenigen, die sie akzeptiert haben, so «natürlich» sind, daß die Natur selbst sie verfügt zu haben schien. Wie Pagels bemerkt, «sind in jüngster Zeit abrupte Veränderungen in gesellschaftlichen Haltungen an der Tagesordnung, insbesondere hinsichtlich der Sexualität, wobei etwa zu nennen wären Ehe, Scheidung, Homosexualität, Abtreibung, Empfängnisverhütung und Geschlechterrolle ... insbesondere für Christen scheinen diese Veränderungen nicht nur die traditionellen Werte, sondern die Struktur der menschlichen Natur überhaupt in Frage zu stellen.» Nicht alle diese Standpunkte wurden in den ersten vier Jahrhunderten nach der Geburt Christi von Christen erfunden, als sich die christliche Bewegung von einer Minderheitensekte zur Staatsreligion des Römischen Reiches entwickelte. Die christliche Lehre ist in weiten Teilen aus der jüdischen Tradition entlehnt, was nicht weiter verwundert, wenn man sich vor Augen hält, daß das Christentum in vielerlei Hinsicht eine protestantische Form des Judentums ist, die weitgehend auf dem jüdischen Glauben und Mythos sowie auf der aristotelischen und stoischen Philosophie aufbaut.

Im 1. Jahrhundert unserer Zeitrechnung war für den römischen Geschichtsschreiber Tacitus die neue christliche Bewegung ein «tödlicher Aberglaube». Ihre Mitglieder wurden verhaftet, gefoltert und hingerichtet. Dann wurde im Jahre 313 n. Chr. der römische Kaiser Konstantin bekehrt, und das Christentum trat seine weltweite Mission an. Mit dieser Ausbreitung des christlichen Glaubens ging eine Revolution sexueller Haltungen und Praktiken einher.

Allerdings war dies in vielerlei Hinsicht eine subtile moralische Revolution, denn wenn man die Haltungen von Juden und Christen aus den ersten Jahrhunderten prüft, stellt man fest, daß nur selten ausdrücklich von sexuellem Verhalten die Rede ist. Darüber hinaus gibt es nur wenige Abhandlungen über Ehe, Scheidung und Sexualität. Offensichtlich sind die Lehren bezüglich der Sexualität nicht auf der Grundlage einer theologischen Auseinandersetzung entstanden. Die revolutionären sexuellen Haltungen tauchten in Form des Mythos, nicht als intellektuelle Doktrin auf. Bei den Juden und Christen stand einer ihrer Urmythen immer sehr im Vordergrund: der Schöpfungsbericht. Ihre Einstellung zum sexuellen Verhalten offenbarte sich in Erörterungen, Interpretationen und Predigten über Adam, Eva und die Schlange. Etwa ab 200 v. Chr. wurde der Schöpfungsbericht für viele Juden und später auch Christen zur Hauptquelle der göttlichen Gebote und zur Grundlage der Offenbarung und Verteidigung vieler grundlegender Ideale und Haltungen.

Der Schöpfungsbericht ist indes ungeachtet seiner vorrangigen Stellung kein in sich geschlossener, durchgängiger Bericht. Wie ich oben bei der Erörterung Liliths ausgeführt habe, stellten jüdische Gelehrte schon sehr früh Brüche im Erzählduktus des Schöpfungsberichts fest. Man betrachtet zwar meist die *Genesis* als eine solide Tatsache der Religionsgeschichte, doch ist sie in Wirklichkeit in ihrer ursprünglichen mündlichen Form wie auch in den späteren schriftlichen Fassungen ein Werk, das immer neue Interpretationen zuließ. Das Christentum baute weitgehend auf diesem Strom der jüdischen theologischen Auseinandersetzung über die *Genesis* auf. Daher haben Juden wie Christen zu verschiedenen Zeiten und Orten den Schöpfungsbericht in höchst unterschiedlicher und sogar widersprüchlicher Weise gelesen. Der Bericht selbst enthält allerdings in der Tat viele Elemente, die Anlaß zu Streit und radikaler Interpretation geben. So stellten zum Beispiel vor vielen Jahrhunderten jüdische Gelehrte mit einigem Unbehagen fest, daß die *Genesis* nicht eine, sondern zwei Versionen der Schöpfung gibt. Die erste beginnt mit dem ersten Kapitel und berichtet, wie Gott die Welt in sechs Tagen schuf und sein Werk mit der

Schöpfung von *adam*, der «Menschheit», nach seinem eigenen Abbild krönte *(Genesis 1,26)*. In *Genesis 2,4* dagegen wird etwas anderes berichtet: Der Herr erschuf den Menschen aus Staub, und nachdem er alle Geschöpfe geschaffen hatte und keines von ihnen ein geeigneter Gefährte für Adam war, versetzte er Adam in Schlaf und machte aus seiner Rippe eine Frau. Pagels weist uns darauf hin, daß sich die Bibelgelehrten heute weitgehend einig sind, daß die beiden Schöpfungsmythen ursprünglich getrennt waren (wobei einer erheblich älter ist) und später zu den ersten drei Kapiteln der *Genesis* zusammengefaßt wurden.

Bei den an der Tradition orientierten Juden der Antike war nur die Verehrung heidnischer Götter noch empörender als das Sexualverhalten der Heiden. Für die jüdischen Lehrer waren gewisse sexuelle Praktiken von Nichtjuden widerwärtig. Jahrhundertelang lehrten die Juden, daß der ganze Sinn der Ehe und Sexualität die Fortpflanzung sei. Daher untersagte die jüdische Sitte jegliche sexuelle Handlung, die nicht der Fortpflanzung diente, als «Widerwärtigkeit». Prostitution, Homosexualität und Abtreibung, die von vielen nichtjüdischen Völkern toleriert wurden, waren nach dem jüdischen Gesetz verboten. Polygamie und Scheidung dagegen waren vielfach akzeptiert, insofern dies die Fortpflanzungsmöglichkeiten der Männer verbesserte. Das jüdische Gesetz schrieb sogar vor, daß ein Mann nur zehn Jahre an eine kinderlose Ehe gebunden war; danach konnte er sich entweder von seiner Frau scheiden lassen und eine andere Frau heiraten oder aber bei seiner unfruchtbaren Frau bleiben und eine zweite Frau nehmen, um mit ihr Nachkommen zu erzeugen.

Trotz dieser strengen patriarchalen Haltungen bezüglich den Formen der Sexualität, die nicht der Fortpflanzung dienen, gibt es in der jüdischen Literatur eine Fülle von Lobpreisungen der Sinnenlust, auch wenn diesen immer ein männlicher Standpunkt zugrunde liegt. Die Überfülle der

Natur und die Fruchtbarkeit im allgemeinen waren wichtige Themen der Juden, deren mythische Werte vor dem Hintergrund zu sehen sind, daß sie ihr Leben in einer unwirtlichen und trockenen Gegend als Ackerbauern und Viehzüchter fristeten. Die Sexualität stand in engem Zusammenhang mit dem schöpferischen Aspekt der Fortpflanzung. Auch bei den Juden gab es eine Freude an der Sinnenlust, wie dies immer Teil der asiatischen Mentalität war. Das *Hohelied* gehört zu den großartigsten erotischen Gedichten des Nahen Ostens. Die Juden hatten also ein etwas gespaltenes Verhältnis zur weltlichen Lust: Sie verherrlichten die Sinnlichkeit, hielten aber zugleich an einer Vielzahl von Beschränkungen hinsichtlich des Sexualverhaltens fest.

Im großen und ganzen haben nun die Christen nur die negativen Elemente der jüdischen Sexualmoral übernommen und nach und nach eine Tradition entwickelt, die man ohne Übertreibung als die sexualitätsfeindlichste der Weltgeschichte bezeichnen darf. Männer und Frauen, die sich zum Christentum bekehrten, nahmen oft eine Haltung zur Sexualität ein, die Verwandte und Bekannte als merkwürdig empfanden. Es ist interessant, daß eben jene Einstellung zur Sexualität, die auf sogenannte jüdisch-christliche Ursprünge zurückgeht, heute als normal und selbstverständlich gilt, während in frühchristlicher Zeit eine Haltung wie die Ablehnung der Scheidung und der Polygamie und die Billigung von Keuschheit und kinderloser Ehe gerade als ganz abnormal galt.

Jesus selbst sah wenig Anlaß, sich zu Ehe, Scheidung und Zölibat zu äußern, soweit wir seinen Standpunkt aus den Berichten des Neuen Testaments beurteilen können. Die Regeln des Sexualverhaltens wurden Generationen vor Jesus festgelegt, als die Juden ihre Schöpfungsberichte, insbesondere diejenigen der *Genesis*, zum Beweis dafür heranzogen, daß ihre Stammessitten richtig und kultiviert und nicht barbarisch oder eigenartig waren, wie nichtjüdische religiöse

Führer behaupteten. Für die Juden lieferte die Gesamtschau ihrer Sitten und ihrer Interpretation der *Genesis* den Beweis dafür, daß ihr sexuelles und moralisches Verhalten eine Abspiegelung der Struktur des Universums selbst war.

Die meisten Juden hatten gute Gründe, den Zölibat abzulehnen. Sie verwiesen darauf, daß eine Hauptprämisse der jüdischen Sitte auf der Überzeugung beruhte, daß Gottes erstes Gebot an Mann und Frau lautete, sich fortzupflanzen. Hier aber, in der Frage des Zölibats, vollzogen die ersten Christen den einschneidendsten Schritt bei ihrer Umstrukturierung der jüdischen Sexualwerte. Jesus, obwohl in der jüdischen Tradition aufgewachsen, war selbst Urheber einer radikalen Wandlung hinsichtlich der traditionellen Haltung zum Zölibat. Diese Revolution in der sexuellen Haltung lieferte einige der spezifischen Elemente des Christentums. Diese Revolution war auch die wichtigste Triebfeder für die christliche Einschätzung des Körpers als eines Objekts der Sünde. Pagels bemerkt hierzu: «Indem Jesus die Verpflichtung zur Fortpflanzung nachrangig bewertet, die Scheidung ablehnt und implizit die Einehe sanktioniert, kehrt er die traditionellen (jüdischen) Prioritäten um, indem er de facto erklärt, daß andere Verpflichtungen – einschließlich der ehelichen – jetzt wichtiger sind als die Fortpflanzung. Aber nicht nur dies: Jesus tritt für eine neue Möglichkeit ein, die er selbst vorlebt und die, wie er sagt, noch besser ist: Der Verzicht auf Ehe und Fortpflanzung zugunsten eines freiwilligen Zölibats, um ihm in ein neues Zeitalter zu folgen.»

Natürlich hat Jesus den Zölibat nicht erfunden. Es gab ihn auch bei den Juden, zum Beispiel bei der streng asketischen Sekte der Essener Palästinas oder auch bei der mönchischen Gemeinschaft der Therapeuten in Ägypten. Diese zölibatären Juden galten aber bei der Mehrheit ihrer Landsleute als Extremisten. Deshalb wurde erst mit dem Aufkommen des Christentums der Zölibat zur Basis einer wirklichen Revolution in den sexuellen Haltungen des Nahen Ostens.

Der glühendste Verfechter des Zölibats war Paulus, der etwa zwanzig Jahre nach Christi Tod in den *Korintherbriefen* einräumte, daß die Ehe zwar keine Sünde, es aber dennoch eine größere Tugend sei, auf sie zu verzichten. Die Mehrheit der Christen lehnte aber diese Anprangerung der Ehe und Fortpflanzung ab, die auf der Annahme beruhte, daß die Sünde Adams und Evas sexueller Natur war und daß die verbotene Frucht vom Baum der Erkenntnis *fleischliche* Erkenntnis war. Die ersten Christen waren, wie die Juden vor ihnen, im Einklang mit frühchristlichen Lehrern vom Range eines Clemens von Alexandrien im Gegenteil der Auffassung, daß die bewußte Teilhabe an der Fortpflanzung ein «Zusammenwirken mit Gott in der Welt der Schöpfung» sei. Clemens betont, daß Adams Sünde nicht die sexuelle Betätigung, sondern der Ungehorsam war, und er ist damit einer Meinung mit der Mehrheit seiner jüdischen und christlichen Zeitgenossen, daß das Hauptthema der Geschichte von Adam und Eva moralische Freiheit und moralische Verantwortlichkeit ist.

Viele Wissenschaftler des 20. Jahrhunderts führen ebenfalls dieses Argument ins Feld. Foucault meint, daß der Sündenfall die mythische Grundlage für die Auffassung der Sexualität als Strafe ist. Dieser augustinischen Argumentation zufolge «verlor Adam zur Strafe für seine Auflehnung und als Konsequenz der Behauptung seines Eigenwillens gegenüber dem Willen Gottes die Kontrolle über sich selbst».

Deshalb, so argumentierte Augustinus, «gehorchten sein Leib und Teile seines Leibes seinen Befehlen nicht mehr, lehnten sich gegen ihn auf, und die Geschlechtsteile seines Leibes waren die ersten, die sich in Ungehorsam erhoben». Foucault (1981) folgert daraus, daß die Erektion beim Geschlechtsakt «das Bild des sich gegen Gott auflehnenden Menschen» ist; der Hochmut der Sexualität ist die Strafe und Konsequenz des Hochmuts des Menschen.

Die Auffassung von der Libido als dem Stigma des Sündenfalls durchzieht das gesamte christliche Denken. Die phallische Symbolik, die einst in der vorchristlichen Ikonographie so weit verbreitet war, wurde innerhalb der Kirche zum umstrittenen Element. Wie der Kunstgeschichtler Leo Steinberg ausführt, drückt die Symbolik des männlichen Geschlechtsorgans üblicherweise Macht aus. Im Westen galt das männliche Glied immer als die Waffe gegen den Tod, das Instrument, das den Erhalt der Rasse sichert. Aus christlicher Sicht aber war dem Phallus die Kompromittierung jener Rationalität und Beherrschung anzulasten, die immer mit männlichem Adel identifiziert wird. Als sich das Dogma der Kirche schließlich durchsetzte, wurde die phallische Ikonographie ausgemerzt. Die alte Tradition einer Verknüpfung der männlichen Sexualität mit Macht hatte allerdings ein zu großes mythisches Gewicht, als daß die Kirche sie hätte ignorieren können. Deshalb wurde der Penis im christlichen Sinne umfunktioniert. Während der Phallus des Dionysos noch die Zeugungskraft der Natur symbolisierte, «wird das Geschlechtsorgan Christi zum Zeichen der Wiederherstellung der verderbten Natur beschnitten und zum Opfer dargebracht ... Was die christliche Kunst der Renaissance von der heidnischen Antike übernahm, war die Freiheit, ihre eigenen mythischen Tiefen auszuloten ... Das entblößte Glied steht für Gottes Leben als Mensch und/oder den Tod des Menschen, vielleicht sogar für seine Wiederauferstehung» (Steinberg). Die Sexualität Christi wurde in ein nichtsexuelles Symbol der körperlich gewordenen Göttlichkeit verwandelt. Zugleich behielt der nackte Leib Christi seine traditionelle Macht als phallisches Symbol des spirituellen Sieges über den Tod. Diese recht bemerkenswerte Verwandlung der Natur in Anti-Natur und der Sexualität in Anti-Sexualität wurde im wesentlichen durch die Tatsache ermöglicht, daß Jesus der Sohn Gottes war und von einer unbefleckten Jungfrau geboren wurde – ohne Geschlechtsverkehr. «Durch Enthaltsamkeit, durch die willentliche Keuschheit der ewigen Jungfrau wird die Notwendigkeit der Fortpflanzung umgangen, da im Sieg über die Sünde der Tod, die Folge der Sünde, überwunden wird. Nach dieser orthodoxen Formulierung würde der Penis Christi, machtvoll in der Abstinenz, an Macht die Phalli des Adam und des Dionysos übertreffen. In diesem Sinne dürfte es gelungen sein, den alten Sinngehalt des Phallus als Waffe gegen den Tod auf Christus zu übertragen und gleichzeitig radikal umzuwandeln» (Steinberg).

Dieser neue phallische Kontext zeigt sich in zahllosen Werken von mittelalterlichen und Renaissancekünstlern, in denen der nackte Jesus in sexuell expliziten Bildern dargestellt wird. Für das ursprüngliche Publikum waren diese Kunstwerke sehr aussagefähige Gestaltungen einer mythischen Ikonographie. Dieses Publikum besaß jenes optische Begriffsvermögen, mit dem die Menschen die religiösen «Erzählungen» der Hinterglasbilder und Fresken in Kirchen und Kathedralen «lesen» konnten. Wir Heutigen dagegen finden Skulpturen und Gemälde, auf denen die Jungfrau den Penis des kleinen Jesus streichelt oder auf denen der gekreuzigte Christus sich mit der Hand an den Unterleib faßt, erstaunlich, wenn nicht gar schockierend. Wie Steinberg feststellt, konnten die Schöpfer dieser symbolreichen Bilder nicht vorauswissen, daß «der Prozeß der Entmythologisierung des Christentums es dahin bringen würde, daß wir heute eine profane Auffassung von ihrer heiligen Kunst haben.»

Und dennoch war diese Renaissance-Darstellung der Geschlechtlichkeit Christi bei all ihrer scheinbaren Deutlichkeit zutiefst anti-geschlechtlich und verwies nicht auf die Zeugungskraft des Phallus, sondern auf den Sieg Christi über die Natur. Die symbolischen Haltungen zur jungfräulichen Geburt und Beschneidung sind Aspekte einer fortwährenden Verunglimpfung des Körpers und der körperlichen Erfahrung im allgemeinen, in der westlichen Kultur negativ besetzte Begriffe.

Solche Haltungen waren, um es zu wiederholen, revolutionäre Angriffe auf die alten religiösen Ideale des Nahen Ostens. Aus jüdischer Sicht war eine solche Sexualfeindlichkeit eine Häresie. In der *Genesis* war die geschlechtliche Aufgabe, die Mann und Frau gegeben war, die Fortpflanzung. Daher waren die Natur und die Welt gut, nicht verderbt; der Mensch sollte sich ihrer bedienen und sie nutzen. Die Menschheit hatte von Gott den Auftrag, «die Erde zu füllen und sie untertan zu machen, und zu herrschen» über des Meeres Fische, die Vögel des Himmels und über alles Getier, das sich auf Erden regt. «Hier ist nichts von Weltverachtung zu spüren, und konsequenterweise lehnte das Judentum Zölibat und Askese generell ab ... Priester und Rabbiner sollten heiraten, und der Hohepriester war zur Heirat gezwungen ... Körper und Seele sind eng miteinander verbunden, und deshalb wird nicht gesagt, daß der Mensch eine Seele bekam, sondern daß er zu einer lebendigen Seele wurde ... diese psychologische Einheit unterscheidet sich erheblich vom hellenistischen Dualismus mit seinem Gegensatz des Körperlichen und des Geistigen, der seit der Zeit des Paulus immer mehr an Geltung gewann und spätere christliche Lehren über die Sexualität beeinflußte» (Parrinder).

Der Apostel Paulus ließ an der Gegensätzlichkeit von Fleisch und Geist keinen Zweifel. «Das Begehren des Fleisches ist gegen den Geist gerichtet, das des Geistes gegen das Fleisch; sie liegen im Streit gegeneinander» *(Galater 5,17)*. «Die von der Art des Fleisches sind, trachten nach dem, was des Fleisches ist, die aber von der Art des Geistes sind, nach dem, was des Geistes ist. Das Trachten des Fleisches ist Tod, das Trachten des Geistes aber Leben und Friede» *(Römer 8,5;6)*. Des Paulus kosmischer Dualismus war weit mehr dem Gegensatz zwischen Gut und Böse, zwischen Hell und Dunkel des Zoroastrismus oder auch dem dualistischen

Widerstreit der Griechen zwischen Geist und Stoff verpflichtet als der ganzheitlichen Auffassung der Juden.

Die asketischen paulinischen und zoroastrischen Auffassungen trugen jedoch letztlich den Sieg über die weltlichen jüdischen Einflüsse auf das Christentum davon. Gegen Ende des 3. Jahrhunderts n. Chr. war die Debatte zwischen gegensätzlichen Stimmen zum Thema des Dualismus von Leib und Seele, Stoff und Geist zum Kernpunkt heftiger Auseinandersetzungen in der christlichen Philosophie geworden. Aus der Fülle der theologischen Möglichkeiten erwuchsen mehrere häretische Lehrgebäude, die im mittelalterlichen Europa zu endlosen Streitigkeiten, Machtkämpfen und Verfolgungen führten. Diese Traditionen sind für unsere aktuellen Haltungen zu Liebe und Sexualität sehr erhellend.

Eine der einflußreichsten dieser häretischen Lehren war der Manichäismus. Der Begründer des Manichäismus war Mani (lateinisch Manichaeus), der im 3. Jahrhundert n. Chr. in Persien lebte und lehrte. Inwieweit er vom persischen Zoroastrismus beeinflußt war, ist ungeklärt, doch bildet seine Hauptprämisse, daß es zwei primäre Elemente in der Welt gibt, die Gutheit Gottes und die Schlechtigkeit der Materie, eine deutliche Parallele dazu. Alles Gute kommt dementsprechend von Gott, während alles Böse von der Materie stammt, die als der Teufel bezeichnet wird. Das Böse (Materie) ist jedoch nicht wie im Zoroastrismus eine kosmische Kraft, die die Gestalt einer Gottheit annimmt. Im Gegensatz zu den Zoroastrern vertraten die Manichäer die Auffassung, daß die Materie Begierde war, eine «regellose Bewegung in allem Existierenden». Stoff oder Begierde war weiblich, die «Mutter aller Dämonen», und die Seele war in den Stoff eingesperrt. Das Ziel des Manichäismus war es, die Seele aus dem Leib zu befreien, und dieses Ziel versuchte man durch strenge Askese zu erreichen.

Eine andere Art häretischer Tradition war die von einem englischen oder irischen Mönch namens Pelagius begründete Lehre des Pelagianismus. Bei seinem ersten Besuch in Rom im 5. Jahrhundert trat er in eine langwierige Auseinandersetzung mit Augustinus ein, dessen Sympathien eindeutig beim Manichäismus lagen. Pelagius beharrte auf der Bedeutung der liebevollen Antwort an Gott für die Erlösungsfähigkeit des Menschen, eine Haltung, die aus manichäischer Sicht unerträglich optimistisch war. Zwar ist bei Pelagius nirgendwo von einer ausdrücklichen Billigung des Geschlechtsverkehrs die Rede, doch lehnte er den orthodoxen Gedanken der Erbsünde ab, und er wandte sich gegen die Auffassung, daß das Übel von Adams Sünde durch die Fortpflanzung unaufhörlich weitergegeben wird. Der Pelagianismus war humanistisch, tolerant und gütig. Er vertrat die Auffassung, daß jeder Mensch der Tugend und Erlösung fähig ist. Zwar wurde der Pelagianismus nachdrücklich als Häresie verurteilt, doch überlebte sein Optimismus im Untergrund als einer der prägnantesten Aspekte des Volkschristentums; die Manichäer dagegen wurden im Zoroastrismus, Islam und Christentum mit gleicher Unnachsichtigkeit verfolgt, und die letzte Spur dieser pessimistischen Sekte verlor sich etwa um das Jahr 1000 n. Chr. im chinesischen Turkestan.

Trotz des völligen Untergangs des Manichäismus als häretische philosophische Kraft übernahmen die Christen mit seltener Einmütigkeit die manichäische Auffassung von der Verderbtheit der Welt und untermauerten ihre sexualitätsfeindliche Haltung mit der wörtlichen Interpretation der ersten drei Kapitel der *Genesis*.

Diese buchstäbliche Lesart bekämpften wiederum andere häretische Gruppen, die nichts von einer buchstäblichen Interpretation des Alten Testaments hielten. Sie werden meist unter dem Sammelbegriff der Gnostiker zusammengefaßt, und ihre Deutung der Geschichte von Adam und Eva irritierte und erzürnte orthodoxe Kirchenmänner. Pagels zeigt, daß die Gnostiker zum Beispiel die Meinung vertraten, die *Genesis* ergebe, wörtlich genommen, keinen Sinn, weil ihrer Auffassung nach die Erzählung symbolisch und allegorisch zu lesen sei. «Während die Orthodoxen oft Eva für den Sündenfall verantwortlich machten und in der Unterwerfung der Frau die angemessene Strafe erblickten, stellten die Gnostiker Eva vielfach als die Quelle der spirituellen Erweckung dar» (Pagels). Diese religiösen Radikalen besaßen also die Kühnheit, die Geschichte vom Garten Eden aus der Sicht der Schlange zu erzählen; sie stellten sie als den Lehrer göttlicher Weisheit dar, der verzweifelt bemüht war, Adam und Eva die Augen für die wahre und verachtenswerte Natur ihres Schöpfers zu öffnen.

Was die Kirchenväter «noch mehr erschütterte als die Ablehnung moralischer Absoluta oder die Verstöße gegen die Kirchendisziplin war die Tatsache, daß die gnostische Deutung der *Genesis* die Botschaft der Freiheit bedrohte, die das Christentum für so viele Konvertiten (die römische Sklaven waren) so ungemein attraktiv gemacht hatte ... Die Kirchenführer verurteilten die Gnostiker einhellig wegen ihrer Leugnung dessen, was für die Orthodoxen das wesentliche gottgegebene Merkmal der Menschheit war, nämlich der freie Wille» (Pagels).

Der Einfluß der Gnostiker in der Kirche war mehr subversiv als politisch und brachte ein beständiges Element des Widerspruchs in die kirchlichen Angelegenheiten. Ihre Position der intellektuellen Freiheit wurde jedoch weitgehend durch die Betonung der spirituellen Freiheit abgelöst, eine Auffassung, die den Christen in den schwierigen Jahren, in denen sie politische Subversive in der damals noch heidnischen Welt Roms waren, moralischen Halt gab. Im 3. und 4. Jahrhundert gewann dann aber allmählich die christliche Bewegung in der ganzen römischen Gesellschaft immer mehr Einfluß. Durch diese veränderte politische Situation war die Betonung der Wahlfreiheit für die Christen kein lohnendes Thema mehr. Der Kaiser hatte ihnen diese Freiheit gegeben. Die Welt war in die Kirche eingedrungen, und die Kirche in die Welt. Wie sollte das Christentum nun mit der Weltlichkeit seiner Kirche umgehen, da dem Bischof viele bürgerliche Vergünstigungen zu Gebote standen, wie zum Beispiel Steuerbefreiung, Erhöhung des Einkommens, gesellschaftliche Macht und sogar Einfluß am Hof?

Die «Politik der Wahrheit», um mit Foucault zu sprechen, hatte sich drastisch geändert. Die Römer waren nicht mehr die Urheber des Leidens der Christen und lieferten ihnen nicht mehr die emotionelle Basis für ihre Selbstverleugnung, ihre Selbstaufopferung und ihr Märtyrertum. Die Welt der Sinne war jetzt weniger verderbenbringend als die Welt der Macht, des Luxus und des Reichtums. Um diese Widersprüche zu beseitigen, beschlossen einige der glühendsten Anhänger des Christentums, die Weltentsagung durch freiwillige Armut und Ehelosigkeit zu einem wesentlichen Element ihrer Suche nach spiritueller Freiheit zu machen. In dieser Weise übten die weitreichenden Veränderungen im politischen Leben der Kirche nachhaltigen Einfluß auf die christlichen Lehren aus. Fast 400 Jahre lang hatten die Christen Adams Ungehorsam und sein darauffolgendes Leiden in seiner höchsten Bedeutung als das Legat der Freiheit betrachtet. Für viele von den Römern unterworfene Stämme und Nationen war diese Haltung ein mächtiger Anreiz zur Bekehrung zum Christentum gewesen. Die Verheißung der Freiheit war für die politisch geknechteten Untertanen des Römischen Reiches, die sich zu dem neuen Glauben bekannten, eine große Tröstung. Sie hatte die Menschen zur Mitgliedschaft in der neuen Kirche motiviert und ihnen den Mut gegeben, die Leiden hinzunehmen, die diese Mitgliedschaft mit sich brachte. Mit dem Auftreten von Augustinus als einer bedeutenden Kraft im christianisierten Rom änderte sich jedoch mit einem Male dieser geistige Hintergrund.

Augustinus, der Bischof von Hippo, lebte im ausgehenden 4. Jahrhundert in einer völlig anderen politischen Welt als seine kirchlichen Vorläufer. Das Christentum war nun keine Sekte von Andersgläubigen mehr, sondern die Staatsreligion Roms. Die Christen konnten unbedrängt ihren Glauben ausüben und wurden sogar offiziell dazu ermuntert. Diese dramatische Veränderung der gesellschaftlichen Rolle der Christen erforderte eine erneute Uminterpretation der *Genesis.* Augustinus unternahm nun diese neue Interpretation der Geschichte von Adam und Eva, wobei er zu einer weitgehend anderen Auffassung gelangte als die Mehrzahl seiner jüdischen und christlichen Vorläufer. Pagels zeigt auf, daß das, was einst als Bericht über das menschliche Recht auf Freiheitsstreben gelesen wurde, jetzt zur augustinischen Erzählung über des Menschen Hörigkeit wurde. Bis dahin hatten die meisten Juden und Christen die *Genesis* so verstanden, daß Gott der Menschheit das Recht auf moralische Freiheit gab und daß Adam diese Freiheit mißbraucht und dadurch Tod und Leid in die Welt gebracht hatte. Augustinus war allerdings mit der Bürde einer solchen Interpretation noch nicht zufrieden und ging noch ein gutes Stück weiter. Er behauptete, daß Adams Sünde nicht nur unsere Sterblichkeit verursacht, sondern auch unsere Geschlechtlichkeit verderbt habe. Diese Auffassung stand zwar im Widerspruch zur berüchtigten sexuellen Moral Roms, sanktionierte aber indirekt die Beschränkungen hinsichtlich der politischen Freiheit der romanisierten Christen, eine Gegenleistung, die die Anhänger Jesu Rom für dessen Sanktionierung der religiösen Freiheit zugestanden. Augustinus entwickelte also eine neue Lesart der *Genesis,* die die Einschränkung der christlichen Freiheit innerhalb der römischen Welt rechtfertigte. Er stellte fest, daß Adams Sünde nicht nur die Geschlechtlichkeit unwiderruflich verderbt hatte, sondern uns auch unseren freien Willen kostete und uns zu wirklicher politischer Freiheit unfähig machte. «Augustinus' Theorie der Erbsünde lieferte eine Analyse der menschlichen Natur, die zum Erbe aller späteren Generationen westlicher Christen wurde und nachhaltigen Einfluß auf ihr psychologisches und politisches Denken hatte» (Pagels).

Aus der Sichtweise des Augustinus war der Zölibat die Abkehr von der Welt und der Weg zur Erlangung der Kontrolle über das eigene Leben. In ihm war das Paradoxon der Freiheitserlangung durch Selbstverleugnung verwirklicht. In seinen *Bekenntnissen* beschreibt Augustinus seine Freude, als er, um die «Freiheit des Zölibats und der Entsagung» zu erlangen, seinen Beruf, seine gesellschaftliche Stellung, die Frau, mit der er gelebt und die ihm einen Sohn geboren hatte, und die bevorstehende Verehelichung mit einer reichen Erbin aufgab. Für seine nichtchristlichen Zeitgenossen war dieser Verzicht sowohl gesellschaftlicher Selbstmord als auch eine große Gottlosigkeit. Interessanterweise war Augustinus in seiner Jugend (vom 19. bis zum 28. Lebensjahr) neun Jahre lang Anhänger des Manichäismus gewesen, der lebensfeindlichsten aller frühchristlichen Philosophien. Es überrascht daher nicht, daß Augustinus die Meinung vertrat, das ganze Menschengeschlecht habe von Adam eine von der Sünde unumkehrbar beschädigte Natur ererbt. Dies erläutert er in seinem Werk *De Civitate Dei*: «Denn wir alle waren in diesem einen Manne, weil wir alle dieser eine Mann waren, der durch die für ihn geschaffene Frau in Sünde fiel.» Im Bewußtsein, daß es Einwände gegen die Vorstellung geben könnte, daß Millionen von noch ungeborenen Menschen in gewissem Sinne «in Adam» waren, erläutert Augustinus, daß «wir zwar noch nicht individuell geschaffene und zugeteilte Formen hatten, in denen wir als Einzelne lebten», daß aber die «Natur des Samens vorhanden war, aus dem wir hervorgehen sollten». Der Samen selbst, so Augustinus, war bereits «in die Fesseln des Todes geschlagen» und überträgt nun von Generation zu Generation den Fluch, den wir durch die Sünde auf uns geladen haben. Augustinus zog also den Schluß, daß jeder Mensch, der durch Samen empfangen ist, mit der Sünde befleckt geboren ist. Die einzige

Ausnahme hiervon ist natürlich Jesus Christus, der ohne Samen empfangen wurde (Pagels).

Wie Pagels zeigt, haben die augustinischen Auffassungen einen politischen und einen sexuellen Aspekt. Er behauptet, daß am Anfang, bevor noch Eva geschaffen war und es nur Adam gab, dieser in sich selbst die erste Herrschaft entdeckte, die mit der vernünftigen Seele, «dem besseren Teil des Menschen», über den Leib herrschte, «den niedrigeren Teil». Eva verdarb dieses vollkommene Gleichgewicht und verleitete Adam zur Bekräftigung seiner eigenen Autonomie, was, wie Augustinus erklärt, einer Rebellion gegen das Gesetz Gottes gleichkam. «Die Strafe für den Ungehorsam war nichts anderes als Ungehorsam. Das menschliche Elend besteht in nichts anderem als dem Ungehorsam des Menschen gegenüber sich selbst» – der aus körperlichen Impulsen besteht, die wider den Geist rebellieren. Exemplarisch für die Rebellion der Menschheit gegen Gott ist die «Rebellion des Fleisches» – eine spontane Erhebung der *ungehorsamen Glieder*. «Die Seele, die ein perverses Vergnügen an ihrer eigenen Freiheit fand und sich weigerte, Gott zu dienen, war jetzt ihrer ursprünglichen Herrschaft über den Leib beraubt.»

Der augustinische Leib war die Manifestation der Sünde. Dieses Vermächtnis der Erbsünde, das uns Augustinus hinterließ, hatte schreckliche psychologische und politische Folgen. Christen wurden zu Vasallen eines weltlichen religiösen Reiches, das paradoxerweise die Welt verleugnete, in der es ungeheure Macht hatte. So verteidigte zum Beispiel Bischof Ambrosius die Sklaverei mit dem Argument, daß Sklaven keinen Vorteil aus der Praxis der christlichen Tugenden hätten und daß der mit dem Fluch der Erbsünde beladene Mensch nicht befähigt sei, sich selbst zu regieren. Seine Pflicht sei es, sich ohne Vergnügen fortzupflanzen – ganz im Sinne der augustinischen Lehre, daß «diese Welt benutzt, nicht genossen werden muß».

«Augustinus zeichnet ein so drastisches Bild von den Auswirkungen der Sünde Adams, daß er die menschliche Regie-
rung, selbst wenn sie tyrannisch ist, als den unentbehr-
lichen Schutzwall gegen die Kräfte ansieht, die die Sünde in
der menschlichen Natur entfesselt hat ... Wer Augustinus'
Auffassung von den katastrophalen Folgen der Sünde akzeptiert, muß nach dieser Auffassung auch die Herrschaft
eines Menschen über einen anderen – des Herrn über den
Sklaven, der Herrscher über die Untertanen – als die unausweichliche Notwendigkeit unserer universellen gefallenen
Natur akzeptieren» (Pagels). Wieder einmal hatte sich, wie
Foucault beobachtete, «die politische Wahrheit» geändert,
und Augustinus hatte eine religiöse Rechtfertigung für die
Tatsache geschaffen, daß das Christentum jetzt die Staatsreligion der Römer war, die einst die Christen so erbar-
mungslos verfolgt hatten.

Augustinus verfocht eine Auffassung von der Natur, die
wissenschaftlich unnatürlich ist. Er behauptete, daß der Tod
nicht das natürliche Ende unseres Lebens sei, sondern uns
wegen der Sünde von Adam und Eva auferlegt wurde. Daher
sind Schmerz, Leid, Kummer, Unterdrückung und Tod die
Strafen, die wir über uns gebracht haben. Nach seiner Auffassung hat die menschliche Entscheidungsfreiheit Sterblichkeit und geschlechtliches Begehren über die Menschheit
gebracht und dabei Adams Nachkommenschaft der Freiheit
beraubt, nicht sündigen zu wollen. «Wie aber konnte Augustinus die Mehrheit der Christen davon überzeugen, daß
geschlechtliche Begierde und Tod im Grunde ‹unnatürliche›
Erfahrungen sind, die Folge der menschlichen Sünde?»
(Pagels) Dies ist eine wichtige Frage, umso mehr, als Augustinus' Zeitgenossen und viele Gelehrte der Kirche seither
tapfer gegen seine Behauptungen angekämpft haben. Dabei
ging Augustinus sogar noch weiter als jene Juden und Christen, die ihm darin zustimmten, daß Adams Sünde den Tod
über die Menschheit gebracht habe. «Er behauptete, daß

Adams Sünde auch die universelle moralische Verderbtheit über uns gebracht habe ... Vom 5. Jahrhundert an wurden Augustinus' pessimistische Auffassungen über Sexualität, Politik und die Natur des Menschen zum beherrschenden Einfluß im westlichen Christentum, dem katholischen wie dem protestantischen, und färbten seither auf die gesamte christliche und nichtchristliche westliche Kultur ab ... Diese verheerende Umwandlung des christlichen Denkens von einer Ideologie moralischer Freiheit in eine solche der universellen Verderbtheit erfolgte zu einer Zeit, in der sich die christliche Bewegung von einer verfolgten Sekte in die Religion des Kaisers selbst verwandelte» (Pagels).

Im christlichen Europa wurden mehr als in jeder anderen Gesellschaft der Körper und seine Geschlechtlichkeit zu einer Form der göttlichen Vergeltung. Um mit dieser unumkehrbaren Katastrophe der biblischen Geschichte zurecht zu kommen, hätte eine leidenschaftliche Askese unser Leben beherrschen müssen. Die große Mehrheit der Christen vernachlässigte aber auf Schritt und Tritt das Dogma des Augustinus. «Zu keinem Zeitpunkt der Weltgeschichte», sagt der Mediävist James Bryce, «war die Theorie, die sich ja immer zugute hält, die Praxis zu beherrschen, von ihr so gründlich getrennt.» Die vergeblichen Bemühungen idealistischer Kirchenmänner, Exzesse zu beschneiden, verweisen auf das wohl krasseste Paradoxon des mittelalterlichen Lebens – die phänomenale Freizügigkeit. «In der Theorie war das Leben säuberlich durch Formen und Vorschriften geregelt, durch religiöse Gebote eingegrenzt, die die schrecklichsten Sanktionen vorsahen. In der Praxis toste das Leben in grobschlächtiger Freizügigkeit dahin, und alle Regeln, von denen das Heil abhing, wurden achselzuckend mißachtet. Aus den Aufzeichnungen geht hervor, daß Laster und Verbrechen weitaus häufiger waren als in der heutigen skeptischen, zynischen Zeit ... Zudem wurde ein großer Teil dieser Gesetzlosigkeit stillschweigend geduldet» (Muller).

Fanatismus und Intoleranz, die man heute für typisch «mittelalterlich» hält, waren erst im späteren Mittelalter weiter verbreitet. «Fast alle Historiker sind sich einig, daß das ausgehende 11. und frühe 12. Jahrhundert eine Zeit der Offenheit und Toleranz in der europäischen Gesellschaft war, in der man gerne experimentierte, begierig nach neuen Gedanken Ausschau hielt, im praktischen und intellektuellen Bereich des Lebens nach Ausdehnung strebte. Die meisten Historiker sind auch der Auffassung, daß das 13. und 14. Jahrhundert eine Zeit geringerer Toleranz, geringeren Abenteuermuts und geringerer Duldsamkeit waren – eine Epoche, in der in den europäischen Gesellschaften das Beschränken, Zusammenziehen, Schützen, Begrenzen und Ausschließen offenbar wichtiger war. Sehr viel weniger Übereinstimmung herrscht dagegen darin, warum es zu dieser Veränderung kam.» (Boswell).

Die Bemühungen, einen seit langem waltenden libertinistischen Geist einzuschränken, führten schließlich zu zahlreichen Widersprüchen. Die verkündete Moral und das tatsächliche Verhalten standen in krassem Widerspruch zueinander. So wurde etwa im 14. Jahrhundert zur selben Zeit, da Mirakelspiele und geistliche Parabeln das Los der Leiblichkeit und Sexualität beklagten, mehr als ein Drittel der Kinder Europas unehelich geboren. Offensichtlich vermochten die Frömmigkeit und die Askese des Augustinus nicht in das Denken des Volkes einzudringen, obwohl es ihm dennoch gelang, die Gesellschaft, in der die Menschen lebten, auf Dauer zu verändern.

Trotz der Entrüstung der Kirche behauptete sich eine reiche Volkstradition von Erzählungen, Sagen, Märchen und Reimen, die die Freude am eigenen Körper priesen. Das Wirken solcher gesellschaftlicher Kräfte zeigt sich deutlich in den großartigen Werken zeitgenössischer Autoren wie etwa Chaucer und Boccaccio. Der schließliche Niedergang des kirchlichen Dogmas und das Aufkommen des bürgerlichen sozialen Realismus gab der robusten Geschlechtlichkeit der Volkstraditionen neuen Auftrieb. Diese Wiederbelebung ländlicher Werte fand neuen Ausdruck in dem Nationalismus, der die Intellektuellen der Renaissance so stark beschäftigte. Solche soziale Bewegungen in der Kunst vermochten jedoch niemals den Schatten zu verscheuchen, den Augustinus über die Welt gelegt hatte.

Auf Schritt und Tritt findet man in der heutigen westlichen Welt die Auswirkungen des augustinischen Dogmas. Es beeinflußt sogar diejenigen, die sich nicht bewußt religiösen Werten unterwerfen. Es ist in unsere gesellschaftlichen Metaphern und in die grundlegendsten Haltungen «eingebaut». Wir akzeptieren die Tugend des Geistes und die Beflecktheit des Leibes als Tatsache; in unseren Redewendungen ist das Gute stets im Licht verkörpert, während sich das Böse in der Dunkelheit verbirgt. Wir neigen auch dazu, Krankheit als Strafe für die Sünde und Unglück als Vergeltung für eine Übertretung zu betrachten. Der menschliche Körper hat nach wie vor einen schrecklichen Ruf, vor allem der unkeusche weibliche Körper. Auch heute noch werden Frauen weniger als die Schöpferinnen, sondern nur als die Verwahrerinnen des werdenden Lebens in ihrem Körper betrachtet. Und in irgendeinem finsteren Winkel des männlichen Geistes sind Frauen immer noch die Verderberinnen der Männer. Trotz jahrhundertelanger philosophischer und wissenschaftlicher Tätigkeit, die unzählige Alternativen hervorgebracht hat, treibt uns nach wie vor die subversive Negativität des Augustinus.

Augustinus hat die Kirche gegen die Natur mobilisiert. Er schaffte das Naturgesetz ab, um das spirituelle Gesetz auf den Thron zu heben. Sein Gottesstaat existierte außerhalb der Welt des Fleisches und der Leidenschaft. Es ist daher umso bemerkenswerter, daß im Zeitalter des Rittertums eine der erstaunlichsten und innovativsten Errungenschaften der von der augustinischen Philosophie beherrschten

Ära auftrat, als eine Gruppe ingeniöser und feinsinniger Dichter und Musiker in der Provence die Idee der höfischen Minne entwickelte, die zum Ausgangspunkt für alle späteren Manifestationen romantischer Liebe wurde. Diese leidenschaftliche Vision der Liebe, die bemerkenswerterweise ohne geschichtliches Vorbild aus der Lyrik der Troubadours hervorging, verwandelte den menschlichen Körper in eine Metapher für den romantischen Liebhaber.

Der Körper als Liebhaber

«Meine Herren, wenn Ihr eine hohe Geschichte von Liebe und Tod hören wollt, so vernehmt jene von Tristan und Königin Isolde; wie sie einander zu ihrer großen Wonne, aber auch zu ihrem Leid lieb hatten und wie sie zuletzt an dieser Liebe eines Tages gemeinsam starben, sie von seiner Hand, und er von der ihren.»

Tristan ist der stolze Sohn des Königs Riwalin von Liones und von Blanchefleur, der Schwester des Königs Marke von Cornwall. Er ist ein vorzüglicher Jäger, Reiter, Schwertkämpfer und Ritter. Im Zuge seiner Heldentaten in Irland tötet er König Marhaus und den schrecklichen Riesen Nabon den Schwarzen, der es gewagt hatte, von König Marke Tribut an Männern und Geld zu fordern. Bei diesen Kämpfen wird Tristan von den vergifteten Pfeilen seiner Feinde verwundet. Weil er weiß, daß er ohne die Hilfe eines Heilkundigen mit magischen Kräften sterben muß, begibt er sich in die Obhut der Prinzessin Isolde, der Tochter des Königs von Irland, die wegen ihrer großen Heilkunst berühmt ist. Als er nach seiner Genesung an König Markes Hof zurückkehrt, spricht er so glühend von Isoldes Schönheit, daß der König beschließt, die irische Prinzessin zu seiner Königin zu machen.

Tristan wird als Botschafter seines Königs erneut nach Irland geschickt, um für ihn um die Hand Isoldes anzuhalten. Sie ist über die Aussicht hoch erfreut, Königin von Cornwall zu werden, und nimmt König Markes Heiratsantrag an. Der Ritter begleitet die schöne Prinzessin nach England, doch trinken die beiden auf der Überfahrt unwissentlich von einem Zaubertrank, durch den sich Tristan und Isolde leidenschaftlich ineinander verlieben. So groß ist ihre Glut füreinander, daß sie ihr nicht entrinnen können, selbst als Isolde Königin geworden ist. Ihre heimlichen Rendezvous geben Anlaß zu bösem Klatsch. Bald zirkulieren am Hof Gerüchte über ihre Affäre. König Marke aber will dem Gerede über den Ehebruch kein Gehör schenken. Die Liebenden sind ebenso listenreich wie ihre Feinde, die sie in eine Falle locken und den König gegen sie aufbringen möchten. Schließlich werden sie doch miteinander ertappt. Tristan flieht in die Bretagne, um dem Zorn König Markes zu entgehen. Weil er glaubt, daß Isolde ihre Liebe vergessen hat, heiratet er eine andere Isolde, die Tochter des Königs Howel, die Isolde la Blanche Mains heißt. Nach der Vermählung will Tristan aber nicht das Bett mit seiner Gemahlin teilen, denn er liebt noch die erste Isolde. Er entzieht sich seinen ehelichen Pflichten dadurch, daß er sich auf Abenteuerfahrt begibt, wo er erneut verwundet wird. Auf dem Sterbelager erfährt er, daß er nur von seiner ersten Liebe geheilt werden kann, der schönen Isolde. Es wird ein Bote nach Cornwall gesandt, um sie zu holen; er soll ein weißes Segel hissen, wenn er Isolde mitbringt, die den todgeweihten Tristan heilen wird. Als das Schiff mit einem weißen Segel in Sicht kommt, sagt Tristans eifersüchtige Gemahlin Isolde la Blanche Mains ihrem Gemahl, daß das Segel schwarz ist. Tristan glaubt nun, daß ihn seine Geliebte im Stich gelassen hat, und stirbt.

«Dann trug das stolz geblähte Segel das Schiff an Land, und Schön Isolde setzte ihren Fuß an das Ufer. Als sie das Klagen in den Straßen und das Läuten der Glocken auf den Kirchtürmen hörte, fragte sie die Menschen, was die Ursache des Geläuts und ihrer Tränen sei. Ein alter Mann sagte ihr:

‹Tristan ist tot.›

Isolde ging zum Palast hinauf und kauerte sich an der Seite ihres toten Geliebten nieder. Nachdem sie sich nach Osten gewandt und zu Gott gebetet hatte, legte sie sich zu dem Toten. Sie küßte seine Lippen und sein Antlitz und umschlang ihn fest; so gab sie ihren Geist auf und starb vor Kummer an seiner Seite.

Als König Marke die Nachricht vom Tod der Liebenden vernahm, fuhr er über das Meer in die Bretagne, und er ließ zwei Särge für Tristan und Isolde hauen. Er führte ihre Leiber auf seinem Schiff mit sich nach Tintagel, und er ließ bei einer Bittkapelle links und rechts der Apsis ihre Grabmäler errichten. Eines Nachts aber entsprang aus Tristans Grab ein grüner und laubreicher Rosenbusch. Er kletterte die Kapelle hinauf, hinüber zu Isoldes Grab, und schlug dort neue Wurzeln. Dreimal schnitten ihn die Bauern ab, und dreimal wuchs er in derselben Blütenpracht und Kraft nach. Man berichtete König Marke von dem Wunder, und er befahl, den Rosenbusch nicht mehr abzuschneiden» (Bedier/Belloc).

Es gibt mehrere Versionen der Sage von Tristan und Isolde. Die archetypische Form der Erzählung wurde jedoch schon 1160 von einem Dichter in Worte gefaßt, von dem wir wenig mehr wissen, als daß sein Name Thomas von Britannien war, was bedeuten kann, daß er entweder in Großbritannien oder in der Bretagne geboren wurde. Aber woher auch immer Thomas stammte, sein literarischer Stil und seine philosophische Haltung gehen auf eine spezielle Form lyrischer Dichtung zurück, die in Südfrankreich ihren Ausgang genommen und sich dann rasch über Europa ausgebreitet hatte. In den französischsprachigen Ländern des Nordens hatte die höfische Gesellschaft eine eigenständige Literatur entwickelt, die der Dichtkunst nicht unähnlich war, die mindestens eine Generation davor in Königin Eleonores provenzalischem Aquitanien zur Blüte gelangt war.

Als Grundlage dieser literarischen Formen erwies sich eine neue Mythologie, eine Mythologie, die wenig von jenen Unwahrscheinlichkeiten enthielt, die wir üblicherweise in mythischen Berichten finden. Zwar besitzt auch diese neue

Mythologie manche Elemente jener phantastischen Epik, die man aus dem religiösen Mythos kennt, doch verbindet sie diese Elemente in einzigartiger Weise mit einer weniger metaphysischen, sondern mehr weltlichen und romantischen Form des Mythos. Hinter dieser neuen Art von Mythologie stand eine leidenschaftliche Form der Liebe, die man «weniger als blinden Schicksalsschlag, sondern als positive, ja sogar erzieherische und reinigende Kraft» betrachtete (Hatto).

Die Motive und die Art der Erzählung von Tristan und Isolde verraten Haltungen hinsichtlich des Körpers, der Liebe und der Sexualität, die in der europäischen Sensibilität bis dahin unbekannt gewesen waren. Durch einen noch ungeklärten gesellschaftlichen Prozeß war das, was bei Augustinus noch angstbesetzt war, vollständig versinnlicht worden. Alle Versionen des Tristan-Mythos pflegen eine mystische Sprache mit ausgeprägt religiösen Untertönen, wodurch eine mystische Wahrnehmung des Sexuellen entsteht, die in den Mythen der Liebe und Geschlechtlichkeit, mit denen wir uns bisher befaßt haben, völlig fehlt. Die Dichter der verschiedenen Versionen der Tristan-Sage «propagierten einen esoterischen Kult der weltlichen Liebe mittels einer Geschichte, die für diesen Zweck geradezu vorbestimmt zu sein schien, und dies mit einer Intensität, die andere für die Wonne oder die Errettung ihrer Seelen aufwandten» (Hatto). Nicht nur ist die Triebfeder dieser Geschichte eine überbordende und bisher verbotene *Leidenschaft*, sondern sie enthält auch eine tiefe Empfindung des Kummers und der edlen Resignation statt einer simplen Freude und Erfüllung. Noch heute nehmen wir den Geist der Romantik in dieser Erzählung wahr, wiewohl Tristan und Isolde eine tragische Geschichte ist, nicht das märchenhafte «Und wenn sie nicht gestorben sind ...» mit Happy End, das das Fernsehpublikum oft für Romantik hält. Hier finden wir in einem mittelalterlichen Epos alle Merkmale dessen, was wir heute romantische Liebe nennen. Zum Zeitpunkt ihrer Erfindung war diese Liebesgeschichte eine radikale und außerordentlich einflußreiche Neuerung. Ihre Wirkung auf unser Denken ist unleugbar.

Die Geschichte von Tristan und Isolde handelt von einer Ekstase, die so sehr von Lebensfreude und sexueller Wonne überströmt, daß Todesahnungen nicht ausbleiben können. Ein solcher Mythos muß die melancholische Tatsache zum Ausdruck bringen, daß Leidenschaft oft mit dem Tod einhergeht. Sie ist aber auch mit Untreue verbunden, denn es ist kein Zufall, daß die großen Liebesgeschichten des ausgehenden Mittelalters zwischen edlen Rittern und den Frauen anderer Männer spielten. Vor dem ritterlichen Zeitalter der Leidenschaft, für das romantische Erzählungen wie die von Tristan und Isolde so typisch sind, war die Ehe bar aller Romantik. Wie wir gesehen haben, war sinnlicher oder emotionaler Genuß – innerhalb, vor oder außerhalb der Ehe – durch die christliche Orthodoxie aus dem Leben verbannt. Außer bei den Anhängern gewisser häretischer Kulte war die Ehe eine ernste und emotionslose feudale Institution, von der Kirche hauptsächlich als Fortpflanzungsmechanismus sanktioniert. Liebe, Sinnlichkeit und Leidenschaft galten als Verirrungen. Die Leidenschaft war dem Eheleben so gänzlich fremd, daß einem berühmten Urteil zufolge – es wurde von einem «Liebesgericht» im Schloß der Gräfin der Champagne gefällt – Liebe und Ehe als völlig miteinander unvereinbar galten.

Für uns ist es heute eine Selbstverständlichkeit, daß sich ein heiratswilliges Paar – zumindest anfänglich – liebt und erst später in seiner Beziehung das Band des gemeinsamen Besitzes, die Verantwortung der Elternschaft und die Forderungen der gesellschaftlichen Erwartung als Grundlage für den Fortbestand der Ehe akzeptiert. Wir übersehen oft, daß in den meisten Teilen der Welt, auch in Europa, noch bis in unser Jahrhundert hinein die meisten Ehen zunächst einmal praktische und politische Angelegenheiten waren. In der Aristokratie wurden noch im 19. Jahrhundert Ehen vielfach schon arrangiert, wenn Braut und Bräutigam noch Kinder waren. Es ist für uns weiterhin selbstverständlich, daß der natürliche Zweck von Liebe und Ehe die sexuelle Erfüllung ist, während noch im 20. Jahrhundert das Ziel viel öfter die Erzeugung von Nachkommen war – als Erben und/oder unbezahlte Arbeitskräfte im häuslichen Gewerbe und auf dem Bauernhof. Was sich also gegen Ende des 11. Jahrhunderts ereignete, war eine drastische Revision der ursprünglichen Auffassung der Antike und auch des Christentums von der Ehe. Der neue in der Liebe vorherrschende Akzent war der Zustand der Leidenschaft. Ungeachtet der Sexualität in der Tristan-Erzählung war die Liebe mit einer leidvollen Situation verknüpft, weil – zumindest im Idealfall – die Wonne der sexuellen Vereinigung, nach der sich die Liebenden sehnten, verwehrt blieb. Wenn diese Haltung nicht die Wirklichkeit widerspiegelte, so galt zumindest als Axiom, daß die Liebe am edelsten war, wenn sie nicht zur Erfüllung gelangte, und daß die Keuschheit der höchste Beweis für den Anspruch der Menschheit auf ihre vorrangige Rolle in der Natur war. «Um das 13. Jahrhundert besangen lyrische Dichter nicht mehr die Freude oder Qual der körperlichen Liebe, sondern akzeptierten widerspruchslos die Prämisse, daß ihre Herzensdame eben deshalb ihrer Liebe wert war, weil sie zu rein war, um diese Liebe zu erwidern. So wurde der Streit zwischen Leib und Seele erneut angezettelt. Und auf der Grundlage dieser Spaltung gedieh das Christentum» (Warner).

Trotzdem war diese völlig neue Auffassung von der Sexualität eine einzigartige Herausforderung für die kirchliche Lehre, weil sie einerseits das Dogma der Keuschheit akzeptierte und andererseits das Hohelied der leidenschaftlichen Liebe sang. Etwas Ähnliches hatte es nie zuvor gegeben. Wie C. S. Lewis in *Allegory of Love* schrieb, war diese Auffassung eine Revolution in der Einstellung zur Liebe, zum Körper und auch zur Sexualität. «Ich maße mir nicht an zu erklären, was das Neue eigentlich war. Wirkliche Veränderungen im menschlichen Empfinden sind sehr selten – man weiß vielleicht von dreien oder vieren, doch glaube ich, daß es sie gibt, und dies war eine von ihnen.»

So entstand also unsere grundsätzlich *romantische* Auffassung, daß «Liebe sinnlich ist». Paradoxerweise war es jedoch eine Sinnlichkeit ohne Sexualität – ein platonisches und augustinisches Konstrukt der Liebe, eine idealisierte Abstraktion, die weit von unserer Vorstellung entfernt ist, daß eheliche Beziehungen auf der Basis der Liebe aufbauen und daß das Ziel der Liebenden die sexuelle Befriedigung ist. Das hauptsächliche psychologische Motiv für dieses neue Liebesideal muß das Fehlen von Liebe in den arrangierten Ehen gewesen sein. Daneben gab es aber noch andere gesellschaftliche Konstrukte, die diese neue und einzigartige Auffassung von der Liebe begünstigt haben könnten, wie etwa das feudale Erbrecht, das Frauen das unabhängige Recht auf Titel und Besitz zubilligte. Diese erhebliche gesellschaftliche wie auch wirtschaftliche Macht aristokratischer Frauen ließ sich leicht auf die persönlichen Ideale der Liebe und Ehe übertragen.

In der feudalen Gesellschaft und im Zeitalter der höfischen Minne war der Landerwerb eines der wichtigsten Anliegen. Land zu besitzen war vor allem anderen Reichtum die bedeutsamste Form der Macht, und eines der wohl unblutigsten und kultiviertesten Verfahren zur Durchführung eines ordnungsgemäßen Übergangs von Eigentumsrechten von einer Familie auf eine andere und von einer Person auf eine andere war die Heirat. Die Tatsache, daß Frauen Land erben und besitzen konnten, gab ihnen in einer europäischen Kultur, die Frauen bisher meist sehr geringschätzig behandelt hatte, eine noch nie dagewesene gesellschaftliche Bedeutung. Wie unwichtig Frauen in anderer Hinsicht auch waren – als Erbinnen verfügten sie über außerordentliche Macht und erheblichen Einfluß.

Es entbehrt nicht einer gewissen Ironie, daß vermutlich erst der Reichtum der Frauen das Umfeld schuf, in dem die romantische Liebe erfunden und stillschweigend geduldet wurde. Die Romantisierung der Gier nach dem Landbesitz der Frauen war eine politische wie eine sexuelle Revolution, welche die Basis für eine neue Mythologie schuf, die ihrerseits wieder neue Konventionen für Liebesabenteuer und das sexuelle Verhalten vorgab. Hinter dieser unorthodoxen Haltung gegenüber Frauen und dem Geschlechtlichen lauerte freilich der Schatten des starren sexualitätsfeindlichen und sexistischen Erbes des Judentums und Christentums. Das Zeitalter der höfischen Minne war daher eine Zeit spannungsvoller Widersprüche. Just eine solche Haltung kommt in Tristans Affäre mit Isolde zum Ausdruck.

Die Verstrickungen dieser sexuellen Begegnung verraten Grundlegendes sowohl über die christliche wie auch die höfische Auffassung von der Liebe. Daß Tristan sich rasend in Isolde verliebte, wäre völlig in Ordnung gewesen. Aber ihren eigenen Aussagen zufolge («wenn sie mich liebt, dann ist es wegen des Tranks, der mich hindert, sie zu verlassen, und sie, mich zu verlassen»), liebten die berühmten Liebenden einander nicht wirklich. Sie sahen sich durch einen Liebestrank unwiderstehlich in eine sexuelle Begegnung gezwungen. Als ehebrecherische Liebende wären sie von der höfischen Moral des Mittelalters gefeiert worden; als Mann und Frau aber, die der Erfüllung ihrer Leidenschaft lebten, ohne einander wirklich zu lieben, wurden sie zu einem tragischen Paar neuer Art. Es ist die Tragödie des Versagens der Hemmschwellen.

Im Mittelalter bakam der Begriff «Ehebruch» letztlich, ganz im Gegensatz zur asketischen Weltsicht des Augustinus, einen hehren Sinngehalt. Diese neue Interpretation des Ehebruchs beinhaltete die Unterwerfung unter ein höheres moralisches Gesetz (nämlich das der leidenschaftlichen Liebe) an Stelle der Loyalität, die der christlichen Auffassung von ehelicher Treue zugrunde liegt. Letztlich kam in diesem beispiellosen Widerstreit zwischen Treue und Untreue ein Konflikt zwischen unversöhnlichen Religionen – der Religion eines neuen ritterlichen Kodex der Leidenschaft und der Religion der älteren christianisierten feudalen Moral der Askese – zum Ausdruck. Eben dieser Konflikt ist es, der nun für jene *Selbstbehinderung* des Liebenden sorgt, die stets ein zentrales Motiv der höfischen Minne ist. Die Hemmung war eine notwendige Bedingung nicht der Moralität, sondern gerade der Leidenschaft. Aus diesem Grund fanden und erfanden Liebende immer wieder Behinderungen, die das Verlangen nach dem anderen scheitern ließen, statt es zu erfüllen. Dies ließ die mittelalterlichen Dichter sagen: «Was Wirklichkeit wird, ist nicht mehr Liebe.»

Tristan und Isolde aber ließen ihre Leidenschaft Wirklichkeit werden, wenn auch die meisten Versionen des Mythos ihre Schande dadurch abmildern, daß sie ihr Laster dem blindmachenden Zwang des Liebestranks zuschreiben. Als Tristan seine Dame ganz in Besitz nahm, mißachtete er die grundsätzliche Hemmung, die das zentrale Element der Moral der höfischen Minne war. Wie Denis de Rougemont, der Verfasser eines Standardwerks über die romantische Liebe ausführt, sollte mit Tristans Erfahrung eine Spannung zwischen der höfischen Minne und der Feudalgesellschaft und zudem ein Konflikt zwischen zwei Arten von religiösen Mythologien illustriert werden. Die beiden Liebenden werden damit zu einer Metapher für diesen fundamentalen Widerspruch.

Wie alle großen Liebenden glauben auch sie, daß ihre Leidenschaft sie über Gut und Böse hinaus in einen Zustand geführt hat, der außerhalb der gewöhnlichen menschlichen Erfahrung liegt. Was die Liebenden in den Zeiten der höfischen Minne liebten, war die Liebe selbst. In diese persönliche Passion unmerklich hineinverwoben ist ein vertrauter christlicher Gedanke: die «Passion», die Leidensgeschichte der Abtötung des Fleisches, die untrennbar mit Tod und Erlösung verbunden ist. Der Tod ist demnach sowohl die Behinderung als auch das Objekt der romantischen Liebe. Im 18. Jahrhundert schließlich wurde diese feudale Verflechtung von Leidenschaft und Tod zu einem der Hauptaspekte der Romantik – ein Erbe mittelalterlicher Erzählungen wie derjenigen von Tristan und Isolde.

Der Tod ist die letzte unter den vielen möglichen Behinderungen, die zwischen den Liebenden und ihrer sexuellen Erfüllung stehen. Die Behinderung steigert die Ekstase der Leidenschaft. Sie erlangt einen höheren emotionalen Wert als die Leidenschaft selbst. «Der Tod, als das Ziel der Leidenschaft, tötet sie» (Rougemont). Die freiwillige Keuschheit der mittelalterlichen Liebe war damit eine Form ekstatischen Todes – eine Abtötung, eine leidenschaftliche Entsagung, ja ein symbolischer Selbstmord. Die keusche Leidenschaft der Liebenden wurde zum Triumph über die Begierde, so wie man sich auch Tod und Erlösung als einen Triumph über das Leben vorstellte. Tristan und Isoldes Tod ist insofern ein Tod aus Liebe, ein bewußter Tod, der am Ende einer Reihe schwerer Prüfungen steht, durch welche die Liebenden gereinigt und für einen «transfigurierenden» Tod vorbereitet werden (Rougemont).

Wie bereits erwähnt, ist die Erzählung, auf die der Mythos von Tristan und Isolde zurückgeht, nachhaltig von einem dichterischen Stil beeinflußt, dessen noch dunkle Ursprünge in Südfrankreich liegen, wo die Idealisierung der romantischen Liebe erstmals artikuliert wurde. Der Mediävist David Herlihy hat festgestellt, daß diese mittelalterlichen Liebesdichtungen ebensosehr ein Aspekt der Mythologie sind wie die alten religiösen Texte, doch unterscheiden sie sich insofern erheblich von biblischen und antiken Epen, als sie der Liebe große Bedeutung einräumen. Hierin liegt also eine erhebliche Änderung des Sinngehalts, den wir dem Begriff der «Mythologie» wie auch demjenigen der «Liebe» unterlegen. Der Ursprung dieses radikalen Wandels kultureller Haltungen liegt in Südfrankreich, wo mittelalterliche Dichter aus allen Gesellschaftsschichten nicht lateinisch, sondern in der Alltagssprache Provenzalisch schrieben und damit die erste kultivierte lyrische Mundartdichtung Europas schufen. Diese Gedichte wurden gesungen. Die Schöpfer dieser lyrischen Lieder hießen Troubadours; das Wort «Troubadour» geht auf das provenzalische Verb *trobar* zurück, das «entdecken», «erfinden» bedeutet. Zu Beginn des 13. Jahrhunderts waren die Troubadours gefeierte Künstler, die ihre Dichtungen an allen Höfen der großen Herren und Damen vortrugen. So groß war der Einfluß der Troubadours, daß das Provenzalische schon bald zur *lingua franca* der Lyrik wurde; zahllose Poeten in Frankreich, Spanien, Italien und Deutschland benutzten es. Meist ging es in dieser Literatur um einen besonderen Liebesbegriff, die *Cortezia* oder höfische Minne. Die Faszination der *Cortezia* wurde in den literarischen Hauptwerken jener Zeit meisterhaft besungen: im *Roman de la Rose,* in *Tristan et Iseult* und in den großen *Artusromanen* Nordfrankreichs.

Die Wurzeln der Stilrichtungen und Formen der Troubadour-Literatur sind stark umstritten. Es gibt keine wissenschaftliche Theorie, die nicht durch eine andere widerlegt wäre. Eine Richtung sieht den Ursprung der charakteristischen «emotionellen Mystik» der Troubadours in der Liebeslyrik der mittelalterlichen Araber. Eine andere Richtung versucht zu beweisen, daß es Übereinstimmungen in der Rhythmik arabischer und provenzalischer Lyrik gibt. In der renommierten Studie von Denis de Rougemont, ohne die keine Erörterung der romantischen Liebe vollständig ist, wird festgestellt, daß viele Troubadours ihre Gedichte an männliche Liebhaber richteten, was wiederum auf die ausgeprägt homosexuelle Tendenz der arabischen Dichtung verweist. Wieder andere Autoritäten vertreten die Auffassung, daß die lateinische Dichtung des 11. und 12. Jahrhunderts für die Troubadours modellhaft gewesen sein könnte, wiewohl auch diese Erklärung verworfen wurde, weil Troubadours (unter denen sich Aristokraten wie auch Landleute befanden) nicht über genügend Bildung verfügten, als daß sie diese Dichtung hätten kennen können.

Bei all diesen Kontroversen gibt es doch einige unbestrittene Fakten über die Dichter der höfischen Liebe. Zum einen wurden in ihrem Werk (und vermutlich auch in der Gesellschaft) Frauen plötzlich zu idealisierten, sehr bedeutenden Menschen. Hierfür gab es Gründe. Einer von ihnen hatte mit der Ehe zu tun. Wie schon angedeutet, war im Mittelalter die Verehelichung meist Sache eines Arrangements zwischen großen Familien. Solche Heiraten hatten wenig mit Liebe und gar nichts mit Leidenschaft zu tun. Es waren kirchlich abgesegnete Verträge, in denen es um Besitz, um Macht und um den Stammbaum ging und durch die das Erbe von Generation zu Generation weitergegeben wurde. Nach kirchlichem Recht war die Ehe unauflöslich; außereheliche Beziehungen zwischen den Geschlechtern wurden verurteilt, so daß zumindest theoretisch die männliche Erblinie gesichert war – was immer ein wichtiges Thema ist, wenn eine ausschließlich männliche Erbfolge gilt und der Ehebruch einer verheirateten Frau somit erhebliche Probleme schafft. Die männliche Erbfolge verlangt traditionell die Keuschheit einer Frau, da sie sonst ihren Gatten mit Erben betrügen kann, die nicht von seinem Blut sind. Wenn aber Frauen ebenfalls in den Genuß großen Reichtums kommen, wie es im Mittelalter der Fall war, hebt die weibliche Erbfolge die Attraktivität von Frauen über die eines bloßen lebenden Inventars hinaus und verringert zugleich die schädlichen Konsequenzen des Ehebruchs einer Frau (Warner). In der Zeit der Troubadours setzten Männer alles daran, die Gunst von Frauen zu erlangen, deren gewaltiges Erbe durch die Fortführung des römischen Rechts geschützt war. Möglicherweise war auch die Tatsache, daß viele Frauen der Aristokratie selbst reich und mächtig waren, ein Grund dafür, daß der Liebesbegriff jener Zeit die Frauen in ein so helles Licht stellte.

Aus dem Gesagten wird klar, daß dem Kodex der Kirche zum Trotz das Mittelalter in sexuellen Angelegenheiten im Vergleich zu früheren und späteren Zeitaltern erstaunlich tolerant war. Außer von Priestern, Mönchen und Nonnen wurde von niemandem Keuschheit verlangt. Ehebrecher und Ehebrecherinnen wurden nicht verjagt, wie die Kirchenväter geboten hatten, sexuelle Verfehlungen wurden lediglich vertuscht. Solange Takt und Diskretion gewahrt waren, war alles erlaubt. «Wenn man einmal eine so lange und wechselvolle Zeit mit einem einzigen Satz charakterisieren wollte, könnte man sagen: Der schöne Schein war alles. Dies galt für die Politik ebenso wie für das Geschlechtsleben. An der Oberfläche war alles auf Loyalität ausgerichtet» (Lewisohn). Das Feudalsystem beruhte auf verschiedenen Formen von Vertrauen und Treue: der des Vasallen gegenüber seinem Lehensherrn, der Frau gegenüber dem Mann, des Kindes gegenüber der Familie. Diese Treuepflicht ließ wenig Raum für andere Arten von Beziehungen. Die menschlichen Bindungen waren aus diesem Grund vielleicht mehr als in jeder anderen Zeit impliziter Teil gesellschaftlicher Strukturen.

Diese Betonung der feudalen Treue brachte die Erhöhung der Untreue zu einer hohen Kunst mit sich. «Kirche wie Staat tolerierten die ehebrecherische Beziehung zwischen einem jungen Ritter und der Herrin des Guts. Ein Kavalier konnte sogar die Religion in seine Herzensdinge hineintragen. Es war im Schwange, sich eine himmlische Schirmherrin zu erwählen, und eine durchaus übliche Praxis, wie unglaublich es auch klingen mag, die Jungfrau Maria als Beistand anzurufen, daß sie die Liaison schütze und das Herz der verheirateten Dame für ihren ritterlichen Werber erweichen möge» (Lewisohn).

In Deutschland erhielten diese Troubadours den Namen «Minnesänger». Ihre indirekte, aber trotzdem recht unmißverständliche Botschaft lautete: «Merkt auf! Alles, was in der Kirche über die Heiligkeit der Ehe erzählt wird, gilt nur für den Bauern. Die Großen brauchen sich darum nicht zu bekümmern. Das Gesetz der Minne steht über dem Gesetz der Ehe.»

Die am reichsten sprudelnde Inspirationsquelle für die höfische Dichtkunst war eine nichtchristliche Mythologie und ein nichtchristliches Ritual der außerehelichen Liebe. Die Dichter, die die Liebe als erlösungskräftige Leidenschaft auffaßten, entwickelten eine quasi-religiöse zeremonielle Form des Liebeswerbens, das sie in drei rituelle Stufen gliederten. Die erste war das «Zaudern»; der Liebende fand nicht den Mut oder die geeigneten Worte, der verheirateten Frau *(Domna)*, der seine Liebe galt, seine Gefühle zu gestehen. Auf der zweiten Stufe, dem «Bekennen», eröffnet er ihr seine Liebe. Auf der dritten Stufe, dem «Anhören», ist es an der Dame zu zaudern; sie erwägt den Antrag des Liebenden und entzündet in ihm durch die Vieldeutigkeit ihrer Reaktionen Empfindungen der Wonne wie der Verzweiflung. Die letzte Stufe ist *Druerie* («Minnedienst»), wenn die Dame endlich den Antrag des Ritters annimmt und er ihr ergebener Diener wird. Niemals gibt er den Namen der Dame preis, doch singt er ihr Lob und verrichtet große Heldentaten zu ihren Ehren.

Diese Art eines Liebesrituals war in der jüdischen, griechischen und römischen Kultur völlig unbekannt. In diesen Gesellschaften war leidenschaftliche Liebe ein Exzeß und eine Peinlichkeit, von der vornehme Familien möglichst verschont zu werden hofften. Ein leidenschaftlich Verliebter galt als Verrückter, als mondsüchtiger Narr, der nichts als Gelächter und Mitleid verdient hatte. Selbst noch im Mittelalter war bis zum Aufkommen der höfischen Minne die aus der Antike übernommene Haltung gegenüber der Leidenschaft diejenige, daß «die Liebesleidenschaft eine Form von Krankheit war ... Es wurde eine ganze Symptomatologie entwickelt, und Therapieformen (wie zum Beispiel Koitus) wurden als Behandlung angeraten. Sexualität galt als normales physisches Verhalten, während die Leidenschaft als Krankheit angesehen wurde» (Luhmann).

Im Zeitalter der höfischen Minne änderte sich dies alles nun ganz urplötzlich. Die Leidenschaft war eine Ausdrucks- und Erlebnisform, die der religiösen Ekstase nahekam. Die Mischung aus sinnlicher Liebe, Loyalität und demütigem Dienst an den Frauen, die in einer betont allegorischen, mystischen, vieldeutigen und manchmal erotisch derben Sprache formuliert wurde, ist ein einzigartiges Charakteristikum der Troubadours und der mittelalterlichen höfischen Minne.

Das kulturelle Umfeld dieses revolutionär neuen Liebesbegriffs ist allerdings leichter dingfest zu machen als sein kultureller Ursprung. Charles Albert Cingria, der Spezialist für die höfische Minne, bemerkt in diesem Zusammenhang: «Zwischen dem 11. und 12. Jahrhundert war Dichtung – gleichgültig ob sie nun ungarisch, spanisch, portugiesisch, deutsch, sizilianisch, toskanisch, genuesisch, pisaisch, picardisch, champagneisch, flämisch oder englisch war – in erster Linie *langue d'oc,* das heißt der Dichter, der ein Troubadour sein wollte, mußte die Sprache der Troubadours sprechen, die eben immer das Provenzalische war. Die ganze okzitanische, Petrarcasche und Dantesche Lyrik hat nur ein einziges Thema – die Liebe, und zwar nicht die glückliche, gekrönte und befriedigte Liebe (die ja keinen Reiz mehr hat), sondern im Gegenteil die ewig unbefriedigte Liebe, und nur zwei Akteure: den Dichter, der sein Klagelied achthundert-, neunhundert- oder eintausendmal wiederholt, und die schöne Dame, die stets ‹Nein› sagt.»

Die Frage nach den Ursprüngen der Haltung und der Lyrik der Troubadours wird vielleicht nie vollständig zu beantworten sein, noch werden wir wohl jemals genau erfahren, inwieweit die Dichtkunst das tatsächliche alltägliche Verhalten von Männern und Frauen im Mittelalter wiedergibt. «Eines der wohl auffälligsten Merkmale des Aufkommens der romantischen Liebe war die Tatsache, daß dieselbe Zeit von außerordentlich barbarischen, brutalen und widerlichen Praktiken bei Männern und Frauen geprägt war. Die Sexualität kann zwar zu dieser Zeit das Thema herrlicher Dichtungen gewesen sein, was die zeitgenössischen Gedichte und Romane angeht, doch war der erste Gedanke eines jeden Ritters, der eine Dame schutzlos und alleine antraf, ihr sofort Gewalt anzutun ... Aber wie auch immer wir auch diesen Umstand zu erklären versuchen – Tatsache bleibt, daß die von den Troubadours der Provence erfundene Idee der höfischen Minne Ausgangspunkt und Auslöser für alle späteren Manifestationen romantischer Liebe in Europa war» (Henriques).

Denis de Rougemont stellt mit Nachdruck fest: «Der Kult der leidenschaftlichen Liebe begann in Europa als Reaktion von Menschen, deren Geist natürlicherweise oder durch Erbe noch heidnisch war, auf das Christentum und insbesondere dessen Lehren über die Ehe.» Diese Wiedergeburt des europäischen Eros innerhalb der Zwänge der jüdisch-christlichen Kultur ist gut dokumentiert. Die ersten leidenschaftlichen Liebenden, von denen uns berichtet wird, sind Abaelard und Heloise, die sich 1118 zum erstenmal begegneten. Um die Mitte des 12. Jahrhunderts wurde die Liebe erstmals als Leidenschaft anerkannt, die man pflegen durfte und sollte. Diese Liebe verstieß allerdings eindeutig gegen alle moralischen Beschränkungen des Christentums. Unter dem bekehrten Konstantin und unter den karolingischen Kaisern wurde die Lehre der Kirche zur Richtschnur der herrschenden Klasse, so daß jene christlichen Werte der gesamten Bevölkerung des Westens aufgezwungen wurden. «Dies bedeutete natürlich die Unterdrückung der alten heidnischen Auffassungen, die zur Hoffnung und Zuflucht der natürlichen Neigungen wurden, die das neue Gesetz mißbilligte, aber auch nicht beseitigen konnte. In den Augen der Alten war zum Beispiel die Ehe eine nützliche Institution von begrenztem Zweck. Wenn vielleicht nicht gerade der Ehebruch in heutigem Sinne, so war zumindest doch das Konkubinat Gewohnheitsrecht, denn Sklaven konnte man gebrauchen und mißbrauchen. Die christliche Ehe aber, insofern sie ein Sakrament ist, forderte vom natürlichen Mann eine Treue, die er unerträglich fand. Alle, die zwangsweise konvertiert waren, gerieten unter die Restriktionen des christlichen Kodex, ohne auf die Stütze eines echten Glaubens zurückgreifen zu können. So konnte es nicht ausbleiben, daß das barbarische Blut dieser Menschen rebellierte, und sie hatten auf eine solche Wiederbelebung der heidnischen Mysterien im katholischen Gewande nur gewartet, denn sie brachte die Verheißung der ‹Emanzipation›» (Rougemont).

Diese Wiederbelebung fand ihren Ansatzpunkt wie selbstverständlich in der traditionellen Macht der Frau, denn der «heidnische» Einfluß der Muttergöttin hatte in den Volkstraditionen des ganzen romanischen Europa überlebt. Selbst noch im äußersten Westen verwandelte der Druidenkult der Kelten die Frau in ein prophetisches Wesen, dessen Einfluß in ganz Westeuropa zu spüren war. Es erstaunt daher nicht, daß der Mythos der leidenschaftlichen Liebe von Tristan und Isolde in Irland und Cornwall entstand und in literarischen Formen und Stilrichtungen variiert wurde, die später die südfranzösischen Troubadours erfanden. Die Vergötterung der Frau wurde zu einer Ritualisierung unterdrückter Sexualität und einer Sublimation (oder vielleicht nur einer komplexen kulturellen Rationalisierung) der unglaublichen Rohheit des mittelalterlichen Lebens. Die Frau tauchte als

Symbol sowohl des unterdrückten inneren Lebens wie auch des verlorenen matrizentrischen Denkens wieder auf, das einst die europäischen Stämme beherrscht hatte. In bemerkenswerter Weise wurde jetzt das sündige Fleisch, wider das Augustinus so überzeugend gepredigt hatte, durch eine neue Auffassung vom menschlichen Körper transformiert: in eine Quelle tiefer Sinnlichkeit und Empfindung, als Körper, der den physischen Geschlechtsakt ersehnte, aber in eine unendlich ferne Zeit verschob, weil die Erfüllung des Verlangens die größere Wonne der Erwartung zerstörte, die die Leidenschaft lebendig hielt. Diese Art sexuellen Verhaltens mit ihren retardierenden Momenten wird nicht unbedingt mit der schnell erregten, schnell befriedigten, genital orientierten männlichen Sexualität assoziiert. Viel öfter erblickt man hierin eine typisch weibliche sexuelle Reaktion. Damit war es wiederum das Symbol – wofern nicht das Faktum – der Frau, das im Mittelpunkt der höfischen Liebe stand.

«Wieviele Wege durch die Geschichte des mittelalterlichen Westens führen doch zur Frau!» ruft der bekannte französische Mediävist Jacques LeGoff (1980) aus. «Die Geschichte der Häresien ist in vielerlei Hinsicht eine Geschichte der Frau in Gesellschaft und Religion. Wenn es eine Neuerung auf dem Gebiet der Sensibilität gibt, die man dem Mittelalter ganz allgemein zugute halten kann, dann ist es die höfische Minne. Ihr liegt ein bestimmtes Bild von der Frau zugrunde.»

Nicht weniger wichtig hinsichtlich seines vorchristlichen Gehalts war das Aufkommen des Marienkults zur Zeit der Blanca von Kastilien, der Mutter von König Ludwig IX. (um 1260). Auf Grund ihres traditionellen Aspekts als Himmelskönigin konnte das Bild der Jungfrau leicht mit dem der aristokratischen und mächtigen Damen verschmelzen, denen die Dichter ihre leidenschaftliche Liebe entgegenbrachten. Es überrascht daher nicht, daß ein erheblicher Teil der spä-

teren Dichtung der Troubadours zunächst befremdlich er-
scheinende Assoziationen zwischen der Jungfrau und den
Damen herstellt, denen sie ihre zutiefst sinnliche Leidenschaft entgegenbringen.

Ungeachtet der zahllosen Widersprüche der sexuell taten-
und ruhmesdurstigen Ritter, die aus ihrer Verehrung des
Weiblichen einen Kult machten, bildete das Aufkommen der
höfischen Minne im Mittelalter eine ebenso außergewöhnliche wie unerwartete Metapher für die «Entmännlichung
der Geschichte», die ihren Höhepunkt mit dem «verblüffen-
den Durchbruch des Marienkults im 12. Jahrhundert» fand
(LeGoff 1980).

Die Identifikation der Jungfrau mit der höfischen Liebe ist
ebenso eigentümlich wie in subtiler Weise passend. Genau
hierin liegt wohl auch der Grund dafür, warum im romanischen Westen noch heute der Begriff der Liebe untrennbar
mit demjenigen der Keuschheit verbunden ist. *E d'amor
mou castitaz»*, sang der Toulouser Troubadour Guilhelm
Montanghagol – «aus der Liebe entsteht die Keuschheit.»

Die leidenschaftliche Liebe verlangte auch ein Ritual im
Gewand einer christlichen Zeremonie – so etwa das Ritual
der *Domnei* oder *Donnoi,* des Liebesvasallentums. Wie der
Mediävist Frederick Artz meint, ist in dem Kodex der höfischen Minne die Feudalisierung der Liebe zu sehen: «Die
Verehrung des Liebenden gegenüber der Dame hat etwas
von der Verehrung des feudalen Vasallen gegenüber seinem
Herrn. Mit anderen Worten, die feudalen Riten des Vasallen-
tums, der Dienst- und Treueeid, den der Ritter seinem Herrn
gegenüber leistete, wurden im Zeitalter der höfischen Minne in einen Liebesdienst transformiert. Der Dichter gewinnt
seine Dame durch die Schönheit seiner Preislieder. Auf
Knien schwört er ihr ewige Treue, wie die Ritter ihrem Lan-
desherrn den Treueid schwuren. Wenn der Ritter angenommen wurde, bekam er einen Ring von seiner Dame und
einen züchtigen Kuß auf die Stirn.»

Denis de Rougemont stellt einige grundlegende Fragen bezüglich der Rätsel der höfischen Minne. Was ist der Ursprung dieses Ideals einer ewig unerfüllten Liebe, fragt er, und welches ist das Motiv hinter dem Lobpreis einer schönen Dame, die beharrlich «nein» sagt? Wie kommt es, daß genau zu der Zeit eine literarische Form zur Verfügung stand, als die Dichter für die Darstellung neuer Ideen über die Liebe eine solche literarische Form brauchten? «Innerhalb von nur etwa 20 Jahren etablierten sich einerseits ein Frauenbild, das im völligen Gegensatz zum traditionellen Bild stand – die Frau wurde über den Mann gesetzt und zu seinem ersehnten Ideal – , und andererseits eine neue, aber voll entwickelte Dichtkunst von einer außerordentlich komplexen und verfeinerten Art, eine Dichtkunst, die im Altertum wie auch in den wenigen Jahrhunderten romantischer literarischer Blüte unbekannt war, die der karolingischen Renaissance folgten» (Rougemont). Entweder fielen diese Elemente einfach vom Himmel, oder sie hatten eine geschichtliche Basis.

Heute besteht Einigkeit darüber, daß sowohl die provenzalische Dichtkunst als auch der höfische Liebesbegriff offenbar im Gegensatz zu den zu jener Zeit herrschenden gesellschaftlichen und religiösen Bedingungen standen. Sie sind nicht der konforme Ausdruck der Gesellschaft, in der sie entstanden, sondern ihr Widerspruch. Es findet sich hier dieselbe Falschheit, wie wir sie bei den Bürgern moderner Demokratien finden, die zutiefst von ihrer Mythologie der Gleichberechtigung überzeugt sind und dabei gleichzeitig in unzähligen Haltungen, Handlungen und Empfindungen Ungleichheit praktizieren und provozieren. Die Dichtung jener Zeit ist im Grunde alles, was von der höfischen Liebe letzlich bleibt, und diese romantische Poesie entspricht in keiner Weise dem zweifelhaften Stand der Dinge im sexuellen Verhalten der mittelalterlichen Ritter, noch der Stellung, die sie Frauen in der feudalen Welt Europas einräumten. Es mag wohl sein, daß die Leidenschaft das idealisierte Thema der großartigen Dichtkunst der Troubadours war, doch wurden zur selben Zeit, zu der sie ihre Werke verfaßten, Frauen brutal mißbraucht, wie zeitgenössische Quellen belegen. Im *Lai de Graelent* von Marie de France wird berichtet, wie ein edler und vollkommener Ritter allein im Wald einem Fräulein begegnet. Er fällt brutal über sie her und vergewaltigt sie. Sein Verhalten wird aber entschuldigt, denn er war während seiner schändlichen Tat «höflich und ehrenwert». Denselben Widerspruch findet man in der Unterweisung, die der gute Ritter Parzival von seiner Mutter empfängt: «Wenn du eine schöne Dame siehst, mache ihr den Hof, ob sie will oder nicht, denn dadurch wirst du zu einem besseren und geschätzteren Mann als du zuvor warst.»

Die Widersprüchlichkeiten, von denen diese frühe Literatur romantischer Liebe geprägt ist, wurden in unterschiedlicher Weise interpretiert. Manche Gelehrte vertreten die Auffassung, daß der Gesetzlosigkeit und Grausamkeit jener Epoche eine idealisierte Mythologie des Weiblichen übergestreift wurde, die manchmal Richtschnur des Handelns war, manchmal aber auch nicht. Eine andere Interpretation lautet, daß die Ritter und Troubadours eine Enklave der Kultur und des Gesinnungsadels in einer ansonsten barbarischen Welt bildeten.

Die Historikerin Barbara Tuchman führt aus: «Das Rittertum bildete nicht nur einen Verhaltenskodex für Krieg und Liebe, sondern ein moralisches System, das das gesamte Leben des Adels regierte. Daß es zu etwa vier Fünfteln Illusion war, ändert durchaus nichts an dieser beherrschenden Rolle. Es entwickelte sich um die Zeit der großen Kreuzzüge des 12. Jahrhunderts als Kodex, der den religiösen und den kriegerischen Geist miteinander verschmelzen und den Kämpfer irgendwie in Einklang mit der christlichen Theorie bringen sollte. Da die übliche Betätigung eines Ritters ebensosehr der christlichen Theorie widersprach wie diejenige eines Kaufmanns, war ein moralischer Firnis notwendig, der es der Kirche gestattete, die Krieger mit gutem Gewissen zu dulden, und den Kriegern, ihren eigenen Werten anzuhängen und dabei ihren Seelenfrieden zu wahren.»

Das Schwert des Ritters galt als die Waffe der Kirche, die den Witwen, Waisen und Unterdrückten Gerechtigkeit zuteil werden ließ. Deshalb konnte Ramon Lull, der Großmeister des Rittertums sagen, daß «Gott und das Rittertum miteinander im Einklang sind.»

Die Ritterschaft galt als die universelle Bruderschaft aller christlichen Ritter. «Wenn Turniere der praktische Vollzug der Ritterschaft waren, dann war die höfische Minne ihr Traumland ... Die höfische Minne war ein noch größeres Gewirr miteinander unversöhnbarer Gegensätze als der Wucher. Sie blieb immer etwas Artifizielles, eine literarische Konvention, eine Phantasie (wie die moderne Pornographie) mehr zum Zwecke der Diskussion als der alltäglichen Praxis ... Diese Geschichten priesen die ehebrecherische Liebe als die einzig wahre Liebe, während im wirklichen Leben derselben Gesellschaft Ehebruch ein Verbrechen war, und eine Sünde sowieso ... Und dennoch – war auch der Kodex nur der Lack über Gewalt, Habgier und Sinnlichkeit, so war er trotzdem ein Ideal, wie das Christentum ein Ideal war, das wie alle Ideale außerhalb der Reichweite des Menschen lag» (Tuchman).

Die Erklärungen für die Erfindung der leidenschaftlichen höfischen Liebe wandeln sich fortwährend – je nach der Selbstwahrnehmung einer Gesellschaft. Deshalb kommen Sexualpolitiker wie Marina Warner zu der überzeugenden Auffassung, daß der gesellschaftliche Aufstieg der Frauen im ausgehenden Mittelalter eine Romantisierung der Machtspiele der Männer war, die danach strebten, sich in einer Epoche vieler politisch mächtiger Frauen durch Heirat oder Eskapade in den Besitz der ganz erheblichen Erbschaften adliger Frauen zu setzen.

Ein unleugbarer Aspekt der Dichtung der höfischen Liebe ist die Tatsache, daß viele ihrer Verfasser das Objekt ihrer Loblieder aktiv verunglimpften: die Frauen. Für heutige Gesellschaftskritiker ist dieses Verhalten keineswegs überraschend, weil es sich mit generationenlangem männlichem Verhalten gegenüber Frauen deckt.

So etwa stellte in der Ritterzeit die sogenannte *Vagantendichtung* Frauen oft in einer brutalen und unsympathischen Weise dar, «ein Ausdruck des gehässigen Antifeminismus, wie man ihn im Mittelalter so häufig findet. Gefördert wurde diese Haltung durch die orthodoxe Lehre der Kirche, derzufolge die Frau, die Ursache für die Vertreibung des Menschen aus dem Paradies, als ‹Tor zur Hölle› verleumdet wurde» (Marks). Genau zur selben Zeit beschrieben hingegen andere Troubadours die Frauen mit größter Hochachtung. Selbst in den derbsten und gröbsten Gedichten des Troubadours Guilheim VII. werden Frauen als Ursprung der Wonne und der Rechtschaffenheit gesehen, nicht als Objekte der Verachtung.

«Die höfische Minne entstand im 12. Jahrhundert im Zuge einer vollständigen Revolution der westlichen Psyche. Sie entsprang derselben Bewegung, die das weibliche Prinzip der *Shakti,* die Verehrung der Frauen, der Mutter und der Jungfrau in das Dämmerlicht unseres menschlichen Bewußtseins aufsteigen und im menschlichen Geist lyrischen Ausdruck finden ließ» (Rougemont).

Der niederländische Mediävist Johan Huizinga hat eine bedeutende Zusammenfassung der gesellschaftlichen Rolle der höfischen Minne gegeben. Er beschrieb ein Ideal, das den Impetus für das Selbstbild der Aristokraten des Mittelalters lieferte, ein Bild, das auf einer bemerkenswerten Idealisierung, nicht auf der Wirklichkeit beruhte. «Die Liebe wurde zu dem Gebiet, auf dem alle moralische und kulturelle Vollkommenheit erblühte. Dank dieser Liebe ist der höfische Liebhaber rein und tugendhaft. Die spirituellen Elemente bekommen ein immer größeres Gewicht, bis schließlich gegen Ende des 13. Jahrhunderts der *dolce stil nuovo* Dantes und seiner Freunde der Liebe die Gabe zuschreibt, einen Zustand der Frömmigkeit und heiligen Intuition herbeizuführen ... Die Aristokratie konnte sich von religiöser Ermahnung unabhängiger fühlen, weil sie über eine eigene Kultur verfügte, aus der sie ihre Verhaltensnormen ableiten konnte, nämlich den höfischen Kodex ... und wenn es ihnen nicht gänzlich gelang, so schufen sie wenigstens den Anschein eines ehrenwerten Lebens in höfischer Minne.»

Das Erbe der Troubadours ist möglicherweise reichhaltiger, als wir jemals werden ermessen können. Den Rittern und den Frauen und Künstlern des Mittelalters gewährte der Kult der höfischen Minne eine außerordentliche Freiheit des Ausdrucks. Als Ideal, wenn denn nicht als gesellschaftliche Realität, wurde dieser neue Liebesbegriff zum Vehikel einer bisher ungekannten Individualität – zum Instrument einer Individualität, die ohne die Verklärung der idealisierten Leidenschaft in jenen strengen Zeiten, in denen die Kirche bei der Geburt Europas Pate stand, zweifellos als glatte Häresie betrachtet worden wäre. Damit machten sich die Troubadours zum Werkzeug einer einzigartigen Erkundung der Mythologie der *Individuen* – der Erfindung des Selbst und der Psyche, sichtbar gemacht durch die Leidenschaft – , und zwar ohne die Beschränkung des unflexiblen, kollektiven Dogmas des Feudalstaates und der Kirche.

Die Freiheit wurde nicht als das Recht erlangt, ein gesellschaftliches Individuum zu werden, sondern als das persönliche Recht auf eigene Empfindungen. In ihrer Art war diese Errungenschaft vielleicht revolutionärer als das Credo der amerikanischen Unabhängigkeitserklärung. Angesichts der Tatsache, daß die institutionelle Welt des feudalen Europa dem einzelnen Menschen und seiner Sexualität keinerlei Freiraum gestattete, ist es von großer Bedeutung, daß die Troubadours diesen Mißstand berichtigten, indem sie eine der ersten wirklich privaten, das heißt nicht-kollektiven Formen «populistischer» Kunst schufen, die sich nicht mit der Rekapitulierung der Ereignisse, Metaphern und Ikonen der jüdisch-christlichen Mythologie zufrieden gaben, sondern ihre Themen und künstlerischen Formen im geheimen Leben unserer sehr persönlichen Sexualität zu entdecken wagten. Diese beispiellose künstlerische Häresie erhielt, zumindest im sexualitätsfeindlichen Westen, erst mit der Ankunft der Romantik einen Namen, als die leidenschaftliche Vision der Troubadours von Liebe und Tod als Geist und Stimme eines Zeitalters triumphierte.

Der Körper als Maschine

«Ohne die geringste Gefühlsregung prügelten sie Hunde und machten sich über diejenigen von uns lustig, die meinten, daß die Tiere Schmerz empfänden, und daher Mitleid mit ihnen hatten. Sie behaupteten, die Tiere seien Uhren, die Schreie, die sie unter den Schlägen ausstießen, seien nur die Geräusche einer kleinen Feder, die durch den Schlag losgeschnellt sei, das Tier selbst aber habe nicht die geringste Empfindung. Sie nagelten die Tiere durch ihre vier Pfoten an Bretter und vivisezierten sie, um das Blut kreisen zu sehen, was zu eifrigen Gesprächen Anlaß gab.»

Dies sind die Worte von Jean de La Fontaine, dem berühmten Fabelerzähler des 17. Jahrhunderts. Sein Bericht mutet an wie eine kafkaeske Umkehrung einer seiner Tierfabeln. Dieser Auszug stammt freilich nicht aus den *Fables*. Es ist La Fontaines Augenzeugenbericht über Tierexperimente, die in Frankreich zu seiner Zeit immer wieder durchgeführt wurden.

Die gräßliche Szene, bei der Experimentatoren systematisch an einem lebenden Geschöpf Manipulationen vornahmen, als wäre es eine empfindungslose Maschine, ist beispielhaft für eine Haltung gegenüber dem Leben, die sich zu La Fontaines Zeit herausgebildet hatte. Im Kontext unserer Erörterungen können wir sagen, daß diese Haltung eine radikale und neue Art von Mythologie darstellte.

Weil La Fontaines Bericht im Gegensatz zu den religiösen Mythologien, die wir bislang behandelt haben, eher dem Journalismus zuzurechnen ist, sollte ich vielleicht die einleitenden Bemerkungen in Erinnerung rufen und dahingehend präzisieren, daß man die von La Fontaine geschilderte Szene als Äquivalent jener wertbefrachteten Mythen ansehen kann, um die es uns bisher ging. Ein bestimmter Komplex gesellschaftlich konstruierter Werte war nicht nur für das Experiment von Bedeutung, dessen Zeuge eben La Fontaine war, sondern prägt auch heute noch unser Verständnis dieser Szene. Was vielleicht verwirrend erscheinen mag, ist der Umstand, daß sich La Fontaine hier offenbar journalistisch mit beobachteten *Fakten* auseinandersetzte. Wir dürfen aber nicht vergessen, daß auch das Alte Testament und alle anderen religiösen Epen als Darstellungen tatsächlicher Ereignisse verstanden wurden und vielfach noch werden. Insofern ist es möglich und auch fruchtbar, La Fontaines Journalismus als eine Realität zu betrachten, die auf einem bestimmten Kanon von Überzeugungen aufbaut – als einen säkularen Aspekt der Mythologie in ihrem modernen Gewand.

Diese abgewandelte Definition des Begriffs «Mythologie» wirft die Frage nach dem Verständnis des Begriffs «Objektivität» auf. Was sind letztlich *beobachtete Ereignisse?* Wird die beobachtete Realität vom Beobachter beeinflußt? Solche Fragen haben uns seit der Zeit der Aufklärung stark beschäftigt, als Philosophen ernsthaft nach denjenigen Grundlagen zu fragen begannen, die es uns ermöglichen, etwas über uns selbst und die uns umgebende Welt zu erfahren. Auch wenn sich der gesunde Menschenverstand gegen solche Fragen sperrt, herrscht weitgehend Einigkeit darüber, daß heute wie in der Vergangenheit «objektive Tatsachen» Abspiegelungen beliebiger Überzeugungssysteme sind. Kurz gesagt: Wir sehen, was wir glauben. Damit wird *Mythologie* in dem hier diskutierten Rahmen zu einem Begriff von ausreichendem Bedeutungsspektrum, der nun nicht nur die fabelhaften Kosmogonien der Vergangenheit umfaßt, sondern auch diejenige Kosmogonie, die die Grundlage unserer wissenschaftlichen Konstrukte ist. Eine solche Mythologie ist das, was Joseph Campbell oft «die Mythen, nach denen wir leben» nannte.

Campbells Annahme wurde von Thomas S. Kuhn, einem der führenden und einflußreichsten Wissenschaftshistoriker, bestätigt: «Je sorgfältiger [Historiker] zum Beispiel die aristotelische Dynamik, die Phlogistontheorie der Chemie oder die kalorische Thermodynamik studieren, desto mehr kommen sie zu der Überzeugung, daß diese einst gängigen Naturauffassungen als Ganzes weder weniger wissenschaftlich noch mehr das Produkt einer menschlichen Idiosynkrasie waren als diejenigen, die heute im Schwange sind. Wenn diese überholten Vorstellungen Mythen sein sollen, dann kann man Mythen auch mit denselben Verfahren erzeugen und ihnen aus denselben Gründen anhängen, die heute zu wissenschaftlicher Erkenntnis führen.»

Die Behauptung, daß ausgerechnet die moderne Naturwissenschaft – die Informationsquelle des 20. Jahrhunderts, zu der wir fast unbegrenztes Vertrauen haben – etwas mit Mythologie zu tun haben könnte, mag abwegig erscheinen, und doch sind Philosophen und Erkenntnistheoretiker wie Kuhn und Paul K. Feyerabend überzeugt, daß die objektive, unpersönliche Naturwissenschaft genau dies ist – eine Form von Mythologie, ein Glaubenssystem oder Paradigma, das wahr ist, ohne jedoch Ausdruck einer absoluten Wahrheit zu sein. «Es gibt, wie ich meine, keine theorie-unabhängige Möglichkeit, Aussagen wie ‹wirklich da› zu rekonstruieren; der Gedanke einer Kongruenz zwischen der Ontologie einer Theorie und ihrem ‹realen› Gegenstück in der Natur scheint mir nunmehr prinzipiell illusorisch zu sein» (Kuhn).

Es fällt uns nicht leicht, Kuhns Prämisse zu akzeptieren, weil wir unter «Mythologie» in der Regel den Aberglauben irgendeines anderen Volkes verstehen, nicht aber die «Wirklichkeit» der eigenen Kultur.

Wir müssen einige unserer Grundüberzeugungen überdenken. Wenn selbst die «objektivierte» Wissenschaft eine

Konstruktion auf der Grundlage eines Systems von Überzeugungen ist, dann muß auch sie als ein Aspekt der Mythologie verstanden werden. Damit allerdings erhält der Begriff
«Mythologie» eine faktische Bedeutung und kann nicht länger so benutzt werden, als bezeichne er eine bloße Konvention oder eine realitätsferne religiöse Fiktion.

Was uns hier nun interessiert, ist die Frage, wie unsere
Mythologie der Naturwissenschaft unsere Auffassungen von
Welt, Körper und Sexualität beeinflußt. Für diese Auffassung
ist eben das mechanistische Paradigma von entscheidender
Bedeutung, welches das Denken der Wissenschaftler seit
den Tagen von La Fontaine geprägt hat – als der französische
Philosoph Descartes den revolutionären Gedanken äußerte,
daß Tiere nichts als seelenlose *Automata* seien.

Niemand weiß genau, wie und wann diese Mechanismus-
theorie in Descartes' Denken entstand. Ein Geschichten-
erzähler wie La Fontaine könnte vielleicht die Idee haben,
daß die philosophische Revolution, die das naturwissen-
schaftliche Denken seit mindestens 200 Jahren beherrscht,
ganz harmlos eines schönen Tages in den dreißiger Jahren
des 17. Jahrhunderts seinen Anfang nahm, als Descartes den
königlichen Park in Versailles besuchte, der für seine raffi-
nierten Automaten berühmt war – jene ingeniösen, mit
Wasserenergie betriebenen Mechanismen, die die Gestalt
von Meeresnymphen und einer gewaltigen Neptun-Figur
annahmen, komplett mit Dreizack, der sich drohend auf
den Betrachter zubewegt. Descartes war von den sich selbst
bewegenden Maschinen fasziniert, die ihre Antriebsenergie
im eigenen Mechanismus bargen. An sich waren solche
mechanischen Apparate nicht neu. Descartes wußte natürlich, daß auch Uhren Automaten waren; was ihn in Versailles
jedoch faszinierte, war die Idee, daß ein Automat die Bewegung von tierischem Leben simulieren konnte. Descartes
konstruierte sogar selbst einen Automaten, doch ist darüber
wenig bekannt.

Descartes hatte sich vermutlich schon lange vor seinem Besuch in Versailles mit dem mechanistischen Weltbild beschäftigt. Die kartesische Philosophie folgerte, ausgehend von umfassenden mathematischen Berechnungen, daß die Welt und alle Dinge in ihr Automaten sein müßten. Der Wissenschaftsjournalist Gary Zukav drückt dies wie folgt aus: «Seit Descartes' Zeit bis zum Beginn dieses Jahrhunderts, und möglicherweise durch ihn veranlaßt, sahen unsere Vorfahren die Welt immer mehr als eine große Maschine. In den drei Jahrhunderten nach Descartes entwickelten sie eine Wissenschaft mit dem erklärten Ziel, die Funktionsweise der Großen Maschine zu eforschen.»

Die kartesisch-mechanistische Weltanschauung prägte unausweichlich auch die Sicht des menschlichen Körpers. Descartes legte die philosophischen Grundlagen für die Physiologie, als er den Gedanken propagierte, man könne die Körper von Mensch und Tier als Maschinen betrachten. Weil aber moralische Prinzipien offensichtlich für Maschinen keine Geltung haben, wohl aber für Christenmenschen, nahm Descartes an, die Menschen müßten mehr sein als bloße Automaten in Menschengestalt. Das Wesenselement, das Menschen über Automaten hinaushebt, ist die Seele, «ein geistiges Agens, das selbst kein Teil des Körpers ist».

Ein Experiment mit Hunden war nach dieser kartesischen Sicht völlig in Ordnung, weil seelenlose Maschinen *(bêtes-machines)* keinen Kummer oder Schmerz empfinden; sie reagieren lediglich auf einen mechanischen Reiz. Menschen waren nach der Auffassung Descartes' etwas völlig anderes. Ihm zufolge verdanken Menschen die Handlungsfreiheit ihrer unkörperlichen Seele («die in der Zirbeldrüse ihren Sitz hat»). Ohne den Glauben an eine solche Handlungsfreiheit hätte die christliche Ethik keinerlei Grundlage. «In der Frage des Zusammenhangs von Moral und menschlicher Biologie ist bisher nichts an die Stelle des kartesischen Leib-Seele-Dualismus getreten» (Stent).

«Wenn ein Mensch bei einem Sturz die Hand ausstreckt, um seinen Kopf zu schützen», beobachtete Descartes, «tut er dies, ohne daß ihm seine Vernunft dies rät, nur deshalb, weil der Anblick des drohenden Sturzes in sein Gehirn eindringt und den Lebensgeist in der Weise in die Nerven treibt, wie es für diese Bewegung notwendig ist, ohne daß der Geist dies wünschen müßte, gewissermaßen so, wie wenn es die Funktion einer Maschine wäre.» Dieses Verhalten, fährt er fort, «erscheint niemandem seltsam, der weiß, wie viele verschiedene Automaten oder bewegliche Maschinen durch den Fleiß des Menschen geschaffen werden können, wozu es nur sehr weniger Teile bedarf im Vergleich zu der großen Vielzahl von Knochen, Muskeln, Nerven, Arterien, Venen oder anderen Teilen, die man im Körper eines jeden Tieres findet. Aus dieser Sicht stellt sich der Körper als eine Maschine dar, die, von der Hand Gottes geschaffen, unvergleichlich besser aufgebaut ist und in sich selbst Bewegungen besitzt, die weitaus bewunderungswürdiger sind als alles, was vom Menschen erfunden werden kann.»

Die bemerkenswerteste mechanische Leistung Gottes bei der Schaffung von Tiermaschinen war für Descartes der Blutkreislauf. Bei der Erörterung des Kreislaufs stützte sich Descartes dankbar auf William Harvey, dessen Schrift *De Motu Cordis* etwa zehn Jahre vor Descartes' *Discours de la Méthode* erschien. In einem wichtigen Punkt wich Descartes jedoch von den Kreislauftheorien Harveys ab: Er zog eine mechanistische Erklärung der Herzfunktion vor, während der englische Arzt die Ventrikel als Muskelsäcke ansah, nicht als Mechanismen. Nach Descartes' Auffassung (die sich als falsch herausstellte) brauchte das Herz für seine Funktion nichts als Wärme, Zusammenziehung und Erweiterung, Gegebenheiten, die auch bei unbelebten Dingen findet. Diese mechanistische Grundlegung der Physiologie war ein Meilenstein auf dem triumphalen Weg der mechanistischen Weltanschauung im 17. Jahrhundert – der Theorie, daß alle

Naturerscheinungen sich aus der geometrischen Bewegung von Materie erklären lassen.

Diese kartesischen Ideen hatten sehr weitreichende Folgen. Descartes leitete den Siegeszug eines Paradigmas ein, nach dem wir weitestgehend auch heute noch leben. Trotz des wissenschaftlichen Anstrichs waren sein Dualismus und seine Geringschätzung der physischen Welt als «tote Materie» zutiefst christlich. Sie war von der augustinischen Ethik durchdrungen und machte daher das christliche Dogma zur Prämisse, auf der eine angeblich nichtreligiöse und objektivierte Wissenschaft aufbaute. Obwohl beides anscheinend nichts miteinander zu tun hat, war diese Vermählung von wissenschaftlicher Technologie und westlich-christlichem Dogma unvermeidlich. «Im Gegensatz zu den Gottheiten des Heidentums war der christliche Gott ein Schöpfergott, der Erbauer des Kosmos, der göttliche Töpfer, der den Menschen aus Lehm nach seinem eigenen Bild schuf. Nach christlicher Auffassung strebt alle Geschichte einem geistigen Ziel zu, und es gilt, keine Zeit zu verlieren; deshalb ist Arbeit in jeglicher Form von größter Bedeutung und wird gewissermaßen zu einer Art von Gottesdienst. Solche Vorstellungen schufen den idealen Nährboden für die Entwicklung der Technik» (Casson). Allerdings gab es zwischen Ost- und Westkirche einen grundlegenden Unterschied in der geistigen Ausrichtung: Die Ostkirche in Byzanz war der Auffassung, daß die Sünde Unwissenheit ist und die Erlösung durch Aufklärung erreicht wird; die Westkirche in Rom glaubte, daß die Sünde ein Laster ist und die Wiedergeburt durch eine Erziehung des Geistes zur Verrichtung guter Werke geschehen müsse. Daher werden die griechisch-orthodoxen Heiligen normalerweise als kontemplative Gestalten dargestellt, während die römisch-katholischen Heiligen Aktivisten sind. «Die westliche Einstellung zu Arbeit und Technik steht daher als Ausdruck des christlichen Glaubens im Gegensatz zu den alten griechisch-römischen Haltungen einerseits und denjenigen der mittelalterlichen Ostkirche andererseits. Dies kommt in beredter Weise in einem Evangeliar zum Ausdruck, das kurz nach 1000 in Winchester entstand. Hier ist Gott in einer Weise dargestellt, wie es in der Ostkirche niemals möglich gewesen wäre: als Handwerksmeister mit Waage, Zimmermannswinkel und Zirkel» (Casson). Während die Ostkirche die Musik verbot, wurde im Westen schon im 10. Jahrhundert in der Kathedrale von Winchester eine Orgel mit 400 Pfeifen und 28 Blasebälgen errichtet, die von 70 Männern bedient werden mußten. Der Osten erlaubte niemals Uhren in oder an seinen Kirchen, während sie im Westen, sobald mechanische Uhrwerke erfunden waren, sowohl außen auf Türmen wie auch an den Wänden in den Kirchen installiert wurden. So wurde im Westen die Technik als christliche Tugend begrüßt. Aufgrund dieser technischen Prädisposition konnte sich die mechanistische Weltanschauung Descartes' ohne weiteres in die kirchliche Lehre einfügen, und die kartesische Mentalität lieferte, wie wir noch sehen werden, den ethischen Ansporn für die Industrielle Revolution im Westen.

Hinter der christlichen und kartesischen Glorifizierung der mechanistischen Anschauung spielte sich allerdings eine Auseinandersetzung ab, in der es um den immateriellen Geist ging. So wie die Kirche am Gedanken der körperlosen Seele festhielt, so trat Descartes für die Auffassung ein, die Rationalität sei ein körperloser Prozeß. Der kartesische Rationalismus betonte also die Realität des Denkens und seine Unabhängigkeit von der materiellen Welt. «Ich denke, daher bin ich.» Descartes vertrat die Überzeugung, daß der Beweis für seine Existenz von seinem Denken abhänge, nicht aber von der Existenz seines Körpers oder der Welt (Kenny). Was an der materiellen Welt «existierte», war ein von Gott geschaffener Mechanismus, der von der Dynamik der Mathematik angetrieben war. Diese unbedingte mechanistische Auffassung wurde ihm nicht nur durch die physiologischen Forschungen eines William Harvey nahegelegt, sondern auch durch die planetarische Astronomie Johannes Keplers, der den Weg von einer organischen Auffassung des Kosmos zu einer mechanischen wies. Kepler war nämlich der Ansicht, die *Machina Coelestis,* die Himmelsmaschine, sei nicht etwa ein göttlicher Organismus, sondern vielmehr «etwas Uhrwerkähnliches, in dem ein einziges Gewicht alle Räder treibt». Damit war die Welt nicht mehr das, als was sie sich die alten Stammesgesellschaften vorgestellt hatten: ein lebendiger, sich verändernder und wachsender Organismus. Sie nahm nun die Gestalt an, die ihr vom kartesischen Denken zudiktiert wurde: die einer großen, abstrakten und ewigen Maschine (Boorstin).

Descartes' Umarbeitung der Kreislauftheorien W. Harveys hinterließ den Wissenschaftlern zweier Jahrhunderte die Lehre, daß der menschliche Körper nicht mehr und nicht weniger sei als eine wandelnde Maschine, die Blut pumpt. Seine Revision der keplerschen Kosmologie lieferte uns das verführerische Bild, daß die Welt ein gigantischer Mechanismus sei. Von Augustinus und den Neuplatonikern ausgehend, deren Meinung in der mittelalterlichen Kirche maßgeblich war, formulierte Descartes seine mystische Sicht der menschlichen Seele und seinen strengen Dualismus von Körper und Geist. Die Summe dieser kartesischen Prinzipien wurde zur Grundlage der wissenschaftlichen Mythologie des 17. und 18. Jahrhunderts und zur Basis der rasanten industriellen Entwicklung des 19. Jahrhunderts.

Neben ihrem ungeheuren Einfluß auf unsere Auffassung von unserer Welt und unserem Körper verbindet Kepler, Harvey und Descartes zudem die Tatsache, daß sie ihre Pionierarbeit in einer Zeit des philosophischen Umbruchs leisteten, in einer Epoche, in der sich der Naturbegriff völlig änderte. Wie bereits dargelegt, ist der menschliche Körper eine Metapher für die Natur, und unsere Naturauffassung macht erkennbar, wie wir über unseren Körper denken. Aus diesem Grund bringt eine grundlegende Revision unserer Haltung gegenüber der Natur auch dramatische Änderungen in unserer Selbstwahrnehmung mit sich. Wir können nicht über Revolutionen in Philosophie und Industrie sprechen, ohne zugleich auch über Revolutionen in den Wissenschaften zu sprechen, die unsere Selbstwahrnehmung ganz wesentlich prägen.

Thomas S. Kuhn hat diese unausbleiblichen und periodischen «Verschiebungen» der Wirklichkeit in sehr überzeugender Weise dargestellt. Wesentliche Veränderungen der politischen Ideale werden durch das Empfinden ausgelöst, daß Gesetze und Institutionen für die Bewältigung der Probleme einer von ihnen selbst mitgeschaffenen Welt nicht mehr ausreichen. «In analoger Weise werden wissenschaftliche Revolutionen durch ein wachsendes Bewußtsein für die Tatsache ausgelöst ..., daß ein bestehendes Paradigma für die Erforschung eines Aspekts der Natur, zu der dieses Paradigma selbst einst den Weg gebahnt hat, nicht mehr angemessen ist.»

Ist es möglich, die Unterschiede zwischen Galilei und Aristoteles oder auch zwischen Lavoisier und Priestley als eine Transformation ihrer Weltauffassungen zu beschreiben? Kuhn stellt die Frage: «Haben diese Männer wirklich unterschiedliche Dinge *gesehen,* als sie dieselbe Art von Objekten *betrachteten?*» Er gibt selbst die Antwort: «Die heutigen Forschungen zeigen, daß sich die Welt selbst bei einem Paradigmenwechsel nicht ändert, daß aber der Wissenschaftler danach in einer signifikant anderen Welt arbeitet.»

Der britische Physiker L. L. Whyte war der Ansicht, daß die meisten von uns die Revolutionen in der Wissenschaft, durch die das kartesische Denken obsolet geworden ist, gar nicht registriert haben. «Das von Descartes entwickelte Verfahren ist die analytische Methode, die davon ausgeht, daß das Denken von einfachen, klaren und lokalen Fakten zum Allgemeinen und Komplexen fortschreiten muß. Ein solches

Verfahren wäre in einer Welt unveränderlicher Entitäten angemessen, die Bewegung, aber keine Geschichte haben, und die von einem statischen Geist betrachtet werden, der ein für allemal mit den notwendigen klaren Ideen ausgestattet ist. In Descartes' Denken gibt es keine Dauer, keine Geschichte und keinen Ansatz für ein Verständnis der Entwicklung von Formen in der Natur oder für den Ursprung von Ideen im Geist. Analytische Klarheit ist eine bequeme Illusion, aber doch gefährlich, weil sie den Blick auf die tiefreichenden Beschränkungen des statischen dualistischen Denkens verstellt ... Descartes hat Form auf Quantität reduziert und den Weg zur Anarchie des Mechanismus und zum Verfall der Kultur gebahnt ... Wir legen Lippenbekenntnisse für andere Vorstellungen ab und wissen ganz gewiß, daß Descartes unrecht hatte, und doch verhalten wir uns nach 300 Jahren immer noch so, als ob wir in einer kartesischen Welt lebten.»

Diese anachronistische Haltung hatte nachhaltige Wirkungen auf unsere Auffassung vom menschlichen Körper wie auch von der Sexualität. «Der kartesische Dualismus ist heute noch höchst lebendig und nach wie vor die stillschweigende metaphysische Prämisse der ärztlichen Ethik» (Stent). Die meisten Wissenschaftshistoriker sind sich denn auch einig, daß das ganze Gebiet der Sexualwissenschaft auf der kartesischen Prämisse aufbaut.

Gegen Ende des 17. Jahrhunderts wurde der unverbrämt religiöse Einfluß auf die Sexualität zurückgedrängt. In seiner Studie über sexuelle Abweichungen in der Gesellschaft stellt Vern L. Bullough fest: «Kaum hatte es den Anschein, daß eine neue Sexualität der westlichen Geschlechtsfeindlichkeit das Wasser abgraben könnte, stand schon die Wissenschaft mit neuen Rechtfertigungen für die sexuelle Unterdrückung bereit. Diese Ideen erschienen zuerst in der medizinischen Literatur zu Beginn des 18. Jahrhunderts, wurden jedoch mit der Zeit weiter ausgebaut und formalisiert, bis sie gegen Ende des Jahrhunderts allmählich in das allgemeine Bewußtsein einsickerten. Schließlich wurden sie von den konservativ eingestellten Moralisten aufgegriffen und zum beherrschenden Thema des 19. Jahrhunderts, als sie die intellektuelle Grundlage für das lieferten, was wir als die viktorianische Moral bezeichnen.»

Die Wissenschaft oder, genauer gesagt, die *Sexualwissenschaft* nahm den Platz der Religion als Schiedsinstanz über das Verhalten ein. An die Stelle der jüdisch-christlichen Kriterien von Gut und Böse trat weitgehend eine komplexe Standardisierung das «Normalen» und «Abnormalen». Zur Zeit der Königin Viktoria war die Leidenschaft bereits völlig in die analytische Betrachtung der Affekte eingekerkert – eine Tradition, die 200 Jahre zuvor mit Descartes begann, der die Leidenschaft in «scharf voneinander getrennte psychologische Kategorien und in rationale Hierarchien von Qualitäten, Werten und Fähigkeiten» umgewandelt hatte (Rougemont). Was Descartes und die in seiner Tradition stehenden Sexualwissenschaftler taten, war nichts anderes als die von Augustinus erfundenen christlichen Vorschriften zu exekutieren.

Seit dem Triumph der augustinischen Philosophie haben wir unsere Sexualität primär in unseren Köpfen erfahren, als moralisches Konzept statt als körperliches Erleben (Foucault). Nach Augustinus bekräftige Descartes in naturwissenschaftlichen Begriffen die strenge Trennung zwischen Geist und Körper; dieses Konzept trennte unsere körperliche *Erfahrung* der Sexualität völlig von unserer *Vorstellung* davon. Die Sexualwissenschaft wurde zu einer säkularisierten Religion mit dem Ziel einer – wie der Historiker Jonathan Katz so treffend formulierte – «ärztlichen Kolonisierung» der Menschheit. Seit dem ausgehenden 19. Jahrhundert, als die Sexualwissenschaft als die «Wissenschaft von der Begierde» definiert wurde, haben sich Wissenschaftler wie Krafft-Ebing, Havelock Ellis, August Forel, Magnus Hirschfeld, Sigmund Freud und viele andere bemüht, die wirkliche Bedeutung der Sexualität auf dem Wege einer Untersuchung ihrer verschiedenen Ausdrucksformen und Verkleidungen zu entdecken.

Die Sexualwissenschaft hat auf ihrer Suche «nach der ‹wahren› Bedeutung des Geschlechtlichen durch ihre intensive Beschäftigung mit den sexuellen Unterschieden und durch die zwanghafte Katalogisierung von sexuellen Perversionen zur Kodifizierung einer ‹sexuellen Tradition› beigetragen, die im Grunde nur ein mehr oder weniger zusammenhängendes Sammelsurium von Annahmen, Meinungen und Vorurteilen, von Regeln, Untersuchungsmethoden und Formen moralischer Reglementierung ist, die nach wie vor unser sexuelles Leben bestimmen» (Weeks). Selbstverständlich waren diejenigen, die diese neuen Normen für die Bewertung sexuellen Verhaltens durchsetzten, streng patriarchal ausgerichtet. Die Materialität der Geschlechtlichkeit fügte sich nahtlos in den mechanistischen Naturbegriff von der «toten Materie», die von Männern zu formen sei. Der Soziologe Victor Seidler befaßt sich ausführlicher mit diesem Thema: «In der westlichen Kultur ist der Körper radikal von einer Empfindung der persönlichen Identität getrennt; letztere wird rein mental als ein Produkt des Bewußtseins definiert. Damit wird eine christliche Tradition fortgeführt, die oft den Körper als Quelle spiritueller Erkenntnis verneint hatte. In der kartesischen Tradition sollte der männliche Körper lediglich als ein Instrument benutzt werden, nicht als etwas, durch das sich Individualität ausdrücken läßt.

Die Männer mußten ihrem Körper ebenso entfremdet werden wie einer natürlichen Welt, die zu fürchten und zu beargwöhnen sie gelernt hatten. Die Männer konnten ihre Menschlichkeit nur durch die Herrschaft über die physische Welt behaupten und indem sie lernten, ihre Begierden und Leidenschaften unter Kontrolle zu halten. Dieser überkommene Begriff der Selbstbeherrschung als *Kontrolle über sich selbst* wird nun mit modernen Formen der Männlichkeit in sehr enge Verbindung gebracht.»

Neben dieser Maskulinisierung des menschlichen Körpers versuchten Sexologen auch, das sexuelle Verhalten zu vereinheitlichen, um Einschränkungen und Normen festlegen zu können. Sie kamen dabei auf den Gedanken, daß das beste Verfahren für die Definition von Normalität die Katalogisierung von «abnormalem Verhalten» sei.

Kernpunkt ihrer Forschungsbemühungen war die Überzeugung, daß hinter der Vielfalt menschlicher Erfahrungen und sozialen Handelns ein Naturprozeß aufzufinden sein müsse. Die Sexologen hielten es offenbar für ihre vordringlichste Aufgabe, diese «universelle» Grundlage der menschlichen Normalität aufzuspüren. Ganz im Einklang mit der mechanistischen Grundstimmung der Zeit glaubten sie, daß für ihre Forschung eine gründliche Klassifizierung und Definition auch der verschlungensten Pfade sexueller Pathologie notwendig sei. Diese obsessive Forschung führte zu «dem exotischen Wust minutiöser Beschreibungen und taxonomischer Etikettierungen, wie sie für das ausgehende 19. Jahrhundert so typisch sind» (Weeks).

Krafft-Ebing erlangte große Bekanntheit mit seinem Werk *Psychopathia sexualis,* das sich als eine «medico-forensische Studie des Abnormalen» empfahl und eine Flut von neuen Begriffen für alle möglichen Perversitäten einführte, so etwa sexuelle Inversion, Zoophilie, Urolagnie, Koprolagnie, Fetischismus, Kleptomanie, Exhibitionismus, Sadomasochismus, Frottage, chronische Satyriasis und Nymphomanie. Ivan Block nahm es auf sich, «die seltsamen Sexualpraktiken aller Rassen in allen Zeitaltern» darzustellen. Charles Fere erforschte die sexuelle Degeneration bei Tieren und Menschen, Magnus Hirschfeld verfaßte umfangreiche Werke über Homosexualität und Transvestitismus, und Havelock Ellis wagte sogar den Versuch eines Kompendiums aller Variationen sexuellen Verhaltens.

«Diese Konzentration auf das ‹Perverse› und ‹Abnormale›
warf ein neues Licht auf das ‹Normale›, das diskret von einer
respektablen Ideologie verhüllt, aber wissenschaftlich mit
klinischen Fallstudien untermauert war ... Der Begriff der
Heterosexualität wurde erfunden, um die ‹Normalität› zu
bezeichnen, eine Normalität, die aus einem unerschütter-
lichen Glauben an die scharfen Unterschiede zwischen den
Geschlechtern und an die Voraussetzung definiert war, daß
die Geschlechtsidentität (das Mannsein oder Frausein) und
die sexuelle Identität notwendigerweise durch die Naturgegebenheit der heterosexuellen Objektwahl verknüpft seien.
Alles übrige fiel unter die nur vage beschriebenen, aber ein-
flußreichen Rubriken der Perversität» (Weeks).

Diesem rastlosen Drang der Sexologen zu Kategorisierung
und Kodifizierung lagen die Mythologien des kartesischen
Dualismus zugrunde. Im 19. Jahrhundert war der physika-
lische Begriff der potentiellen und kinetischen Energie all-
gemeines Bildungsgut geworden, und deshalb fand auch die
Vorstellung breite Anerkennung, der männliche Körper sei
nichts anderes als eine hochgezüchtete Maschine mit begrenztem Brennstoffvorrat. «Die Möglichkeit, den Menschen als Maschine zu betrachten, wurde damals zu einem
normalen Bewußtseinsinhalt der Menschen, und in mancherlei Hinsicht schloß sich der neue mechanistische Ent-
wurf des Menschen nahtlos an den bisherigen theologischen an. Es war auch das Zeitalter des aufstrebenden Handels, und dies verleitete dazu, sich den Menschen als so
etwas wie eine Bank vorzustellen ... Die Analogie ist sinnfäl-
lig. Je mehr Energie man einer Maschine entnimmt, desto
weniger bleibt übrig; man darf sie nicht überlasten. Je mehr
Geld man von einer Bank abhebt, desto weniger bleibt auf
dem Konto; man darf es also nicht zu sehr beanspruchen»
(Young). Aus dieser Analogie entstand im 19. Jahrhundert im
Westen eine eigentümliche sexuelle Vorstellung: die Überzeugung, daß ein Mann umso schwächer werde, je mehr er

ejakuliere. Deshalb galt weithin die Überzeugung, daß ein Mann sich vor wichtigen Anlässen, die ihn ganz forderten, jeglicher sexuellen Betätigung enthalten solle: vor geschäftlichen Transaktionen, Sportereignissen, militärischen Auseinandersetzungen und politischen Entscheidungen. Auf diese Weise hielt eine ungewöhnliche Haltung in die Gesellschaft Einzug: eine okkulte Vorstellung, dem Vampirismus nicht unähnlich, derzufolge Frauen die Lebenskraft der Männer erschöpften, stahlen und an sich rissen.

William Acton ist unter den vielen anderen Autoren dieser Zeit vielleicht der typischste Vertreter der mechanistischen Mythologie vom Zusammenhang zwischen Manneskraft und der Zurückhaltung des Spermas. Er praktizierte als Spezialist für Erkrankungen der Harnwege zunächst in Paris und später in London, wo sein Buch *Funktion und Störungen der Fortpflanzungsorgane* zwischen 1857 und 1875 sechs Auflagen erlebte. Im ersten Kapitel wies Acton auf die dringliche Aufgabe hin, junge Männer der Arbeiterklasse über die Vorzüge der körperlichen Arbeit zu belehren, da Ermüdung die Begierde dämpfe. Er ermahnte die Eltern, ihre Kinder nicht die Klassiker lesen zu lassen, «denn Begierde und eine entzündete Phantasie führen nur zu einem: dem Verlust des Samens, und dieser schreckliche Verlust bedeutet den Verlust von Lebenskraft, Gesundheit und letztlich auch der gesunden Geistestätigkeit». Wie der Sozialkritiker Wayland Young dargelegt hat, sind Actons sexuelle Erfindungen rein mechanistisch: «Wenn der Samenverlust schon beim Verkehr gefährlich ist, ist er es auf irgendeine andere Weise noch viel mehr. Die sich selbst erhaltende Maschine und ihr Energievorrat, als die der Mensch gesehen wird, darf hin und wieder zur Erzeugung weiterer Menschen etwas von ihrer Lebenssubstanz abgeben; wenn er jedoch etwas davon ohne Gegenwert verliert, ist er wie eine Maschine im Leerlauf.» Nächtliche Pollutionen galten als so ernste Ursache einer Schwächung des Mannes, daß Acton selbst mit einem

Instrument experimentierte, das in das Rektum eingeführt wurde und gegen die Samenblasen drückte, um die Ausstoßung des Samens mechanisch zu verhindern; er mußte jedoch feststellen, daß dieses Verfahren zu einer starken lokalen Reizung führte. Er empfahl daher stattdessen Unterbrechungen des Schlafs und Kaltwasserklistiere vor dem Zubettgehen.

War schon die nächtliche Pollution gefährlich, so galt die Masturbation schlicht als untragbar. Nach Actons Meinung war dies vorsätzliche Selbstzerstörung, die um jeden Preis vermieden werden mußte. Um seine Ansicht zu untermauern zitierte Acton seinen französischen Kollegen Claude-François Lallemand: «Wie jung die Kinder auch sein mögen, sie werden mager, blaß und nervös, und ihre Züge bekommen ein ausgezehrtes Aussehen. Auffällig sind die tiefliegenden Augen, das hohlwangige, leichenblasse Gesicht, der gesenkte Blick, der von dem inneren Wissen des Knaben herzurühren scheint, daß ihn seine Gewohnheit verdächtig macht, und, in einer späteren Phase, von der zur Gewißheit gewordenen Tatsache, daß er seine Manneskraft eingebüßt hat ... Gewohnheitsmäßige Masturbierer haben oft klebrig-feuchte, kalte Hände, ein typisches Zeichen einer schwerwiegenden Erschöpfung; der Schlaf ist kurz, und es kommt zu vollständigem Marasmus; sie gehen einer völligen Auszehrung entgegen, wenn die schlimme Leidenschaft nicht überwunden wird. Es tritt eine nervöse Erschöpfung auf, die sich in spasmodischen Kontraktionen oder teilweise oder gänzlich konvulsiven Bewegungen äußert, sowie außerdem Epilepsie, Eklampsie, und eine Form der Paralyse, die von Gliederzuckungen begleitet ist.»

Die Vorstellung, daß der Verlust des Samens die Gesundheit des Mannes schwäche, war auch das Thema mehrerer Aufsätze, die der amerikanische Arzt Sylvester Graham im Jahre 1834 schrieb und in denen er einen frei erfundenen Zusammenhang zwischen Ernährung und Sexualität herstelle. Er behauptete, daß «blande Kost» den erotischen Drang junger Männer dämpfe. Er beließ es nicht bei der Theorie und entwickelte ein nach ihm benanntes Brot. 1884 erfand ein Nicht-Mediziner ein Frühstücksgericht, das den Hang der Knaben zur Masturbation mindern sollte. Sein Name war John Harvey Kellogg. Kaum jemand denkt heute freilich noch daran, daß das Grahambrot und die Kellogg's-Flocken Erfindungen des 19. Jahrhunderts im Kampf gegen die Masturbation waren...

Auch die offizielle Ansicht der Ärzteschaft war reichlich sonderbar. Edward Wallerstein bemerkte in diesem Zusammenhang, daß «die Beschneidung als Abschreckung gegen die Masturbation eingesetzt wurde, die damals als schädlich galt ... Sowohl Dr. Alan F. Guttmacher als auch Dr. Benjamin Spock betrachten die Beschneidung in der Kindheit als therapeutische Maßnahme zur Behandlung der Masturbation». Erst in den vierziger Jahren unseres Jahrhunderts änderte sich die ärztliche Auffassung endgültig, und Dr. Spock korrigierte sein bekanntes Buch über die Kinderheilkunde dahingehend, daß die Beschneidung niemals zur Behandlung der Masturbation durchgeführt werden dürfe.

Wie nicht anders zu erwarten, hatte Acton über Frauen kaum etwas zu sagen: «Ich würde sagen, daß die Mehrzahl der Frauen (zum Glück für die Gesellschaft) wohl nicht sonderlich mit sexuellen Empfindungen etwelcher Art geplagt ist ... Ganz allgemein ist zu sagen, daß eine sittsame Frau nur selten sexuelle Befriedigung für sich selbst fordert. Sie läßt sich die Umarmungen ihres Gatten gefallen, aber grundsätzlich nur, um ihm zu Gefallen zu sein, und gäbe es nicht den Drang zur Mutterschaft, bliebe sie viel lieber von seinen Aufmerksamkeiten verschont.»

Die hartnäckigste Verleumdung der weiblichen Biologie ist jedoch die Sicht der Menstruation als «Krankheit» und als Prozeß, der den weiblichen Körper von seinen «Giften» reinigt. Schon zur Zeit des Hippokrates, des ruhmreichen Begründers der ärztlichen Ethik, galt Menstruationsblut wegen der grundsätzlichen Bösartigkeit der Frauen als toxisch. Männer galten nicht als böse, wurden aber trotzdem gelegentlich krank; deshalb erfanden die Griechen die «therapeutische» Anwendung des Aderlasses als Nachahmung der weiblichen Regelblutung.

Wie sehr sich die Sexologen des 19. und frühen 20. Jahrhunderts auch bemühten, ihre Forschungen als objektive *Wissenschaft* darzustellen, so gibt es doch keinen Zweifel, daß ihre Bemühungen und Leistungen aus der gesellschaftlichen Mentalität jener Zeit begriffen werden müssen. Die sexuellen Mythologien, die sie hervorbrachten, waren für sie und ihre Welt signifikant und real, und sie haben selbst heute, nachdem sie gründlich widerlegt sind, erstaunlich wenig von ihrer Überzeugungskraft eingebüßt.

«Die Sexologen waren mehr als bloße Repräsentanten anonymer gesellschaftlicher Kräfte oder auch des männlichen sexuellen Dominanzstrebens ... Sie waren allerdings auch keineswegs neutrale Beobachter der vor ihren Augen vorüberziehenden sexuellen Szene» (Weeks). Eine wichtige Rolle spielten die Sexologen vor allem als die neuen Schiedsrichter über die gesellschaftlichen Normalität des 19. Jahrhunderts. Viele Kritiker der Sexologie und insbesondere heutige Feministinnen konstatierten mit Erschütterung die Verherrlichung des Ärztestandes als neue «Priesterkaste».

Die Sexologie ist ein Auswuchs des mechanistischen Denkens, das die Grundlage der Wissenschaft des 17. Jahrhunderts bildete, und sie befaßte sich mit Statistiken, Kategorien und Moralpsychologie. Damit waren die Einflüsse der Sexologie erheblich mit Werturteilen befrachtet. Die Sexologie war eben nicht rein deskriptiv, sondern zeitweise «in hohem Maße präskriptiv, das heißt sie schrieb uns vor, wie wir sein sollten, was uns zu wirklichen und ‹normalen› Menschen macht. In diesem Sinne ist die sexologische Darstellung der sexuellen Identität ein Diktat, eine grobschlächtige Machtstrategie, die daruf abzielt, eine reale sexuelle Vielfalt mit dem [wissenschaftlich verbrämten] Mythos von einem sexuellen Schicksal zuzudecken» (Weeks).

Die meisten Sexualhistoriker unserer Zeit sind allerdings der Auffassung, daß die sexuelle Identität keineswegs Schicksal ist, sondern eine Entscheidung, die im komplexen sozialen Kontext des eigenen Lebens getroffen wird. Die sexuelle Identität ist, wie Jeffrey Weeks darlegt, etwas durch geschichtlich vorbedingte Entscheidungen Geschaffenes. Foucault (1985) vertritt darüber hinaus den Standpunkt, daß «die Geschlechtlichkeit kein Verhängnis, sondern eine Möglichkeit zu schöpferischem Leben ist». Sie ist nicht, wie wir zu glauben geneigt sind, ein *Mechanismus,* für den man eine Bedienungsanleitung braucht, um richtig mit ihm umgehen zu können. Die Sexualität ist auch kein Schicksal, ausgespuckt von einer kosmischen Maschine des 17. Jahrhunderts, die unerbittlich in uns Knöpfe drückt, die uns zu automatischen, mathematisch vorbestimmten Entscheidungen zwingen. Die ganze moderne Sexualität ist aber von einem überholten mechanistischen Denken kartesischer Prägung beeinflußt. Sie könnte als solche eine ausgeklügelte, aber notwendige Fiktion sein, eine beherrschende Mythologie wie so viele andere historische Fiktionen, die die Entscheidungen und das Verhalten der Menschheit motiviert und gerechtfertigt haben.

Im 20. Jahrhundert hat sich in der westlichen Welt eine allmähliche Differenzierung dieser kartesischen Auffassung von den menschlichen Automaten durchgesetzt. Dies wurde nirgends deutlicher als auf dem Gebiet der Sexualgeschichte. Der Sozialkritiker Michael Ignatieff hat eine Beobachtung angestellt, die dem sexuellen Pluralismus zugrundeliegt, der in der zweiten Hälfte des 20. Jahrhunderts unserem Denken eine neue Orientierung gegeben hat: «Wenn der Mensch ein geschichtliches Wesen ist, dann hat jeder Mensch eine andere Geschichte und damit andere Bedürfnisse.» Foucault

(1985) befaßt sich ebenfalls ausführlich mit dieser neuen Einstellung. Er meint, daß uns nicht so sehr eine transzendente Wahrheit fehlt, sondern brauchbare Verfahren für den Umgang mit einer Vielfalt von Wahrheiten. Foucault ist überzeugt, daß wir keine Moral auf der Grundlage absoluter Werte brauchen, sondern eine «organische» und formbare Ethik, die es unsermöglicht, mit einer Vielzahl von Wahlmöglichkeiten umzugehen.

Ein solcher Pluralismus stellt offensichtlich ein deutliches Abrücken vom Paradigma der kartesischen Mechanistik dar. Er schafft das Labyrinth der Federn und Rädchen ab, das eine Uhrwerk-Gottheit für alle Zeiten voreingestellt hat. Er begreift den Körper vielmehr wieder als eine Form eines sozialen Organismus, der es erlaubt, die Vielfalt als tragfähige und brauchbare Kulturnorm zu akzeptieren. Dieser neue Liberalismus forderte allerdings bald seinen eigenen Widerspruch heraus. Eigentlich sollte er uns eine freie Wahl gestatten; seine Vertreter aber glaubten, ihre Überzeugung von der Wahrheit und dem Nutzen des hemmungslosen Sex unbedingt durchsetzen zu müssen und propagierten die schrankenlose Freizügigkeit als neue Normalität, zu der wir uns nun bekennen müßten. Das Problem bei den moralischen Absolutisten wie bei den Libertinisten liegt darin, daß sie beide ganz selbstverständlich davon ausgehen, der Sexualität hafte etwas Fundamentales und Transzendentes an. «Libertinismus und Absolutismus verhalten sich spiegelbildlich zueinander: beide vertreten eine Auffassung von der Sexualität, die den Rahmen der bloßen Geschichtlichkeit überschreitet» (Weeks).

Die marxistische Tradition behauptet, daß der Schlüssel zu unserer Geschlechtlichkeit irgendwo in der «Natur» verborgen liege. Deshalb neigen Marxisten dazu, die freie Ausübung körperlicher Aktivitäten auf der Grundlage einer Mythologie der Normalität zu beschränken, die sie in den biologischen Wissenschaften zu finden glauben.

Der Kapitalismus indessen ging einen ganz anderen Weg. Die dauerhafteste und unwiderstehlichste Kraft in Europa und insbesondere in Amerika war eine sexuelle Liberalisierung, die aus dem Kapitalismus selbst geboren wurde.

Seit dem 17. Jahrhundert wurden viele subtile technische Anwendungen zur wichtigsten Grundlage unserer Einstellung gegenüber dem menschlichen Körper. Die Idee vom Körper als Maschine fügte sich nahtlos in das kapitalistische Denken ein, das zur Triebfeder der Industriellen Revolution wurde. Der Fabrikarbeiter wurde zur Körpermaschine, und die Gesamtheit der Arbeiter wurde mit dem zutiefst mechanistischen Ausdruck «Arbeitskräfte» belegt. Der Grundstein für die Vermählung von Arbeiter und Maschine, Maschine und Industrie war indes schon 300 Jahre früher gelegt worden. Was die katholische Kirche – mit ihrem Lobpreis von Arbeit und Technik als Notwendigkeiten für die Vollbringung gottgefälliger Werke – einleitete, baute Descartes zu einer mechanistischen Philosophie aus, die das Leben als einen sichtbaren Aspekt der «Maschinerie» Gottes pries. Es war nur eine Frage der Zeit, bis die Technik die Umwälzungen der Industriellen Revolution herbeigeführt hatte, die den menschlichen Körper buchstäblich in das Rädchen einer Frondienstmaschine verwandelten, in eine Arbeitskraft, eine industrielle Energie im Dienste der Produktion. Zur selben Zeit, da die Menschen ganz buchstäblich zu Werkzeugen der Industrie wurden, änderte sich auch das politische Leben jener Zeit, und in einem nie dagewesenen Maße wurde der Nachdruck auf «Kopfzahlen» gelegt. Eben dieses numerische Denken war die Grundlage der zwanghaften statistischen Forschungen der Sexologie des 19. Jahrhunderts, und diese statistisch-mechanistische Sicht des Körpers enstand im direkten Zusammenhang mit dem Aufkommen der Industrialisierung, der Ruralisierung und einer Form des Handels, dessen Ausgangspunkt die Produktion zum Zwecke des Gewinns war.

Die Industrielle Revolution war in der Tat eine Revolution. Sie bewirkte eine völlige Veränderung der Lebensstrukturen, der Demographie, der Wirtschaft, der Moral, des politischen Lebens und der medizinischen Paradigmen der westlichen Welt. Beginnend mit der Dampfmaschine und der Mechanisierung der Textilindustrie in England erzeugte die Industrielle Revolution eine neue Art von «Körper» – den städtischen Fabrikarbeiter, der sich total von dem Bauern unterschied, der das Land bestellte, von dem Aristokraten, der von seinem Stand und Erbe lebte, oder von der kleinen Klasse der Handeltreibenden, die sich vom Gebrauch ihres Verstandes ernährten. Der Arbeiter war ein neues Phänomen, das dramatisch an Bedeutung gewann, je mehr die städtische Bevölkerung zunahm. Um 1800 gab es in Europa etwa 193 Millionen Arbeiter; im Jahr 1900 war diese Zahl auf 423 Millionen gestiegen. Der gesellschaftliche Aufstieg der neuen Arbeiterklasse brachte neue Verhaltensweisen mit sich. Die arbeitenden Menschen strebten mit aller Macht nach einem Lebensstil, der lange als das Vorrecht der Oberschicht galt. Ganz gleich, wie wir die Ereignisse der Industriellen Revolution politisch werten – Tatsache bleibt, daß das Aufkommen der Industrie zu grundsätzlich neuen Verhaltensweisen führte: zu einer nie dagewesenen Betonung des Berechnens, Messens und Standardisierens.

Die großen mathematischen Entdeckungen des 17. Jahrhunderts fanden bereits im 18. Jahrhundert breite praktische Anwendung – in jener Zeit, in der die moderne Quantifizierung in der Medizin ihren Anfang nahm. Während des sogenannten Zeitalters der Aufklärung war bereits ein unmerklicher Übergang vom Renaissance-Begriff des «Maßes» – im Sinne der Mäßigung und des Gleichgewichts – zur modernen Auffassung der Messung – im Sinne einer statistischen Buchhaltung – und zu einer neuen Normierung der sexuellen Normalität im Gange. In den zwanziger Jahren unseres Jahrhunderts waren Herstellung und Verkauf von Konsumgütern bereits eine wesentliche Säule der amerikanischen Wirtschaft geworden. Eine Ethik, die dem Kauf von Konsumgütern einen hohen Stellenwert einräumt, fordert auch eine Mentalität, deren höchste Ziele das Vergnügen und die Befriedigung der persönlichen Wünsche und Bedürfnisse sind. Diese amerikanische Perspektive wurde schon bald zur Grundlage einer der sarkastischsten Mythologien der Geschichte – derjenigen, die den Körper als Ware behandelt.

Der Körper als Ware

Eine unverheiratete junge Frau betrachtet erwartungsvoll ihr Spiegelbild.

Abend für Abend schaut sie fragend in den Spiegel ... Sie war ein schönes Mädchen und besaß zudem viele Begabungen. Sie hatte die Vorzüge besserer Bildung und besserer Kleider als die meisten Mädchen in ihrer Umgebung ... und doch war ihr in einem bestimmten Punkt, der eines jeden Mädchens und einer jeden Frau Herzenswunsch ist, nämlich der Ehe, kein Erfolg vergönnt. Viele Männer kamen und gingen in ihrem Leben. Oft war sie Brautjungfer – doch niemals Braut.

Das furchtbare Geheimnis, das ihr Spiegel für sich behält und das ihr nicht einmal ihre engste Freundin verrät, ist – *Mundgeruch!*

Am Ende dieses Werbespots werden wir darüber aufgeklärt, daß von allen Erfindungen der Menschheit allein Odostop das tragische Problem dieser jungen Frau lösen kann.

Dies ist nun eine drastische Veränderung der Mythologie des menschlichen Körpers. Dieser mächtige Typus eines neuen Mythos hat eine unerwartete Form angenommen: in der Werbung und im Konsumdenken – Formen der «Bekehrung», die in unserer Gesellschaft ein viel überzeugendere Wirkung ausüben als die christliche Lehre während des Mittelalters. Dieser Mythos stellt nun wie all die Mythologien vergangener Zeiten einen Rahmen dar, der für viele der Regeln und Moden, die das menschliche Sexualverhalten prägen, bestimmend ist.

Wie der Soziologe Fernando Henriques feststellte, kann «die zeitgenössische Romantik unter dem Aspekt des Geldes interpretiert werden». Die immense, schon in die Milliarden gehende Summe, die Männer und Frauen in Europa und in den Vereinigten Staaten bei dem Versuch ausgeben, der zeitgenössischen romantischen Vorstellung von gutem Aussehen nahe zu kommen, ist «ein bemerkenswertes Zeugnis für die verborgene finanzielle Seite der Liebe». Zahllose Formen der Unterhaltung – Kino, Theater, Fernsehen, Rundfunk, Illustrierte, Romane und der Klatschspaltenjournalismus – haben ein im generell unerreichbares Ideal von Schönheit, sexueller Attraktivität und sozialer Macht geschaffen. Diese Kommerzialisierung der Begierde «versucht nicht zu befriedigende Wünsche zu befriedigen und ist gleichzeitig äußerst gewinnträchtig. Der Prozeß ist kreisläufig. Die romantische Tradition ist bereits etabliert, und diese Formen dienen dazu, die vorhandenen Sehnsüchte zu befriedigen. Gleichzeitig stimuliert die unablässige Zurschaustellung der Liebe den Appetit nach mehr» (Henriques).

Amerika ist der unbestrittene Führer in diesem Prozeß der Sexualisierung der Ware, der auf einer Mythologie beruht, die Geld, Macht und Begierde miteinander gleichsetzt. Denis de Rougemont stellt fest, daß in der Geschichte keine andere Zivilisation der sogenannten romantischen Liebe jenes Maß an täglicher Publizität gewidmet hat, wie wir sie ungerührt in Fernsehsendungen, Filmen, Schlagern, Aufsätzen, Romanen und Werbespots an uns vorüberziehen lassen. «Keine andere Kultur hat jemals in ähnlich raffinierter Selbstsicherheit das gefährliche Unternehmen in Angriff genommen, die Ehe mit einer so verstandenen Liebe zusammenfallen zu lassen und die erstere von letzterer abhängig zu machen ... [Damit] ist der Kult der leidenschaftlichen Liebe so sehr *demokratisiert*, daß er seine ästhetischen Vorzüge und zugleich auch seine spirituellen und tragischen Werte verloren hat» (Rougemont).

Die Ursprünge dieser Mythologie des Geldes und der Sexualität sind im 19. Jahrhundert zu finden, als sich in der bürgerlichen Mittelschicht eine gesellschaftliche Dichotomie abzeichnete. Zumindest dem Ruf, wenn schon nicht den Fakten nach war es eine Ära, in der der Familiensinn stark ausgeprägt war und in der eine umfassende bürgerliche Häuslichkeit gedieh. Die Moral jener Zeit schrieb vor, daß die Liebe als Ritual zur Fortführung der Familie ausschließlich in das Ehegemach gehörte. In der Realität entwickelten die Männer aber ein ausgeklügeltes und diskretes System sozialer Formen, das es ihnen gestattete, außerhalb des eigenen Heims ihrem erotischen Zeitvertreib nachzugehen. Die alte Tradition der Prostitution wurde in ein neues Gewand gekleidet, das den bürgerlichen Bedürfnissen und Sensibilitäten entsprach.

Von John D'Emilio und Estelle B. Freedman stammen aufschlußreiche Arbeiten über die Prostitution und andere Formen der sexuellen Ausbeutung in Amerika. Sie zeigen, daß für die sexuellen Bedürfnisse von Männern jeder Klasse und jedes ethnischen Hintergrunds Prostituierte zur Verfügung standen. All diesen Männern war ein sexuelles Verhalten gemeinsam, das Frauen unbekannt war, die meist ohne sexuelle Erfahrung in die Ehe gingen. «Drei-Groschen-Bordelle versorgten Gelegenheitsarbeiter, die auf Holzbänken warteten, bis sie an die Reihe kamen, und ihre Sache so hastig erledigten, daß sie kaum die Hosen herabließen. Ein- und Zwei-Dollar-Puffs waren für junge Angestellte und andere Schreibtischarbeiter interessant. Salons von zweideutigem Ruf mit Brokattapeten, schwungvoller Musik und teuren Spirituosen lockten wirtschaftlich privilegiertere Männer als Stammkunden an. Hier war die sexuelle Transaktion mit einer Prostituierten oft nur ein Element eines langen Abends der Ausschweifung.»

Diese Abenteuer mit «gemeinen» Frauen erfüllten für die Männer der Mittelschicht einen mehrfachen und rein maskulinen Zweck: Mit den oft hohen Aufwendungen für ihre sexuellen Amusements signalisierten sie ihresgleichen ihren gehobenen gesellschaftlichen Status, und durch die ausschließlich Männern vorbehaltenen Freizeitvergnügungen in Bordellen entstand eine Komplizenschaft mit gemeinsamen Geheimnissen sowie eine Macho-Kumpelhaftigkeit und männlicher Korpsgeist. Die Prostitution erlaubte es den Männern, ihre sexuellen Phantasien mit Frauen der unteren Schichten, die sie als untermenschlich betrachteten, auszuleben; dadurch war es ihnen gleichzeitig möglich, die Illusion von der Heiligkeit ihres Heims und der geschlechtslosen Tugend ihrer Gattinnen aufrecht zu erhalten.

Die meisten Ehefrauen reagierten auf diese doppelbödige Moral in selbstzerstörerischer Weise. Statt sich dagegen zu wehren, akzeptierten sie das Klischee des sittsamen, sexuell unnahbaren, treuen Heimchens, das wenig gesellschaftlichen Einfluß, dafür aber die Verantwortung hatte, den Kindern moralische Werte beizubringen – insbesondere im ausgehenden 19. Jahrhundert, einer Epoche umfassender wirtschaftlicher und geographischer Veränderungen, als die Bedeutung der Kirche wie auch des Staates für die sexuelle Regulierung abnahm und den Frauen immer mehr Verantwortung dafür übertragen wurde.

Viele selbstbewußte Frauen waren, vielleicht aus einer Empfindung der Frustration und des Verratenseins heraus, erbitterte Anführerinnen von Bewegungen, die sich eine moralische Reform und gesellschaftliche Reinheit zum Ziel gesetzt hatten; sie richteten sich hauptsächlich gegen die Mätressen und die Prostituierten, die mit ihren Männern Umgang hatten. Außer von dieser moralischen Entrüstung, die den Angriff gegen «lockere Frauenzimmer» rechtfertigte, war ein Teil des Aktivismus dieser in klösterlicher Abgeschiedenenheit gehaltenen Frauen auch von der Hoffnung getragen, einen einzigen moralischen Standard durchsetzen zu können – Keuschheit vor der Ehe und Treue in der Ehe für

Frauen *und* Männer. Die Statistik wie auch die Literatur des ausgehenden 19. Jahrhunderts machen jedoch deutlich, daß die Mehrzahl der Frauen die sexuellen Eskapaden ihrer Männer pflichtergeben als «natürliches männliches Verhalten» hinnahm. Statt also auf breiter Basis die eigene sexuelle Unabhängigkeit zu propagieren, wie es etwa die Tänzerin Isadora Duncan tat, eine ihrer herausragenden Zeitgenossinnen, fügten sich die meisten Frauen ergeben in ihre von Männern diktierte Rolle als Mutter, als asexuelle Schiedsrichterin über sexuelle Gepflogenheiten und als Hüterin eines intakten Familienlebens. Dieses Verhalten bekräftigte zu allem Unglück die stereotype Auffassung der Männer, die ihre Frauen als «gute Gemahlinnen von untadeliger Moral» sahen.

Vor allem in dem neuen Fachgebiet der Gynäkologie wurden Frauen als bloße Fortpflanzungsorganismen betrachtet, denen ein Leben als Heimchen am Herd und als fleißige Gebärerinnen beschieden war. Wie Dr. Horatio Storer im Jahr 1871 schrieb, war die Frau das, «was sie hinsichtlich ihrer Gesundheit, ihres Charakters, ihrer Reize an Leib, Geist und Seele ist, ausschließlich aufgrund ihres Schoßes» (D'Emilio/Freedman).

Diese immer noch durchtönende kartesische Mythologie des weiblichen Körpers als Fortpflanzungsmaschine erlaubte es den Männern, ihre Moral aufrecht zu erhalten, welche die sexuelle Freiheit ihrer Frauen beschnitt, während sie selbst keinerlei Beschränkungen unterworfen waren und in der Öffentlichkeit gegen das «Laster» wetterten, dem sie selbst im Privaten frönten.

Das Leben der Mittelschicht war gesichert, respektabel und völlig stumpfsinnig. Uneheliche Kinder und Scheidung waren gesellschaftlich inakzeptabel. Jede Abweichung von den normierten Geschlechterrollen war undenkbar. Kameradschaft zwischen den Geschlechtern galt auch nach der Ehe als unschicklich. Bevor Mann und Frau sich verehelichten, war die Anstandsdame ein unverzichtbares Element der Brautwerbung.

Anständige Frauen durften keine sexuellen Geschöpfe sein, und selbst junge Männer rühmten die Fähigkeit zur Beschränkung ihrer sexuellen Aktivitäten als «männliche Selbstzucht». Überall gab es Klischeevorstellungen, die uns heute wohl nur noch erheitern. Im Jahre 1913 veröffentliche T. W. Shannon sein Buch *Selbsterkenntnis*, das recht einfältige Ratschläge für die Eltern bereithielt. «Knaben sind ihrer Natur nach eher rauh, grob, ruppig und unordentlich. Sie müssen mit Mädchen zusammen sein, die natürlicherweise die entgegengesetzten Neigungen haben. Ein Mädchen möchte schön sein, ein Knabe aber stark. Diese Neigungen sind natürlich und sollten gefördert werden.»

Nach den Normen jener Zeit waren Frauen der stabilisierende Faktor im Haus. Die Männer sorgten für Macht und Ansehen. Die überkommene Mentalität der viktorianischen Gesellschaft war höchst konservativ. Das heraufziehende 20. Jahrhundert brachte jedoch im Gefolge der wirtschaftlichen und gesellschaftlichen Umbrüche schwere Konflikte zwischen alten und neuen Werten mit sich. Aus dem Untergrund drängten unaufhaltsam nonkonformistische soziale Verhaltensweisen an die Oberfläche. Die Mittelschicht befand sich, ohne es zu wissen, an der Schwelle einer tiefgreifenden Umwälzung sexueller Werte. Die sozialen Elemente im Brennpunkt dieser entscheidenden Verhaltensänderung entsprangen allerdings nicht der mächtigen, tonangebenden, erfolgreichen Welt der Mittelschicht. Der Anstoß zur Veränderung kam vielmehr von außerhalb der «ordentlichen» Gesellschaft, aus der profanen Welt, in der die Arbeiterklasse ihr Leben zubrachte.

Während die behüteten Töchter der Mittelschicht sich des Umgangs mit Nadel und Faden befleißigten und dem Studium des *Knigge* oblagen, entdeckten viele weniger begünstigte Frauen neue Formen sexueller Erfahrung – in den

Büros, in den Läden und in den Fabriken, in denen sie arbeiteten. Die zunehmenden Beschäftigungsmöglichkeiten für Frauen außerhalb ihres Heims veränderten den Status der Frau und wandelten ihre Beziehung zu Männern von Grund auf. John D'Emilio und Estelle Freedman, denen ich für ihre ausgezeichnete Studie über die Sexualität in Amerika zu großem Dank verpflichtet bin, stellen fest: «Das Novum, daß junge Frauen außer Haus berufstätig waren, brachte Männer und Frauen in vielfältiger Weise zusammen. Auf den Bürgersteigen der Innenstädte und in Straßenbahnwagen, in Büros, Kaufhäusern, Restaurants und Fabriken und in Parks zur Mittagszeit kamen junge Männer und Frauen zwanglos zusammen, flirteten miteinander, verabredeten sich und vertrieben sich miteinander die Zeit. Vom Schutz oder auch von den Zwängen der elterlichen Obhut befreit, machten junge Frauen die Erfahrung sexueller Angebote und des romantischen Werbens männlicher Bewunderer ... Frauen unterhielten sich bei der Arbeit über ihre Erlebnisse, lernten von den Älteren und gaben an die Gleichaltrigen Ratschläge und Hinweise für das Verhalten in dieser nicht überwachten heterosozialen Umgebung aus ... Diejenigen, die in den neuen Kaufhäusern arbeiteten, lernten eine Welt von Gütern und Waren kennen, die dazu dienten, Wünsche zu wecken und die Aufmerksamkeit von Bewunderern auf sich zu ziehen.»

Dieses neue Konsumideal zielte ursprünglich nicht darauf ab, die beträchtliche Kaufkraft der Mittelklasse abzuschöpfen, die, von gelegentlichen extravaganten Ausgaben abgesehen, sehr anspruchslos lebte. Die Schöpfer der Konsumartikel hatten es vielmehr auf die Lohntüten der wachsenden Zahl berufstätiger Menschen abgesehen, die leicht dazu zu verführen waren, das wenige Geld, über das sie verfügten, für Luxusgegenstände auszugeben, die das Selbstwertgefühl steigern und einem ansonsten tristen Dasein einen Hauch von Wert und Besonderheit vermitteln sollten.

Nach der Arbeit wurden diese jungen Männer und Frauen in die Freiheit der urbanen Viertel entlassen, wo bald mannigfaltige Vergnügungsstätten aus dem Boden schossen, die ihren Bedürfnissen entgegenkamen. In jeder kleinen und großen Stadt erkannten Unternehmer sehr schnell das kommerzielle Potential, das erschlossen werden konnte, wenn man diesem Heer junger Menschen, die mit ihrer Lohntüte in der Tasche nach Unterhaltung Ausschau hielten, etwas bot. Vergnügungsstätten galten zwar beim isoliert lebenden Bürgertum, das gerne Initiativen zu ihrer Abschaffung gründete, als vulgär, doch hatte es öffentliche Einrichtungen zur Belustigung des Volkes schon seit dem Mittelalter gegeben, doch wurde die kommerzielle Unterhaltung erst im 19. Jahrhundert zum großen Geschäft. In allen industrialisierten Gegenden eröffneten Geschäftsleute Tanzlokale, Rummelplätze und Vergnügungsparks, die den Gästen willkommene Abwechslung von ihrer tristen und trübseligen Welt der Lohnarbeit boten. Trotz all ihrer Schlichtheit und Derbheit erschienen diese neuen Vergnügungsstätten den hart schuftenden jungen Männern und Frauen, die ihre Abende oft in schmuddeligen Etablissements zubrachten, nachdem sie sich 50 Stunden pro Woche in langweiligen, entmenschlichenden Jobs abgequält hatten, geradezu als Inbegriff der mondänen Welt. Insbesondere von dem glitzernden Flitter der Tanzsäle ging eine ungeheure Faszination aus. Dort verkehrten in einer künstlichen Atmosphäre von Romantik und falschem Glanz junge, unverheiratete Männer und Frauen miteinander – fern von den Restriktionen der Familien, die sie zurückgelassen hatten, als sie auf der Suche nach Arbeit in die Stadt gezogen waren. Diese Art von Freizeitvergnügen für die unabhängige Jugend ohne Familie hatte es weder in der Mittelklasse noch in den früheren Generationen von Bauern und Arbeitern gegeben, die nun voller Widerwillen mitansehen mußten, wie ihre Kinder von der neuen Konsumkultur verwandelt wurden.

Der moderne Tanzsaal, eine Abwandlung der früheren Saloons des amerikanischen («wilden») Westens, war eine Erfindung von Schwarzen und schwarzen Musikern, die aus der Gegend von Memphis und New Orleans nach Norden gekommen waren und ursprünglich in schummrigen Harlemer Spelunken Arbeit gefunden hatten, wo Paare frenetische und «suggestive» Tänze mit betontem Körperkontakt vollführten. Einst standen diese Orte kaum in besserem Ruf als Bordelle, doch bald strömte die neue Kundschaft aus der weißen Arbeiterklasse in diese Tanzsäle und nahm die vielsagenden Bewegungen und die Musik begierig auf, für die man die Schwarzen einst gegeißelt hatte. Wenn der Tanz sexuell aufreizend war, dann waren die Songs schlicht vulgär. Beschreibungen aus der Zeit um die Jahrhundertwende belegen, daß die Tanzsäle für Weiße und für Schwarze mit einer knisternden Atmosphäre physischer Energie und sexueller Freizügigkeit geladen waren.

D'Emilio und Freedman haben ein unterhaltsames Bild der Freizeitvergnügungen der Jugend jener Zeit gezeichnet. Tanzsäle waren nur eines von vielen urbanen Amusements, die unter der werktätigen Jugend Mode wurden. Alle diese sozialen Institutionen hatten eines gemeinsam: Sie gaben den Anstoß zu einer neuen sexuellen Ethik. Im Lauf des ersten Jahrzehnts des 20. Jahrhunderts wurden außerhalb der Grenzen der Städte große Vergnügungsparks errichtet. Die Struktur dieser Parks und die Art von Verhalten, zu dem sie Anlaß gaben, standen in krassem Gegensatz zur Wohlanständigkeit der amerikanischen Mittelschicht. Männer und Frauen wurden durch eine beispiellose soziale Situation zusammengeworfen. Die Etablissements, Karussells und Schaubuden auf den Rummelplätzen forderten zu anzüglichem Verhalten heraus. Ein Journalist jener Zeit beschrieb einen Tag in New Yorks *Coney Island* als «ein Delirium rohen Vergnügens». Der Werber für den *Cannon Coaster* rief: «Wird sie dir die Arme um den Hals werfen und schreien? Ja, sage

ich dir, das wird sie!» Der Einpeitscher für das *Barrel of Love*
(«Liebesfaß») verkündete: «Von wegen Liebe in einer kleinen
Hütte! Das hier schlägt wirklich alles!» Die Plakate für die
Bauchtänzerin *Little Egypt* verhießen: «150 orientalische
Schönheiten! Seht sie den Hootchy-Kootchy tanzen! Einzig
und allein in der kühlen Meeresbrise von Coney Island ver-
brennt sie nicht in ihrem eigenen Feuer!» Versteckte Ventila-
toren bliesen den jungen Frauen die Röcke über die Köpfe.
In besonders beliebten Karussells wie dem *Human Roulette
Wheel* wurden die jungen Menschen einander buchstäblich
in die Arme geschleudert. «Fremde unterhielten sich miteinander. Gruppen von Männern und Frauen schlossen Be-
kanntschaft. Es gab Flirts, Rendezvous wurden vereinbart,
Liebschaften begannen und endeten. Und in den Orten am
Meer und an den Seen erlaubten es Dampfer und Ausflugs-
schiffe mit Einzelkabinen jungen Liebespaaren, der Stadt für
einen Tag zu entfliehen und sich ganz ihrer Zuneigung füreinander hinzugeben» (D'Emilio/Freedman).

Im Gefolge der technischen Fortschritte in der Unterhaltungsindustrie wurde der Tanzsaal weitgehend vom Film-
palast verdrängt. Die ersten Kintopps, in denen die erstaun-
ten Menschen die neue Kunst der bewegten Bilder erlebten,
faszinierten die Arbeiterklasse. Das Kino mit seinen überle-
bensgroßen Emotionen und Bildern – ganz zu schweigen
von der nie dagewesenen Nähe der Menschen, die im Dun-
keln beisammen saßen – ermöglichte eine völlig neue Intimität. Nur schon die Dunkelheit war für die jungen Liebes-
paare der Arbeiterklasse, die über keine eigenen privaten
Räumlichkeiten verfügten, eine große Attraktion. Die im
Film so häufigen Liebesszenen, die in Nahaufnahme gezeigt
wurden, waren eine revolutionäre emotionelle Erfahrung,
die an Voyeurismus grenzte und die sexuell geladene Atmosphäre des Kinosaals zusätzlich aufheizte; die hinteren Rei-
hen galten denn auch bald als diejenigen, in denen Petting
und mehr fast die Regel war.

Die Begegnung der Geschlechter an den Vergnügungsstätten der Arbeiterklasse brachte bald auch die Praxis des
«Ausführens» zu voller Blüte. Junge Männer verabredeten
sich mit den Frauen, die sie dank der Tatsache zu gewinnen
hofften, daß sie über genügend Geld verfügten, um die
Objekte ihrer Zuneigung mit Geschenken beglücken und in
den Vergnügungspark, zu einem nächtlichen Stadtbummel
oder vielleicht gar zu einer Fahrt auf einem der romantischen Liebesdampfer einladen zu können. Wenn ein junger
Mann nicht mit solchen Beweisen seiner Zuneigung aufwar-
ten konnte, mußte er möglicherweise auf die Freuden weiblicher Gesellschaft verzichten. Seine Finanzkraft als Lohn-
empfänger hatte plötzlich eine nie dagewesene Auswirkung
auf sein sexuelles Leben.

Diese gesellschaftlichen Veränderungen forderten den er-
bitterten Widerstand der Eltern heraus, insbesondere bei
Einwanderern mit starken traditionellen Werten. Die einen
Mittelpunkt bildenden Einflüsse des Familienlebens begann-
en zu versiegen, und mit ihnen lösten sich die moralischen
Traditionen auf, die ein wesentliches Element des häuslichen Lebens waren. «Die Mütter mußten mitansehen, wie
ihre Töchter von Zuhause weg in die Arbeit gingen, wo sie
allerlei neumodisches Zeug aufschnappten ... Aber auch die
Söhne änderten sich. Die männliche Jugend hatte zwar tra-
ditionsgemäß größere Freiheiten, doch hielt sich die neue
Generation der Arbeiter nicht mehr an die Verhaltensmuster
ihrer Väter. Die Jungen gaben sich nicht mehr mit der
getrenntgeschlechtlichen Welt der Kneipe um die Ecke zufrieden, sondern gaben ihr Verdientes jetzt in der heterosozialen Welt der kommerzialisierten Freizeitvergnügungen
aus» (D'Emilio/Freedman).

Die *Sunday Telegram* aus Worcester konstatierte einen
bedeutsamen Wandel in der Gesellschaft der Jahrhundertwende: «Während ein Mann früher einen großen Teil seiner
freien Zeit im Saloon zubrachte ... verbringt er heute einen

Teil davon, wenn nicht die ganze, im Kino.» Tatsächlich gingen die jungen Leute um 1918 nicht mehr in den Saloon, der nun zum Refugium der älteren Männer wurde.

Es muß hier nochmals betont werden, daß die Entstehung der neuen Konsumkultur von jungen Menschen der Arbeiterklasse ermöglicht wurde, die den größten Teil ihres Lohns bereitwillig für Unterhaltung und Amusement ausgaben. In dieser tiefgreifend gewandelten Kultur war der einzelne als primäre wirtschaftliche Einheit an die Stelle der Familie getreten. Das Ideal, zu heiraten und eine Familie zu gründen, hatte viel von seiner einstigen Zugkraft verloren; statt dessen betrachteten junge Menschen Beziehungen immer mehr unter dem Aspekt des damit verbundenen sexuellen Vergnügens. Die Fortpflanzung war nicht mehr die primäre Rechtfertigung für geschlechtlichen Verkehr. Der weitreichende Einfluß der Psychologie und die permanente Anspielung auf Sexuelles in der Werbung führten zu vielen Veränderungen im Verhalten junger Männer und Frauen, für die Unabhängigkeit und persönliche Attraktivität als Form der Macht im Vordergrund standen und für die das persönliche Vergnügen und Befriedigung das wichtigste Ziel sexueller Beziehungen waren.

Dieses hedonistische Konsumdenken blieb schließlich nicht auf die Arbeiterklasse beschränkt und unterminierte allmählich auch die in der Mittelschicht gültigen überlieferten Werte der «harten Arbeit und Selbstverleugnung». Die Werbeleute begriffen sehr schnell, wie brauchbar Sex als verkaufsförderndes Mittel für absolut jedes Produkt war: Mundwässer, Autos, Bier, Zahnpasta, Diätsäfte, Investment-Gesellschaften und Filme.

Wie D'Emilio und Freedman feststellten, zeigte sich die Verschiebung der sozialen Werte der weißen Mittelschicht besonders deutlich am Nachtleben, das bei den wohlhabenden jungen Leuten immer attraktiver wurde. «Die heterosoziale Welt der kommerzialisierten Vergnügungen, denen

die jungen Arbeiter nachgingen, griff auch auf die Mittelschicht über, wenn auch in einer zahmeren, respektableren
Form.» So war etwa ab 1910 das Kabarett die beliebteste
Form der Unterhaltung für die Mittelschicht, ein Amusement, das sich durch seine zahlreichen elitären Unterschiede deutlich von den Vergnügungsstätten der Unterschicht
distanzierte. Eine völlig neue Terminologie entstand; sich
«feinzumachen» war ein wesentlicher Aspekt des «Ausge-
hens». Die Musik verlor weitgehend ihren stampfenden
Rhythmus, und auch mit der Körperbetontheit des Tanzes
war es rasch vorbei.

Mit der Erfindung und der massenhaften Verbreitung des
Automobils wurde eine neue sexuell tingierte Ware mit all
ihren vielgerühmten phallischen Assoziationen von Status,
Macht und Männlichkeit verfügbar. Das Auto wurde ein
Ersatz für das Wohnzimmer, das in der Mittelschicht noch
vor kurzem der einzig akzeptable Ort war, an dem sich junge
Verliebte unter Aufsicht einer Anstandsdame sehen durften.
Das Auto wurde zum Demonstrationsobjekt, zum Status-
symbol eines ökonomischen Exhibitionismus; es bot zudem
eine Möglichkeit, sich den wachsamen Augen der Familie zu
entziehen, und erleichterte damit sexuelle Kontakte. Das
Parken an «Schmuseplätzen» wurde zum selbstverständ-
lichen Bestandteil der automobilen Jugendkultur, die sich in
den zwanziger Jahren rasch entwickelte.

Um 1920 waren die gesellschaftlichen Strukturen, die die
sexuellen Wertvorstellungen des 19. Jahrhunderts aufrecht-
erhalten hatten, in Fluß geraten. Vor allem für die Amerikaner begann eine neue Epoche der Sexualität. «Der neue
positive Wert, der dem Erotischen nun beigemessen wurde,
die wachsende Autonomie der Jugend, die Verbindung der
Sexualität mit kommerzialisierter Freizeitgestaltung und
Selbstverwirklichung, die Suche nach Liebe, die Sichtbarkeit
des Erotischen in der allgemeinen Kultur, die soziale Inter-
aktion von Männern und Frauen in der Öffentlichkeit, die

Legitimierung des weiblichen Interesses am Sexuellen: all dies zeigte sich im Amerika der zwanziger Jahre ... Diese Betonung der persönlichen Befriedigung fiel mit dem Verlust der Kontrolle über die meisten anderen Aspekte des öffentlichen Lebens zusammen. Die Politik schien fern und ganz außerhalb der Einflußmöglichkeiten der meisten Menschen; seinen Lebensunterhalt verdiente man in riesigen, anonymen, mächtigen Firmen; die wuchernde Großstadt schien sich der Kontrolle ihrer Bewohner zu entziehen. Der Körper war anscheinend das einzige, was einem noch selbst gehört. Er wenigstens konnte eine Quelle der Erfüllung sein. Er wenigstens konnte ein autonomer Bereich bleiben» (D'Emilio/Freedman).

In den dreißiger und vierziger Jahren leitete die Filmindustrie erneut eine bedeutsame Veränderung des sexuellen Verhaltens ein, und sie wurde rasch zum einflußreichsten Medium für die Übertragung und Verbreitung sozialer Erwartungen. Während die Lichtspieltheater aus den Arbeitergegenden, in denen sie entstanden waren, in die vornehmeren Viertel wanderten, verwandelten Unternehmer die einst anspruchslosen Bauten in gewaltige exotische Traumwelten. Diese üppigen neuen Filmpaläste – eine prunkvolle Zurschaustellung von Reichtum und Glanz – zielten darauf ab, die Mittelschicht anzuziehen, und brachten den Filmen ein völlig neues Publikum. Der Saloon wurde durch diese prächtigen Filmtheater mit ihrer Dunkelheit, ihrer Intimität und den überdimensionalen Liebesszenen ersetzt.

Mit der Sexualisierung des kommerziellen Lebens ging eine zunehmende Kommerzialisierung des Sexuellen einher; dies läßt sich am deutlichsten an der Entwicklung der modernen Porno-Industrie ablesen, die in Amerika nach dem Zweiten Weltkrieg, in den vierziger und fünfziger Jahren, Auftrieb bekam und seit den sechziger Jahren in voller Blüte steht. Die pornographische Mentalität beschränkte sich jedoch nie allein auf explizite Darstellungen sexueller

Akte, vielmehr durchdrang eine unterschwellige Sexualisierung jeden Aspekt der amerikanischen Gesellschaft. Die Kultur selbst wurde auf subtile Weise pornographisch. Sex wurde zu einem ganz alltäglichen, legitimen Geschäft und schließlich zu einem festen Bestandteil der amerikanischen Massenkultur. Die Verheißung sexuellen Erfolgs war buchstäblich auch in die nüchternsten Erzeugnisse eingebaut. Herde und Kühlschränke wurden in der Werbung mit hübschen jungen Frauen identifiziert. Ein simples Spülmittel, das für strahlendes Geschirr sorgte, verhieß jeder Hausfrau einen glücklichen und anhänglichen Gatten. Amerikanisches *Know-how* erfand ein verwirrendes Angebot von *Do-it-yourself*-Selbstverbesserungstechniken, die garantiert aus jedem häßlichen Entlein einen Schwan machten. Der Klatschspalten-Journalismus, der immer begierige Leser für seine Schlüpfrigkeiten fand, wurde zur Ware einer immensen Industrie. Das Privatleben von berühmten Zeitgenossen wurde in ein Nonstop-Sexmarathon verwandelt und wie eine Peep-Show einem allzeit gaffenden Publikum vorgesetzt. Wenn nur ein Mann und eine Frau nebeneinander abgebildet wurden, durchrieselte die Menschen in Erwartung von etwas aufregend Sexuellem schon ein voyeuristischer Schauer. Einen Film – selbst wenn es ein Kriegsdrama oder eine Zuchthausgeschichte war – ohne eine weibliche Hauptrolle zu drehen war jahrelang undenkbar. Die Herausforderung der vorpornographischen Zeit bestand darin festzustellen, wie weit man gehen konnte, ohne den Staatsanwalt auf den Plan zu rufen. Die vielbeschworene Anständigkeit jener Zeit hatte mit dem Gesetz wenig zu tun. Sie war letztlich nur eine Werbung für unterdrückten, aber überall erhältlichen zotigen Schund. Oft waren die nichtpornographischen Andeutungen entschieden rüder als die rauhe Wirklichkeit, die schließlich die Unterhaltungsindustrie überholte. Die Unschuld war längst im Sumpf der Anzüglichkeiten erstickt. Als die harte Pornographie unverhüllt in der Mittelschicht Einzug hielt, blieb von der Unschuld nichts übrig als die gespielte Entrüstung.

Für viele Gesellschaftskritiker ist die Verwandlung des menschlichen Körpers in eine sexuelle Ware die bestimmende mythologische Kraft unserer Zeit. Jeder Aspekt der Welt ist in irgendeiner Weise von den Verzweigungen dieser komplexen Mentalität geprägt. Zu den vielen Folgen der Ausbeutung des Sexuellen als Ware gehören zwei Verhaltensweisen, die nach der Ansicht von Beobachtern unsere Zukunft entscheidend mitgestalten könnten. Die eine dieser Kräfte ist ein egalitäres Denken, wie es von vielen Bewegungen vertreten wird, denen zumindest eines gemeinsam ist: die Hoffnung, körperliche Erfahrungen wieder als etwas sinnlich Unmittelbares definieren zu können. Sie möchten den Körper als Körper neu erfinden.

Die andere Kraft, die Antithese dieser egalitären Einstellung zum Körper, ist die Tendenz, die Behandlung des Sexuellen als Ware in einer Weise auf die Spitze zu treiben, die zur Sexualisierung der Gewalt führt und den Geschlechtstrieb in eine «tödliche Attraktion» transformiert. Für eine solche Denkart wird der Körper, insbesondere der männliche Körper, zu einer todbringenden Waffe.

Diese beiden Haltungen stellen die Sexualität unter unterschiedlichen mythischen Aspekten dar. Die eine Auffassung ist die letzte Konsequenz einer Darwinschen Interpretation der gesellschaftlichen und sexuellen Aggression, während der anderen eine nichtaggressive Mentalität zugrunde liegt, die ich mit der alten Muttergöttin in Verbindung gebracht habe.

Ausgehend von diesen gegensätzlichen Mythen über den Körper sehe ich zwei drastisch verschiedene Möglichkeiten für die Zukunft der menschlichen Sexualität. Um diese Gedanken weiter verfolgen zu können, müssen wir uns etwas eingehender mit der Sexualisierung der Gewalt befassen. Dieser Prozeß wurde im wesentlichen von Männern vorangetrieben, insbesondere von amerikanischen Männern, deren sexuelle Verhaltensweisen von genau derselben Art von Aggression geprägt waren, die im Zusammenhang mit moralischen Feldzügen, mit Sport, Krieg, Politik und «Business» so sehr verherrlicht wurde. Für solche Menschen nimmt der Reiz des Sex direkt proportional mit dem Grad seiner Profanisierung zu.

Wie wir noch sehen werden, war die Umwandlung des menschlichen Körpers in eine Ware nur eine der vielen Folgen der Kommerzialisierung des Sexuellen. Die idealistische Freiheit des Ausdrucks, welche die Tür zur Darstellung eindeutig sexueller Handlungen zum Zwecke der Unterhaltung öffnete, hatte auch ihre Schattenseite: Szenen, die sexuelle Belästigung von Kindern, Vergewaltigungen, sexuelle Verstümmelungen und Gewalt zeigen. Psychologen debattieren seit langem über die möglichen Gründe dieser Sexualisierung der Gewalt, die unserer Zeit offenbar so ungemein reizvoll erscheint. Es ist schwer zu entscheiden, ob Repression antisoziales Verhalten eindämmen kann oder ob die sexuelle Gewalt in Wirklichkeit das Ergebnis einer solchen jahrzehntelangen Repression ist. Von der Liberalisierung der Gesetze über die offene Darstellung sexueller Handlungen erhoffte man sich einen Rückgang der Sexualkriminalität, und die Statistiken der letzten 30 Jahre zeigen weltweit, daß diese Annahme richtig war. Andererseits ist für viele Menschen sexuelle Aggression heute als «Selbstausdruck» oder als «politischer Aktivismus» und ein «Bürgerrecht» rationalisiert – «wegerklärt».

Was auch immer die Ursache sein mag – wir müssen uns in unserer Zeit mit einer höchst problematischen Realität auseinandersetzen: Haben wir das Recht, unsere Körper gegeneinander als Waffen einzusetzen? Die feministische Aktivistin Susan Brownmiller stellt die Frage: «Hat der homosexuelle Sadomasochismus seine eigene, spezifisch männliche Dynamik oder ist er eine Verirrung, die sich nur als der ‹letzte Schrei› gebärdet?» Müssen wir als politische Lebenstatsache hinnehmen, was Brownmiller das «Spektakel weißer Radikaler und Intellektueller» nennt, «die einander über den Haufen rennen, weil sie sich gar nicht genug beeilen können, die Cleaversche rationale Begründung für die Vergewaltigung zu akzeptieren»?

«Irgendwie», hatte der Aktivist Eldridge Cleaver in *Soul on Ice* geschrieben, «kam ich zu dem Schluß, daß es für mich prinzipiell von außerordentlicher Bedeutung war, weißen Frauen gegenüber eine antagonistische, erbarmungslose Haltung einzunehmen ... Ich wurde ein Vergewaltiger.»

Wir haben es hier mit einem ungemein schwierigen Vorgang zu tun, dessen unerfreulicher Botschaft wir nicht ausweichen können. Die Brutalität derjenigen, die systematisch brutal behandelt wurden, hat eine neue Mythologie geboren. Aus diesem Mythos entspringen all jene widersprüchlichen und verwirrenden Begleitumstände unseres sexuellen Lebens am Ende des 20. Jahrhunderts. Die Gewalt wurde sexualisiert, während gleichzeitig die Sexualität politisiert wurde. In die fortwährenden grausamen und sinnlosen Kriege der Klassen und Rassen, der Außenseiter, der Nichtangepaßten und derjenigen, die schlichtweg Psychopathen sind, wurde ein modernisiertes Modell eines alten Geräts im menschlichen Arsenal geschickt: der männliche Körper als Waffe.

Es bleiben offensichtlich viele quälende Fragen bezüglich der Schranken der sexuellen Freiheit, der Politisierung des Sexuellen und der Sexualisierung der Macht unter Männern im allgemeinen und unter sadistischen männlichen Minderheiten im besonderen. Diese Verknüpfung von Männlichkeit und Herrschaftsstreben hat eine Geschichte, die so weit zurückreicht wie die Existenz unserer Art. Darwin zum Trotz sind Männer und Frauen in gleicher Weise fähig, Sex als Waffe einzusetzen, doch wird der Sadomasochismus stets nur vom Mann her definiert. Wenn eine Frau aggressiv ist, gilt sie als «maskulin». Der Sadismus wird als männliches Mißverständnis der Männlichkeit verstanden, während der Masochismus fast immer im Sinne einer Einwilligung der Frau in körperlichen Mißbrauch aufgefaßt wird. In der Pornographie sind Aggression und Sadomasochismus untrennbare Elemente der Kommerzialisierung des Sexuellen als Unterhaltung. Aus Gründen, die noch umstritten sind, ist der Markt eindeutig und überwiegend männlich. Die ganze Mentalität der Pornographie ist männlich. Diese Fakten legen es nahe, eine unbequeme, aber einleuchtende Beobachtung von Susan Brownmiller zu überdenken: «Die Entdeckung des Mannes, daß er seine Genitalien als Waffe zur Erzeugung von Furcht einsetzen konnte, muß neben dem Gebrauch des Feuers und der ersten Faustkeile als eine der bedeutsamsten Entdeckungen prähistorischer Zeiten eingestuft werden ... Eine der frühesten Formen männlicher Gemeinschaftsbildung muß wohl tatsächlich die Gruppenvergewaltigung einer Frau durch eine Bande marodierender Männer gewesen sein. Nach vollbrachter Tat war die Vergewaltigung nicht nur ein männliches Vorrecht, sondern die Hauptwaffe des Mannes gegen die Frau, das Hauptinstrument seines Willens und der Gegenstand ihrer größten Angst. Sein gewaltsames Eindringen in ihren Körper trotz ihres physischen Widerstands und ihrer Gegenwehr wurde zum Mittel seiner siegreichen Unterwerfung ihres Wesens, zur letzten Bewährungsprobe seiner überlegenen Kraft, zum Triumph seiner Männlichkeit.»

Der Körper als Waffe

Tralala war betrunken. Sie musterte die Männer in der Bar, die mit leeren Augen zurückstarrten. Zuerst versuchte Tralala, einer der anderen Nutten den Freier auszuspannen, aber die Frauen verscheuchten sie mit ihren wütenden Blicken. Sie beschloß, es ihnen zu zeigen und verkündete, daß sie die ganze Bar einladen würde. Auf dem Rücksitz eines Autowracks auf einem unbebauten Grundstück goß Tralala Bier in sich hinein, während die Männer sich um den Vortritt prügelten. Die Kunde von dem Rudelbumsen verbreitete sich schnell; die Griechen von der Cafeteria kamen herüber, und jemand rief in der Kaserne an, und bald stellten sich die Matrosen in der Reihe der Männer an, die darauf warteten, Tralala zu bumsen. Jemand rammte ihr eine Bierdose in den Mund, und von dem Schlag spuckte sie Blut und ein Stück Zahn aus. Alle lachten. Männer, die drangewesen waren, stellten sich gleich wieder hinten an. Dann war Tralala hinüber.

Sie schlugen ihr ein paarmal ins Gesicht, und sie murmelte und drehte ihren Kopf, aber es gelang ihnen nicht, sie wieder zu Bewußtsein zu bringen und so fuhren sie fort sie zu vögeln und sie lag bewußtlos auf dem Autositz auf dem Grundstück und bald waren sie das tote Stück leid und die Schlange löste sich auf und sie gingen zurück zu *Willie* und zum Griechen und zur Kaserne und die Jungs die herumgestanden und zugesehen und gewartet hatten bis sie endlich drankamen ließen ihre Enttäuschung an Tralala aus und rissen ihre Kleider in kleine Fetzen drückten ein paar Zigaretten auf ihren Brustwarzen aus bepißten sie wichsten über ihr stießen ihr einen Besenstiel in die Möse und gingen dann angeödet fort und ließen sie liegen zwischen Flaschenscherben und rostigen Konservendosen und dem übrigen Abfall und Jack und Fred und Ruthy und Annie fielen in ein Taxi und lachten immer noch und sahen alle aus dem Fenster als sie an dem verlassenen Grundstück vorbeifuhren und sahen sich Tralala an die nackt dalag bedeckt von Blut Urin Samen und ein dunkler Fleck breitete sich langsam zwischen ihren Beinen wo das Blut hervorsickerte auf dem Autositz aus ...

Die Mythologie der Männlichkeit, die dieser so nüchtern-grauenvollen Szene aus dem brillianten Roman *Letzte Ausfahrt Brooklyn* von Hubert Selby zugrunde liegt, baut auf einer Mentalität auf, die ein impliziter Aspekt der Desillusionierung der amerikanischen Konsumgesellschaft am Ausgang des 20. Jahrhunderts ist. In den vom Konkurrenzkampf geprägten Jahrzehnten seit der Industriellen Revolution, die den menschlichen Körper zu einer Maschine herabwürdigte, wurden viele Männer durch unerfüllte Erwartungen, Frustration und wirtschaftliche Brutalisierung in tödliche Waffen umfunktioniert. Für sie hat Sex nichts Erotisches mehr. Er ist zu Pornographie, zu einer Ware, zu einem Mechanismus geworden. Wenn es nicht gelingt, sich das schnelle Vergnügen zu verschaffen, reagiert man die Frustration und Wut durch die Erniedrigung anderer ab. Angesichts der langen Geschichte männlicher Verachtung und Verabscheuung der Frauen und der Sexualität überrascht es nicht, daß die wirtschaftliche und rassische Kastration viele Männer dazu zwingt, ihre Wut in ihren sexuellen Beziehungen mit Frauen abzureagieren. Genau diese geistige Verfassung wird von vielen Künstlern wie etwa Hubert Selby nachgezeichnet, die sich darum bemühen, die Welt mit möglichst klarem Blick zu sehen. Andererseits macht sich auch die pornographische Unterhaltungsindustrie dieselbe Mentalität zunutze, um eine ausgefeilte männliche Masturbationsphantasie zu erzeugen. Zwar ist die sexuelle Erniedrigung kein zentrales Thema von Fernsehen, Film und Erfolgsromanen, doch wird ständig etwas betont Sexuelles angedeutet: in den Unterströmungen sexualisierter Gewalt, in der gegen Frauen und die Kultur gerichteten Brutalität, in dem arroganten emotionalen Analphabetentum von kassenfüllenden Idol-Figuren wie Dirty Harry, Rambo und den zahllosen zweidimensionalen Macho-Helden, die oft als ideale männliche Prototypen vorgezeigt werden. Damit soll nicht gesagt sein, daß Frauen zu Aggression und Gewalt unfähig wären, doch legen die Statistiken (wie zum Beispiel die relativ geringe Zahl von Körperverletzungen und Morden, die von Frauen begangen werden) den Schluß nahe, daß Frauen wohl weniger zu Gewaltanwendung neigen als Männer, wiewohl die Gründe hierfür noch recht umstritten sind.

Selbys Schilderung der von Männern verübten sexuellen Demütigung ist literarisch, nicht pornographisch motiviert. Die abstoßend kalte Nüchternheit seiner Beschreibung der Szene liefert eine Fallstudie. In ihrer Interpretation der Sex-Szene verweist Susan Brownmiller auf das Fehlen erotischen Verhaltens bei den Beteiligten. Hier wird Sex ohne Sexualität praktiziert. Susan Brownmiller zieht den Schluß, daß der Zweck der sexuellen Demütigung darin besteht, das Opfer niemals zu befriedigen. Aber auch die männlichen Aggressoren haben keinen *sexuellen* Genuß. Ihr Verhalten erinnert an die Ungeduld von Leuten, die darauf warten, an einem Verkaufsautomaten an die Reihe zu kommen, der wegen eines Defekts ausfällt, so daß sie in Wut geraten. Man könnte das Verhalten der Männer bestenfalls als «klinische Experimente von Neulingen» betrachten, «die überzeugt sind, daß aller Sex schmutzig und erniedrigend ist».

Die altbekannte Frage lautet natürlich – wie Brownmiller ausführt –, ob Tralala nicht selber schuld war; schließlich ist sie eine Prostituierte. Diese Tatsache ist jedoch eine Rechtfertigung für die Mißhandlung Tralalas, die allerdings «nur von jemandem vorgebracht werden konnte, der allen Sex als gemein betrachtet». Es gibt keine Rechtfertigung dafür, Prostituierte brutal zu behandeln. Der Entrüstung, mit der wir Frauen und Männer behandeln, die ihren Körper in einer Gesellschaft verkaufen, in der Sex durch und durch kommerzialisiert ist, haftet etwas Ironisches und Widersprüchliches an. Es steht nicht zur Debatte, ob Tralala das sexuelle Ereignis, das sie ereilte, selbst ausgelöst hat oder nicht. Uns interessiert hier nur die Tatsache, daß sie in einer Weise mehrfach vergewaltigt wurde, die sehr wenig mit jener Art von sinnlichem Verhalten und Erotik zu tun hat, die man üblicherweise mit den Freuden der Sexualität verbindet. Susan Brownmiller meint dazu: «Was diese Vergewaltiger suchten, war eine andere Bahn oder eine andere Öffnung, durch die sie eindringen konnten, um so die körperliche Unversehrtheit ihres Opfers zu verletzen, ihren privaten Innenraum zu besudeln.» Es war keine Schändung, sondern eine *Invasion;* Tralalas Körper wurde zum Objekt in einem Kampf um Territorien.

Wo liegt der Ursprung dieser Sexualität, die auf eine kriegerische Aggression aufbaut?

Der Krieg ist eine ideale Bühne für die Mythologie der Maskulinität, ob es nun ein Krieg auf Schlachtfeldern, in den Saloons des «Wilden Westens», im Fußballstadion oder auf den Straßen der Innenstädte ist. «Der Krieg bietet Männern den perfekten psychologischen Hintergrund, vor dem sie ihrer Verachtung für Frauen Ausdruck verleihen können. Gerade die schiere Männlichkeit des Militärischen – etwa die brutale Gewalt der Waffen, die allein in ihren Händen liegt, die geistige Verbundenheit von Männern unter Waffen, die mannhafte Disziplin der Befehle, die erteilt und befolgt werden, die einfache Logik der hierarchischen Befehlsstruktur – bestätigt für Männer, was sie schon lange vermuteten, daß nämlich Frauen nebensächlich sind, daß sie für die Welt, die zählt, belanglos und nur passive Betrachterinnen

der Aktionen sind, die auf der Bühne des Lebens ablaufen»
(Brownmiller).

Die Vergewaltigung ist auch ein politischer Akt, weil sie
ein Ausdruck von Macht ist. Der Film *Fortune and Men's Eyes*
schildert das Gefängnisleben eines gutaussehenden jungen
Heterosexuellen namens Smitty. Wegen seiner Jugend und
Attraktivität wird Smitty von King Rocco-Rocky vergewaltigt,
der den jungen Mann dann zu seiner Gefängnis-«Freundin»
macht. Smitty ist entschlossen, sein sexuelles Sklavendasein
zu beenden. Als ihn Rocky eines Tages unter der Dusche auf-
fordert, die Vaseline zu holen, die beim Analverkehr benutzt
wird, greift Smitty seinen «Mann» an und schlägt ihn zusammen. Als die anderen Insassen entdecken, was geschehen
ist, verliert Rocky seinen Rang, und Smitty wird zum neuen
Tyrannen des Blocks.

In einer anderen Zeit mit einer anderen Mythologie hätte
Smittys «Sieg über das Böse» zu einem Happy-End geführt,
wie man es in den alten amerikanischen Melodramen er-
wartet. Smitty wäre zum guten Samariter geworden. Das war
unser sentimentaler Anspruch an die Filmgestalten, denen
selbst Unrecht zugefügt worden war: Aus dem Leid ihrer
eigenen Erfahrungen wächst in ihnen Mitleid für das Leid
anderer. Brutalität hat aber in der realen Welt nicht diese
Wirkung. Wir wissen, daß Eltern, die als Kinder geschlagen
und sexuell mißbraucht wurden, ihre eigenen Kinder oft
wieder schlagen und mißbrauchen. Deshalb ist Smittys
erste Handlung nach seinem Sieg die, daß er seinem guten
Freund und Zellengenossen Jan-Mona befiehlt, die Vaseline
zu holen. Im Versuch, sich vor seinem eigenen Freund zu
retten, ruft Jan-Mona aus: «Du hast jetzt die Macht, Smitty –
brauchst auch du Sex?» Ja, Smitty «braucht Sex». Wie denn
sonst könnte er innerhalb der Grenzen des Gefängnisses
den Mythos seiner Männlichkeit ausleben?

Die Beziehung zwischen Macht und sexueller Erniedrigung scheint im heutigen Amerika endemisch zu sein. Wir

haben lange über diese Art von Brutalität in den Welten der «wilden Krieger» – der Indianer, Afrikaner, Hunnen und Türken – phantasiert, ohne zu bemerken, in welch hohem Maß unsere eigene Gesellschaft der Faszination des Konkurrenzdenkens, der Aggression, der Macht und jener Art physischer und wirtschaftlicher Unterjochung erlegen ist, die Grundlage der Demütigung ist.

Wie wir in dieser Studie über die Mythologien, die unsere sexuellen Haltungen prägen, gesehen haben, waren und sind Frauen häufig das Ziel männlicher Aggression. Man hat ihnen sogar vorgeworfen, daß sie diese Aggression durch ihre bloße Existenz in der Welt als sexuelle Wesen verursachten. Frauen sind indessen nicht die einzigen Opfer der männlichen Herrschsucht. Wenn keine Frau als Opfer verfügbar ist, genügt auch ein junger und nichtaggressiver Mann oder ein Kind. «Die Vergewaltigung in Gefängnissen wird heute meist als das angesehen, was sie auch tatsächlich ist: als ein Ausagieren von Machtrollen in einer rein männlichen, autoritären Umgebung, wo der jüngere, schwächere Insasse, meist ein Ersttäter, gezwungen wird, die Rolle zu spielen, die in der äußeren Welt Frauen zugewiesen wird» (Brownmiller).

Ist Brutalität eine psychotische Reaktion der rassisch, wirtschaftlich, sexuell und politisch Ausgestoßenen in unserer Welt oder spielt sie eine eher zentrale Rolle in unser aller Leben? Woran liegt es, daß unsere zerbrechlichen Körper so oft als Verteidigungswälle gegen Menschen eingesetzt werden, die uns mit ihrer Kraft bedrohen? Wie ist es angesichts des Mitleids und der physischen Empathie, die wir beim Anblick eines schwerverletzten Menschen spontan empfinden, möglich, daß wir uns an Freizeitunterhaltungen delektieren können, die uns zu Betrachtern körperlicher Gewalt machen? Warum sind die Menschen so sehr von Körperverletzung und Todesqual fasziniert? Eigentlich sollten sich Aggression und Verführung antithetisch zueinander verhalten, aber wie überaus verführerisch können gewisse Rituale der Gewalt doch sein!

Bis in die neuere Zeit war niemand darüber im Zweifel, welche Wirkung negative Erregung auf uns hat. Aristoteles hat eine Theorie der Kartharsis aufgestellt, derzufolge das Miterleben von Gewalt den Betrachter von seiner Aggression reinigt. Wissenschaftler haben heute jedoch entdeckt, daß Aristoteles sich irrte. Die Beobachtung von oder Teilnahme an gewalttätigen Handlungen – realen wie fiktiven – erhöht die Neigung zu Gewaltanwendung und schafft bei Kindern wie Erwachsenen eine Verbindung zwischen Sex und Aggression. Eine Studie, die Stanley Milgram Anfang der sechziger Jahre an der Yale-Universität durchführte, kommt zu dem Schluß, daß Menschen, die Zuschauer bei aggressivem Verhalten waren, zu deutlich höherer Feindseligkeit neigen. Milgram und seine klinischen Mitarbeiter führten eine Untersuchung durch, in der Freiwillige jeweils zwei verschiedene Filme sahen, einen brutalen Boxkampf und einen Reisebericht. Anschließend wurde geprüft, inwieweit die Testpersonen bereit waren, ihrer Aggression gegen andere Personen freien Lauf zu lassen, indem sie diesen einen meßbaren Stromstoß versetzten; ihnen wurde gesagt, daß dabei untersucht werden sollte, inwieweit diese Personen fähig seien, unter Zwang auf Fragen zu antworten. In Wirklichkeit erhielt die andere Person keinen Stromschlag, doch wußte die Versuchsperson dies ebensowenig wie sie informiert war, daß sie überhaupt selbst getestet wurde. «Probanden, die Filme über gewalttätige Sportarten sahen, sind eher bereit, starke Stromschläge zu verabreichen, als Probanden, die andere Filme sehen.»

Es ist nicht zu leugnen, daß eine solche Aggressivität in engem Zusammenhang mit einem Sadismus steht, für den das Zufügen von Schmerzen die Empfindung von Macht und einen erregenden Kitzel bedeutet. Die zugrundeliegenden sexuellen Implikationen einer solchen Reaktion sind unverkennbar. Es besteht eine deutliche Wechselbeziehung zwischen dem gewalttätigen Verhalten, dem Zufügen von Schmerzen und sexueller Befriedigung. Professor L. Rowell Huesmann hat in seinen Studien über die Auswirkungen des Fernsehens auf gewalttätiges Verhalten eine Fülle von Daten gesammelt. Er kommt zu dem Schluß, daß die Erfahrung zur Schau gestellter Gewalt Erwachsene und Kinder dazu anleitet, sich aggressiver zu verhalten, und zwar in sexueller wie sonstiger Hinsicht. Gleichzeitig haben hochaggressive Menschen den Drang, über die Medien immer mehr Gewalt zu konsumieren, weil die Erfahrung der Gewalt zumindest in gewissem Umfang die Menschen ebensosehr gegen die Gewalt abstumpft wie sie ihr Verlangen erhöht, aggressives Verhalten zu erleben.

Dieses Sich-Aufschaukeln der Aggression wurde vielfach bei Vergewaltigern und anderen Personen festgestellt, die wegen sexueller Gewaltverbrechen verurteilt wurden. Wie bei einer Sucht scheint eine immer mehr gesteigerte Gewalt notwendig zu sein, damit der Wunsch, Aggression zu erleben, «befriedigt» werden kann. Tests der Publikumsreaktionen auf Fernsehen und Film zeigen, daß die Anziehungskraft von Gewalt besonders groß ist, wenn es in der Geschichte um einen «männlichen Helden» geht, der seine Ziele durch Brutalität erreicht. In den meisten Fällen ist die Sexualität des Helden untrennbar mit seiner Brutalität verbunden.

Aggressiver Sex ist der Tummelplatz der amerikanischen Rechten. Er beruht auf unserer Abscheu vor dem Sex als tierhaft, gemein, erniedrigend und böse. Die Gewalt behauptet sich, indem sie die Handlungen, die Menschen erniedrigen, als *sexuelles Spiel* schmackhaft macht. Dies ist aber die Sexualität einer Maschine, die Sex als Ware produziert. Der Kritiker John Lahr sagt: «Der Körper möchte zu der Art von Maschine werden, die in der wirklichen Welt an seine Stelle getreten ist.»

232

Wir wissen heute, daß in einer Konsumgesellschaft Aggression durch das Gefühl der Nutzlosigkeit entsteht, sei es durch Langeweile, Machtlosigkeit, Armut, Ignoranz oder brutale Unterdrückung hervorgerufen. Wir werden unablässig mit den Botschaften der Überfülle, sexueller Triumphe, des Reichtums und der Macht berieselt. William Faulkner wollte, daß wir uns behaupten, statt bloß zu überleben, doch die Wahrheit ist, daß die meisten von uns nicht mehr als das bloße Überleben erwarten können. Dieses Schicksal könnte die letzte und tragische *conditio* unseres Lebens sein – und zudem eine Erklärung für die Mythologie, die jetzt unsere Sexualität prägt: die Spannung zwischen melancholischer Passivität und gewalttätiger Aggression.

Neal Thornberry, ein Managementprofessor am Babson-College in Wellesley, verkündet, daß die Parole unserer Gesellschaft verlangt, besser zu sein. «Erhebe dich über die Masse! Tue mehr als der andere, damit du deinem Chef, deinen Kollegen oder dem attraktiven Mann oder der attraktiven Frau im Kurort auffällst!» Leider aber, so Thornberry, «sind die meisten von uns Durchschnitt und Mittelmaß». Wenn er im Seminarraum steht, weiß Professor Thornberry, «daß 68 % der Studenten Durchschnitt sind. Sie werden Durchschnitt bleiben, gleichgültig, was ich unternehme, damit sie sich hervortun».

Gelingt es einem Menschen nicht, sich in unserer Gesellschaft hervorzutun, ist er in gewisser Weise schon tot. Der Erfolg ist ein so absolutes Muß, daß alles andere als völliges Versagen gilt. Die Mythologie des Konsumverhaltens hat eine allgemeingültige männliche Analogie zwischen wirtschaftlichem Erfolg und sexueller Leistungskraft geschaffen, zwischen gesellschaftlichem Scheitern und dem Unvermögen, eine Erektion zu haben und den Geschlechtsakt zu vollziehen.

Wir alle stehen unter dem Zwang, Erfolg haben zu müssen, wiewohl unsere Vorstellung von Erfolg oft aufoktroyiert und anonym ist und wenig mit unseren wirklichen Bedürfnissen oder unseren wirklichen Fähigkeiten zu tun hat. Wir träumen von einer Unzahl von Dingen, die wir haben möchten und nicht haben können, und alles, was wir wirklich erreichen, erscheint uns gleich wieder armselig gegenüber dem, was wir noch erwarten. Wir hängen alle wie Süchtige an einer Illusion des «guten Lebens» und sind von der Überzeugung geknechtet, daß wir «es» nicht nur «schaffen» können, sondern auch müssen. Es zu erreichen erscheint uns in der Tat als unveräußerliches Recht. Es ist eine Illusion geworden, die im Mittelpunkt unserer politischen Ideale steht. Wir sind so sehr Sklaven dieser Illusion, daß wir zu allem und jedem bereit sind, um sie zu verwirklichen. Dies führt in ein Konkurrenzdenken, das in Wahrheit psychopathisch ist.

In Oklahoma ging eines schönen Tages ein mißgelaunter Postangestellter mit drei Schußwaffen in ein Postamt und richtete dort ein Blutbad an. Er tötete 14 Menschen, die er nie zuvor in seinem Leben gesehen hatte. Anlaß des Massakers war die Tatsache, daß der Postangestellte von seinem Chef gemaßregelt worden war. Er war wütend. Er war ein Versager in einem System, in dem nur der Sieger etwas gilt. Deshalb erschoß er 14 Fremde und jagte sich dann eine Kugel durch den Kopf.

Die Tragödie von Oklahoma ist, als ein makabrer Mikrokosmos, Symptom einer anhaltenden Krise in der dominanten männlichen Bevölkerung aller Länder, insbesondere aber Amerikas. Diese Krise hat ihr Spiegelbild in der Mythologie und Sexualität des amerikanischen Volkes. Im permanenten Spannungsfeld zwischen übersteigerten Erwartungen und der Unmöglichkeit, die unrealistischen Ziele zu erreichen, entsteht ein tiefverwurzeltes Gefühl beschämter Männlichkeit und die Angst, der glorifizierten Rolle des «Brötchenverdieners» nicht gerecht werden zu können. Die Angst vor Impotenz provoziert das lächerliche Gehabe der «richtigen Kerle» – die Waffen mit sich herumschleppen,

Saufgelage mit den Kumpels veranstalten, von Männern beherrschte Sportarten im Fernsehen konsumieren und über Frauen in der diskriminierenden sexuellen Sprache der Männer reden. Solches Gebaren und solche Haltungen stützen zerbrechliche Egos. Aber keine noch so tolle männliche Kameraderie kann das Gefühl der Wertlosigkeit beschwichtigen, das viele Männer heute empfinden. Diese wahrhaft mörderische Stimmung des Versagens erzeugt Wut und letztlich blinde, sinnlose sexuelle Gewalt. Die Wut wird oft durch stellvertretende Aggressivität abreagiert: gemeine Filme, hämische Schadenfreude über das Scheitern anderer Menschen, Jagden, Quälen von Frauen, Randalieren in Kneipen und häusliche Gewalt.

Hier muß nun der Sex zum Ausgleich herhalten. Die sexuelle Attraktivität ist eben nicht vom wirtschaftlichen oder familiären Status oder dem Bildungsgrad abhängig. Bars für Singles und Schwule sind damit zu Arenen geworden, in denen sich diejenigen, die sich in jedem anderen Aspekt ihres Lebens als Versager empfinden, als sexuelle Gladiatoren in einen aggressiven Konkurrenzkampf stürzen, um durch die Aufmerksamkeit, die sie erregen, zu gesellschaftlicher Macht zu gelangen.

Der heutige Sex basiert auf einer besonderen Art von Spannung, einer Spannung, die uns aus der Geschäftswelt sehr vertraut ist. Sie kennt nichts als absoluten Erfolg oder totales Versagen. Der Geschlechtsakt ist zur Trophäe geworden – Teil des Wettbewerbs und Teil der Gewalt. Männlich oder unmännlich. Attraktiv oder unattraktiv. Mächtig oder schwach. Reich oder arm. Gewinner oder Verlierer. Siegreicher Held oder Schlappschwanz. Die gnadenlose Spannung zwischen diesen beiden einander ausschließenden Möglichkeiten erzeugt die Mythologie vom männlichen Körper als einer Waffe, einer Waffe, die in dem verinnerlichten und hoffnungslosen Kampf gegen die Entmachtung eingesetzt wird. Paradoxerweise haben dieser innere Kampf und die mit ihm verbundenen Spannungen viele Männer gerade wegen der großen Bedeutung, die sie der sexuellen Potenz beimessen, impotent gemacht.

Es scheint, daß es den Männern gelungen ist, zu den Maschinen zu werden, die an ihre Stelle getreten sind. Das unverhohlen propagierte Ziel von Firmen, «die Konkurrenz auszuschalten», ist im Geschäftsleben heute ebenso endemisch wie im sexuellen Bereich. Auf dem Gebiet des Sports sprechen Männer in den plastischsten gewalttätigen Metaphern über den Sieg. John McMurty, der Starverteidiger der *Calgary Stampeders,* äußerte folgende Gedanken über *Football:* «Man kann mit Recht die Meinung vertreten, daß die Zerschmetterung von Körpern *das* Ziel im Football ist, wie das Töten und Verstümmeln das Ziel des Krieges ist. Man braucht sich nur die Spiele anzusehen, die bei den Fans die größten Begeisterungsstürme auslösen – wenn ein Spieler ‹fertiggemacht›, ‹erledigt›, ‹durch die Mangel gedreht›, ‹auseinandergenommen› oder gar ‹gekreuzigt› wird. Beim Football läuft dem Fan das Wasser im Munde zusammen, wenn bei einem Block oder Tackling so richtig die Knochen krachen. Wenn der Gegner ‹gekillt› wird. Die wettkampfmäßig organisierte Körperverletzung ist ein wesentlicher Bestandteil unseres Lebensstils, und im Football spiegelt sich der ganze Prozeß in besonders anschaulicher Weise.»

Dies ist auch die Auffassung vieler Anthropologen. Die symbolische Bedeutung des amerikanischen Football (wie auch des europäischen Fußball oder des Eishockey) ist eine ritualisierte Bestätigung der männlichen Dominanz. Wenn die vom Macho-Wahn besessenen Männer erkennen könnten, wie durchsichtig die im Sport implizierte Sexualität eigentlich ist, müßten sie von Selbstzweifeln und Verlegenheit geradezu überwältigt werden. Nach Ansicht des Anthropologen William Arens belegt dies «die Spielkleidung, die die durchwegs männlichen Akteure tragen. Diese Macho-Uniformen, insbesondere die sich unter dem Hosenlatz hervorwölbende Schutzvorrichtung, betonen die Männlichkeit. Darüber hinaus läßt sich der Mythos des weiblichen Bösen an den Reinigungsriten ablesen, die den Spielern vor Wettkampftagen auferlegt werden. Kein Sex in der Nacht davor, lautet das Gesetz, und die Trainer glauben offenbar an die schwächende Wirkung des Sex, obwohl die Wissenschaft das Gegenteil bewiesen hat».

Es ist daher kein Wunder, daß die Männer ihrer Sportleidenschaft frönen, denn die exklusive Sprache, die komplizierten Punkte-Statistiken und die ausgeklügelte Hierarchie der Helden bilden eine (frauenlose) Welt für sich. Im ausgehenden 20. Jahrhundert ist der Athlet in ein männliches Sex-Totem transformiert worden, in ein Symbol, das die exklusiven Attribute errungen hat, die in vielen Männerphantasien als höchstes Ideal aufscheinen – eine Position unanfechtbarer, barbarischer Autorität, eine Potenz, die schrankenlosen Sex, äußerste Dominanz, enormen Reichtum, tiefste Bewunderung, unvorstellbaren Luxus sowie Respekt und Liebe und die Art von Furcht fordert, die andere Männer in Unterwürfigkeit hält. Dies ist sicher kaum etwas anderes als die Beschreibung einer Art imaginärer gesellschaftlicher Rangstellung, die an den im Dunkel der Geschichte liegenden Höhlenmenschen erinnert, der angeblich der Vorfahr des Mannes war.

Solche Hierarchien männlicher Dominanz lassen sich mit gutem Recht als Bestandteil der Darwinschen Revolution auffassen, die den biologischen Bezugsrahmen des 20. Jahrhunderts geprägt hat. Sozialhistoriker weisen oft darauf hin, daß die kulturelle Umsetzung der Darwinschen Überlebenstheorien die biologische Grundlage für die Klassenkämpfe der Industriegesellschaft und ebenso für den sogenannten Kampf der Geschlechter abgibt, der mit dem Aufkommen des Feminismus im 19. Jahrhundert zu einem bedeutsamen Thema wurde. Die Menschen waren davon überzeugt, daß Darwin den Kern der geschlechtlichen Identifikation getroffen hatte. Männlichkeit und Weiblichkeit galten demzufolge als unausweichliche Aspekte der Naturgesetze, die die Evolution regieren. Männer *mußten* aggressiv sein, jagen, Feinde abwehren und den Kampf ums Überleben führen. All dies taten sie angeblich, damit Frauen sich den Angelegenheiten der passiven Mutterschaft widmen konnten.

Diese Umsetzung der Darwinschen Theorie wurde in den zwanziger Jahren unseres Jahrhunderts ausgeweitet, als der Wissenschaftler Raymond Dart Reste von Exemplaren eines alten Affenmenschen fand, den er *Australopithecus* nannte. Dies war nun, so Dart, der Urahn der Menschheit: ein sehr erfolgreicher Fleischfresser und Wildtöter. Dart stellte sich diese urtümlichen Menschengeschöpfe als ungeschlachte, keulenschwingende Bestien vor, die wahllos jedes weibliche Wesen ohne männlichen Schutz vergewaltigten und die der absolute Schrecken ihrer Umgebung waren. Unsere Ausführungen über die Muttergöttin dürften allerdings klargemacht haben, daß diese Auffassung von den Beziehungen zwischen Mann und Frau in der Anfangsphase der menschlichen Geschichte schlicht albern ist. Forscher haben gezeigt, daß die Rolle der Frau in der Entwicklung der Kultur und sogar in der physiologischen Evolution der Menschheit ebenso bedeutsam wie ihre Wirkung nachhaltig war. Und doch hat Darts Bild einer maskulinisierten Urmenschheit für viele Generationen von Wissenschaftlern und Laien die gültigen Maßstäbe gesetzt. Es war in Mode, diese Affenmenschen als äußerst aggressive Primaten von sehr niedriger Gesinnung zu betrachten, die imstande waren, ihre eigene Nachkommenschaft zu töten, und in ihren Genen unbarmherzige Grausamkeit, Sadismus und Blutdurst trugen, so daß sie in ihrer Quintessenz das totale Gegenteil dessen darstellten, was nach der viktorianischen Auffassung als weiblich und feminin galt.

Im 19. Jahrhundert vertraten einige Wissenschaftler die Meinung, daß «es aus evolutionärer Sicht ein Rückschritt sei, den Frauen das Stimmrecht zu verleihen ... Ärzte und Erzieher warnten unisono, junge Frauen, die sich stundenlang intensiver geistiger Arbeit widmeten, würden ihrem Fortpflanzungssystem schweren Schaden zufügen» (Fausto-Sterling).

Wir wissen, daß solche Ansichten absurd sind. Allerdings verstehen wir die grundlegende Physiologie der geschlechtlichen Identifikation noch nicht ganz. Wir wissen auch noch nichts Sicheres über die Bedeutung der Evolution für die Entwicklung des Sexualverhaltens. Die Meinungen über die konträren Rollen der Kultur und der Natur bei der Ausbildung der Sexualität gehen erheblich auseinander. Nicht einmal Anatomie und Physiologie der Geschlechtlichkeit liefern eine Erklärung für die statistische Tatsache, daß Männer gewalttätiger sind als Frauen und Männer mehr als Frauen zu einer Sexualisierung der Gewalt neigen. Auch stützen kulturvergleichende Studien nicht die Hypothese einer Sexualität, die Geographie wie auch Historie transzendiert. Trotz der gegenteiligen Behauptungen der Soziobiologen gibt es keinen endgültigen Beweis dafür, daß Frauen fundamental anders sind als Männer, oder daß «Liebe» etwas grundsätzlich anderes ist als Sex. Man kann die männliche Neigung zu sexueller Gewalt nicht mit irgendwelchen biologischen und evolutionstheoretischen Entschuldigungen rechtfertigen.

Man kann zudem auch nicht die in dieser Phase der Soziobiologie – mit ihrer materialistischen und Darwinschen Interpretation der Sexualität – bestehende Neigung akzeptieren, den Begriff der *Liebe* für unangemessen zu erklären und an seine Stelle *Sex* zu setzen, wie man doch auch noch von *Geist* und nicht nur vom *Gehirn* spricht. Für Metaphern ist wenig Platz in der Soziobiologie. Joseph Campbell sagte einmal: «Ohne einen Sinn für Metaphern laufen wir Gefahr, das Essen mit der Speisekarte zu verwechseln. Dann kauen wir aber am Ende auf einem Stück Pappe herum.»

Liebe ist eine solche Metapher, und eben diese Metapher der Liebe ist die Antithese zur Sexualisierung der Gewalt, die in unserer Zeit so augenfällig ist. Auch wenn Desillusionierung hinsichtlich der positiven Aspekte des menschlichen Verhaltens Platz gegriffen hat, dürfen wir das Essen nicht mit der Speisekarte verwechseln und die Tatsache ignorieren, daß wir in unseren Beziehungen immer noch Mitgefühl, Loyalität, Großzügigkeit und Liebe walten lassen können. Zu diesem Thema schreibt der mexikanische Essayist und Dichter Octavio Paz: «Die Liebe war in der Geschichte des Westens die geheime subversive Kraft: die große mittelalterliche Häresie, die Zerstörerin der bürgerlichen Moral ... In den ersten Jahrhunderten unserer Ära bemühten sich die Gnostiker darum, das Christentum zu erotisieren, und sie scheiterten. Heute sind wir Zeugen eines entgegengesetzten Bestrebens: der Politisierung der Erotik ... So verwandelt unsere Zeit in einem absonderlichen Prozeß Sexualität in Ideologie. Sie macht Vergnügen zu einer Pflicht – in Umkehrung des Puritanismus. Die Industrie macht aus der Erotik ein Geschäft, die Politik eine Meinung ... Sexualität ist animalisch; sie ist eine natürliche Funktion, während sich die Erotik innerhalb der Gesellschaft entwickelt. Erstere gehört zum Reich der Biologie, letztere zu demjenigen der Kultur. Ihre Essenz ist das Imaginäre: Erotik ist eine Metapher der Sexualität ... Wir Menschen sehen uns in den Tieren; die Tiere sehen sich nicht in den Menschen. In der Selbstbetrachtung verwandelt sich die Menschheit und verwandelt sie die Sexualität. Erotik ist nicht roher Sex, sondern durch die Phantasie transfigurierter Sex ... Die letzte Konsequenz der erotischen Rebellion wäre das Verschwinden der Erotik und dessen, was ihre erhabenste und revolutionärste Erfindung war: die Idee der Liebe.»

Der Körper als Körper

«Platons Gleichnis von der Höhle, an deren Wand sich die Schatten bewegen, die wir irrtümlich für die Wirklichkeit halten, ist heute sehr beliebt. Verschiedene intellektuelle Gebiete locken mit der betörenden Verheißung, wie könnten den Bedingungen der Erkenntnis entrinnen. Mit dieser Verheißung wird zugleich eine unmögliche Art von Freiheit in Aussicht gestellt, die Freiheit von jeglichen Notwendigkeiten. Die Höhle ist [aber] der Sozialkörper, der über das Bild des anderen Körpers vermittelt wird ... In der Tat könnte die Illusion des Entrinnens leicht eine neue Art der Fesselung sein» (Douglas 1982).

Auf Schritt und Tritt kerkern uns unsere religiösen und weltlichen Mythologien ein.

Der Physiker Werner Heisenberg bemerkte: «Die Naturwissenschaft beschreibt und erklärt nicht einfach die Natur, sie ist ein Teil des Wechselspiels zwischen der Natur und uns selbst; sie beschreibt die unserer Art von Fragestellung ausgesetzte Natur. Dies war eine Möglichkeit, die Descartes noch nicht zu denken vermochte, doch macht sie die scharfe Trennung zwischen der Welt und dem Ich unmöglich.»

Ebenso unmöglich ist es, Gesellschaft und Sexualität so gegeneinander abzugrenzen, als wären sie isolierte Abstraktionen. Wir müssen erkennen, daß die Sexualität in hohem Maße sozialisiert ist und daß jede Kultur andere Praktiken als schicklich oder unschicklich, als moralisch oder unmoralisch, als normal oder abnormal bezeichnet. Ohne diese Einsicht werden wir weiterhin Grenzen errichten, die in der *Natur* keine Grundlage haben. «Und doch geben wir uns immerfort der Phantasievorstellung hin, unsere Sexualität sei das Grundlegendste und Natürlichste an uns und die Beziehungen zwischen Männern und Frauen seien für alle Ewigkeit ... durch das Diktat unserer angeborenen ‹Natur› festgelegt» (Weeks).

Man kann nur Michel Foucaults berühmte Beobachtung wiederholen, daß Sexualität nicht mehr und nicht weniger als ein geschichtliches Konstrukt ist. Ihre Bedeutung und ihre Ausdrucksformen sind nicht weiter und umfassender als ihre spezifischen gesellschaftlichen und geschichtlichen Manifestationen, und somit ist eine Erklärung ihrer Formen und Spielarten nicht möglich, ohne den Kontext, in dem sie entstanden sind, zu untersuchen und zu erklären. Wie wir gesehen haben, gehört zu diesem Kontext die implizite Wertstruktur der Mythologie, die den Strukturen der Gesellschaften zugrunde liegt und diese prägt.

Unser Körper ist der Kosmos, denn die Mythologien, die etwas über unseren Platz im Kosmos sagen, werden zwangsläufig in anatomische Metaphern umgesetzt. Das Studium des menschlichen Körpers und der Art, wie er zu unterschiedlichen Zeiten und an unterschiedlichen Orten wahrgenommen wurde und wird, enthüllt ein wichtiges Element der Kultursymbolik, das wesentliche Schlüsse auf die Sexualität erlaubt. «Jede Kultur ist ein Gefüge von aufeinander bezogenen Strukturen, zu denen gesellschaftliche Formen, Werte, die Kosmologie und die Gesamtheit des Wissens gehören und durch die alle Erfahrung vermittelt wird», schreibt Mary Douglas (1966). Dieses Beziehungsgefüge gesellschaftlicher Strukturen schlägt sich in Handlungen nieder, die wir Rituale nennen. «Rituale bringen die Form der gesellschaftlichen Beziehungen zur Darstellung, und dadurch, daß sie diesen Beziehungen sichtbaren Ausdruck verleihen, ermöglichen sie den Menschen die Erkenntnis ihrer eigenen Gesellschaft. Rituale wirken auf den Körper des politischen Ganzen durch das symbolische Medium des physischen Körpers.» Rituale sind die *Verkörperung* der Gesamtheit des Wissens einer Gesellschaft – sei es in konstruktivem oder destruktivem Sinne. Das Ritual ist der verkörperlichte Geist.

Der Geschlechtsakt ist nicht «naturgegeben», denn er ist durch eine Vielzahl kultureller Rituale sozialisiert. Bei vielen Geschöpfen gibt es Paarungsriten, doch haben sich diese Rituale in menschlichen Gesellschaften zu einer reich differenzierten Choreographie ausgestaltet. Die Begattung der Tiere mag ein biologischer Akt sein – die menschliche Erfindung, die man Erotik nennt, ist ein Akt der Phantasie. Damit bildet die Art, wie der Körper in verschiedenen Kulturen und in verschiedenen Epochen gesehen und bewertet wurde, eine Geschichte der sexuellen Botschaften, die von gesellschaftlichen Mythen und den auf diesen Mythen basierenden Ritualen ausgehen.

Der Körper ist die Höhle, an deren Wand die Schatten spielen, die wir irrtümlich für die Wirklichkeit halten. Wir sind Platons Geschöpfe, die – auf ewig gefesselt – in einer Höhle liegen, so daß wir nicht einmal die Köpfe bewegen können. Hinter uns brennt ein Feuer, und die Schatten einer Welt, die wir nicht sehen können, werden auf die Wand vor uns geworfen. Wir können unsere Fesseln nicht sprengen. Wir können uns niemals zur *Wirklichkeit* umwenden, die, wie wir vermuten, jenseits unseres Blickfeldes existiert. Wir müssen an die Schatten glauben, weil wir keinen Zugang zu der Wirklichkeit haben, deren Entsprechung sie sind. Wir können uns diese Realität weder vorstellen noch von ihr sprechen, weil sie jenseits unserer Erfahrung und außerhalb unserer Mitteilungsfähigkeit liegt. Der Dichter William Blake glaubte, daß der Körper Platons Höhle sei, und war daher der recht bedrückenden Meinung, daß der Körper das Grab der Seele sei. Für Tänzer und Tänzerinnen aber – wie die legendäre Amerikanerin Ruth St. Denis – ist der Körper nicht von der Seele zu unterscheiden.

Diese Aussage führt mich zu einem eigenen, ganz persönlichen Mythos, der mein Denken seit langem sehr stark geprägt hat.

Seit meiner Kindheit war ich vom Bühnentanz fasziniert, und ich besuchte oft das Studio von Ruth St. Denis im San Fernando Valley (Los Angeles), um die Tänzer zu beobachten. Im Alter von 80 Jahren gab Ruth St. Denis keinen Unterricht und keine öffentlichen Vorstellungen mehr, und sie hatte die Leitung ihrer Schule in die Hände einer jungen Assistentin gelegt. Hin und wieder aber hatte ich das Glück, an jenen seltenen Abenden anwesend sein zu können, wenn Ruth St. Denis die Treppe von ihrer Wohnung über dem Studio herunterkam. Welch ein spektakuläres Erlebnis war dies doch! Ihre hohe, elastische Gestalt, die von dichtem weißen Haar gekrönt war, verriet keine Spur ihres Alters. Ihre körperliche Präsenz war in der Nähe so überwältigend, daß sie mehr Geist als Person zu sein schien. Ihr Körper war mehr als Körper, und auch ihre kleinste Geste war unerklärlich ausdrucksvoll, magnetisch, magisch. Ich hatte damals keine Ahnung, was ihre Bewegung bedeutete, doch gab es für mich überhaupt keinen Zweifel, daß sie bedeutungsvoll war. Als jungem Mann schien es mir, als erlebte ich durch Ruth St. Denis das rituelle Herzstück all dessen, was Erotik wie auch Spiritualität sein kann.

Auf welche Weise transformiert eine große Tänzerin den Körper in Geist, wodurch wird eine einfache Geste zu einem mächtigen Ritual? Wie kann etwas so Flüchtiges und nicht in Worte zu Fassendes wie der Tanz ein Ausdruckspotential haben, das an das Religiöse grenzt?

Seit ich in meiner Jugend Ruth St. Denis begegnete, haben mich diese Fragen niemals mehr losgelassen. Dieses Staunen über die Rätselhaftigkeit des Körpers ist freilich nicht allein meine persönliche Erfahrung. Wie wir gesehen haben, ist unsere ganze Gesellschaft vom Rätsel des menschlichen Körpers fasziniert. Von allen Künsten versetzt uns keine so sehr in Verwirrung wie der Tanz, denn er entspringt unmittelbar und vollständig aus dem Kern unseres so sehr verleugneten physischen Selbst. Zweifellos ist ein Teil unseres Unbehagens und unserer Verblüffung gegenüber dem Tanz auf die Tatsache zurückzuführen, daß wir in einer Kultur leben, in der der Körper einen sehr schlechten Ruf hat. Die Abscheu vor dem Fleisch und die mit ihm verbundenen Assoziationen von Heidentum und dem Bösen haben zu einer Kasteiung des Körpers geführt, sogar in diesen Zeiten der Libertinage, in denen sexueller Genuß zu einer gesellschaftlichen Pflicht geworden ist.

Die im Westen dominierenden Religionen verboten den rituellen Gebrauch des Tanzes bereits im 8. Jahrhundert. Für alle anderen Völker der Welt wäre eine solche Situation unvorstellbar. Für sie ist der Tanz ein wesentlicher Bestandteil der Religion. Der Körper ist ein Bote des Spirituellen, und Tanzen ist nichts anderes als Beten.

Der von Gesang begleitete Regentanz der Navajo-Indianer ist das Gebet eines ganzen Volkes um die Erneuerung ihres spirituellen Körpers, durch die sie in den Regen verwandelt werden können, um den sie beten. Der Wind ist der Vorläufer des Regens, und bevor die Tänzer der Zeremonie zum Regen werden können, müssen sie erst zum Wind werden. Das große Gebet, das diese mythische Transformation bewirkt, ist eine komplexe Mischung aus Tanz, Gesang und Musik. Es erschafft die Welt aufs Neue – durch einen rituellen Prozeß, der auf physischen Aktionen aufbaut, welche die Gestalt einer sichtbar gemachten Mythologie annehmen. Solche Rituale sind das Erzeugnis von Hunderten von Generationen, sind im Lauf eines langsamen Selektionsprozesses gewachsen, durch den bestimmte Verrichtungen dank gewissenhafter Wiederholung erhalten bleiben. Diese Riten sind von der Weltsicht der Menschen, die sie ausführen, nicht zu trennen. Der Körper als Ausdrucksorganismus liefert den Impuls und die Kraft des Rituals.

Es erstaunt nicht weiter, daß sich Stammesgesellschaften eine feste Überzeugung von der Macht ihrer Körper bewahrt haben, während wir im Westen allmählich den Kontakt zu unserem physischen Selbst so weit verloren haben, daß wir in den sechziger und siebziger Jahren den Körper durch «bewußtseinserweiternde» Therapien und Kurse für Körpersprache und sexuelle Kommunikation neu entdecken mußten. Die Wiederentdeckung der Würde unseres Körpers hat auch zur Neuerfindung des sakralen Tanzes geführt; auf diese Weise sind Tänzer wieder, wie Martha Graham sagte, zu «Akrobaten Gottes» geworden – und eine solche spirituelle Rolle haben sie in fast allen Kulturen und zu allen Zeiten innegehabt.

Für viele von uns hat das neuerliche Auftreten des Körpers als Ausdrucksorgan etwas Verwirrendes. Warum nur besitzt etwas anscheinend so Nutzloses und Primitives wie die Körpersprache solche Macht? Erst nach vielen Reisen in die Heimatgebiete ferner Völker fand ich Ansätze für eine Antwort auf diese Frage. Natürlich erfreut die Bewegung des Körpers das Auge, doch geht ihre wirkliche Macht tiefer; sie reicht weit über die optische Annehmlichkeit hinaus. Der Körper kommuniziert. Das Gähnen ist ein sinnfälliges Beispiel für seine Ansteckungskraft; dasselbe gilt für den Impuls, sich zu strecken, wenn wir andere Menschen sich strecken sehen. Wegen dieser inhärenten «Ansteckungskraft» der Bewegung, durch die der Zuschauer im eigenen Körper die Anstrengung empfindet, die er an anderen wahrnimmt, vermag der Körper die ungreifbarsten und metaphysischsten Erfahrungen, Eindrücke, Empfindungen und Ideen kinästhetisch mitzuteilen.

Was ich bei den Ritualtänzern Asiens, Afrikas, Südamerikas und bei den Indianern entdeckte, ist die Tatsache, daß der Körper in seiner eigenen geheimen Sprache kommunizieren kann. *Die wichtigste Mythologie unserer Zeit besagt, daß der Körper der Körper ist.* Begnadete Tänzerinnen wie

Ruth St. Denis haben etwas verstanden, das uns anderen entgangen ist: Der Körper ist ein Ausdrucksorgan. Er ist keineswegs nur ein schwerfälliges und nützliches Gebilde von Gliedern. Er ist weder männlich noch weiblich. Er ist keine Waffe und auch kein Werkzeug der Sünde. Er ist nicht einfach eine Maschinerie für Fortpflanzung, Verdauung und andere funktionelle Tätigkeiten. Er ist ein Ausdrucksorgan – vielleicht das am lebhaftesten und verständlichsten «sprechende» Mittel, um intensive, unmittelbar empfundene und «bewegende» Gedanken, Bedürfnisse und Empfindungen auszudrücken.

Für Ritualtänzer *ist der Körper der spirituelle Körper* – ein Organismus, dessen Bewegungen die heiligen Formen des Lebens selbst sichtbar machen. Unser Körper lebt durch die Bewegung. Deshalb ist die Bewegung eine der wichtigsten und intensivsten Möglichkeiten, das Leben zu zelebrieren. Unsere Sexualität ist Teil des Lebens, das wir zelebrieren. Die Unterscheidung zwischen Sinnlichkeit, Erotik und der pornographischen Zwanghaftigkeit des genital orientierten Sex ist dasselbe wie der Unterschied zwischen alltäglich-zweckgebundener Bewegung und der Kostbarkeit künstlerischen Tanzes. Sex ist der Schatten an der Höhlenwand. Erotik ist das Feuer selbst – jenes unsichtbare Feuer, das die Schatten erzeugt, die wir fälschlicherweise für die Wirklichkeit halten.

Zwischen dem Gedanken, daß Spiritualität etwas mit dem Körper zu tun haben könnte, und unserem Glauben an die augustinische und kartesische Dichotomie von Leib und Seele, von Fleisch und Geist, liegen Welten. Und doch «müssen wir, die wir in der westlichen Welt leben, uns mehr und mehr der Illusionen bewußt werden, die unsere Existenzgrundlage bilden», wie Denis de Rougemont sagt. Bis vor kurzem war es noch undenkbar, daß irgendein Zusammenhang zwischen geistigen und physischen Realitäten bestehen könnte. Die meisten von uns haben körperliche Betätigung – sei es Spiel, Tanz oder nicht der Fortpflanzung dienender Sex – recht gründlich als ein Tun mißverstanden, das ebenso sinnlos wie profan ist. Auch heute noch gibt es viele Menschen, die diese Aktivitäten als leidenschaftliche, aber sinnlose Energievergeudung betrachten. Dies gilt insbesondere für die Einstellung von Menschen, die die Beziehung zu ihrem eigenen Körper verloren haben, gegenüber dem Tanz. Ich erinnere mich noch daran, was mein Pflegevater am Ende einer Tanzdarbietung sagte: «Wenn diese Leute ihren ganzen Schweiß und ihre ganze Mühe für anständige harte Arbeit aufwenden würden, könnten sie es tatsächlich zu etwas bringen.» Er fragte sich, was Tanz eigentlich «bringt». Was «bringt» Spiel? Und was «bringt», aus der Sicht derjenigen, für die Sexualität untrennbar mit Fortpflanzung verbunden ist, Sex ohne Zeugung von Nachkommenschaft?

Die Fragen selbst werfen fast unüberwindliche Probleme auf. Es gibt jedoch, wie wir gesehen haben, ebenso viele Antworten auf diese Fragen wie es Mythologien gibt, die das vielfältige Leben der Völker und Kulturen lenken. Tanz, Spiel und Sex leisten genau dasselbe, was Poesie leistet: sie transformieren das Gewöhnliche in das Ungewöhnliche. Durch die sinnliche und metaphorische Transformation einer schattenhaften Wirklichkeit können sie zumindest vorübergehend eine Ahnung von dem Feuer vermitteln. Die Sinnlichkeit, die wir mit Erotik gleichsetzen, ist der kinästhetische Ausdruck des spirituellen Körpers, im Gegensatz zur genitalen Betätigung des Körpers, die wir für «natürlich» halten. Denis de Rougemont betont, daß der spirituelle Körper überall da ist, «wo von Leidenschaft als einem Ideal geträumt wird, wo sie nicht wie ein bösartiges Fieber gefürchtet wird, wo ihr schicksalhafter Charakter willkommengeheißen, heraufbeschworen oder als großartige und ersehnenswerte Katastrophe, aber nicht einfach als Unglück vorgestellt wird. Er lebt vom Leben der Menschen, die glauben, daß die Liebe ihr Schicksal ist …, daß sie stärker und realer ist als Glück, Gesellschaft oder Moral».

Die Liebe verwandelt die Biologie in derselben Weise in eine Metapher des spirituellen Körpers, wie die Dichtkunst gewöhnliche Worte in Gebilde verwandelt, die eine Bedeutung tragen, die Worte normalerweise nicht ausdrücken können. Das Eigentümlichste an jeder menschlichen Geste ist die Macht des Hinweisens und der feinen Andeutung, die aus der Fähigkeit des Körpers geboren ist, seine ihm anhaftende Materialität zu überwinden.

Genau dies tat Ruth St. Denis vor vielen Jahren für mich, als sie die schlichte Tatsache, daß ein Mensch die Treppe hinuntergeht, in ein unauslöschliches Erlebnis verwandelte. Sie hatte ihren Körper so sehr unter Kontrolle, sie lebte so tief in ihrem Körper, daß sie eine simple Verrichtung mit jener Art von Magie umkleiden konnte, die im Ritual zu finden ist, mit jener Erotik, wie man sie im Kern der romantischen Liebe entdeckt, mit jener Kraft der Metapher, die in der Dichtung ihre Stimme bekommt.

Vielleicht findet die unaufhörliche Umwandlung unseres Körpers in Visionen des Kosmos ihre aktuelle Auflösung in der ältesten aller Mythologien – derjenigen, die zweifellos zu den ersten kulturellen Gütern des Menschen zählte, als er sich gerade auf der Erde entwickelt hatte. Vielleicht können wir uns dann endlich einmal von unserer zwanghaften Fixierung auf die «Schlechtigkeit des Körpers» und der endlosen Ritualisierung der Sünde befreien. Jahrhundertelang haben wir es uns mit der frechen Neuschöpfung des Gehirns – seiner selbst als Geist – wohlsein lassen. Vielleicht können wir endlich mit der älteren Mythologie zu leben beginnen, die keinen Unterschied zwischen dem zerbrechlichen, verletzlichen und so leicht zerstörbaren Körper und der Seele macht.

Von dem Physiker Niels Bohr stammt das Wort: «Das Gegenteil einer richtigen Behauptung ist eine falsche Behauptung. Das Gegenteil einer tiefen Wahrheit kann aber durchaus eine andere tiefe Wahrheit sein.»

Was Niels Bohr meinte, erlebte der Arzt Carl A. Hammer-schlag hautnah in einem Krankenhaus im amerikanischen Südwesten, wo er jahrelang als Arzt und Psychiater tätig war. Eines Tages begegnete er bei seiner Morgenvisite einem alten Mann. «Ich wußte nicht, daß er Pueblo-Priester und Häuptling war», berichtet Dr. Hammerschlag. «Ich sah nur einen alten Mann. Er fragte mich: ‹Wo haben Sie heilen gelernt?›»

Dr. Hammerschlag spulte darauf die einzelnen Stationen seiner ärztlichen Ausbildung, seines medizinischen Prakti-kums und seiner Approbation ab. Der alte Indianer lächelte. «Ja», sagte er, «aber können Sie tanzen? Man muß tanzen können, wenn man Menschen heilen will.»

Zunächst war Dr. Hammerschlag ziemlich perplex. Im Lauf der Jahre ging ihm jedoch allmählich der Wert dessen auf, was der alte Indianer ihn gelehrt hatte. Auch der Dichter W. B. Yeats hatte die treffende Metapher des Tanzes verstan-den, denn er stellte in bezug auf den menschlichen Körper die einfachste aller Fragen: «Wer kann den Tänzer vom Tanz unterscheiden?»

Für Yeats wie für den Pueblo-Priester sind Körper und Geist eine untrennbare Einheit.

Literaturhinweise

ARENS, WILLIAM, zitiert bei RAY B. BROWNE (siehe dort).

ARIES, PHILIPPE/BEJIN, ANDRE: *Western Sexuality.* Oxford: Basil Blackwell Ltd., 1985.

ARROWSMITH, WILLIAM, in: DAVID GRENE/RICHMOND LATTIMORE (Hrsg.): *The Complete Greek Tragedies,* Bd. IV: *Euripides.* Chicago: The University of Chicago Press, 1958.

ARTZ, FREDERICK B.: *The Mind of the Middle Ages.* Chicago: The University of Chicago Press, 1953.

BACHOFEN, JOHANN JAKOB: *Mutterrecht und Urreligionen.* Stuttgart: A. Kröner, 1984.

BEDIER, JOSEPH: *The Romance of Tristan and Iseult.* Übers. von Hilaire Belloc. New York: Pantheon Books, 1945.

BOORSTIN, D. J.: *The Discoverers.* New York: Random House, 1983.

BOSWELL, JOHN: *Christianity, Social Tolerance, and Homosexuality.* Chicago: University of Chicago Press, 1980.

BRIFFAULT, ROBERT: *The Mothers.* New York: Atheneum, 1977.

BROOKE, ROSALIND & CHRISTOPHER: *Popular Religion in the Middle Ages.* London: Thames and Hudson, 1984.

BROWNE, RAY B. (Hrsg.): *Rituals and Ceremonies in Popular Culture.* Bowling Green, 1980.

BROWNMILLER, SUSAN: *Against Our Will: Men, Women, and Rape.* New York: Simon and Schuster, 1975.

BULLOUGH, VERN L.: *Sexual Variance in Society and History.* Chicago: University of Chicago Press, 1976.

CAMPBELL, JOSEPH: *The Masks of God.* Vol. 2: *Occidental Myth* (1962); Vol. 4: *Creative Mythology* (1968). New York: The Viking Press.

– : *The Flight of the Wild Gander.* New York: Viking Press, 1969.

CAPLAN, PAT (Hrsg.): *The Cultural Construction of Sexuality.* London: Tavistock Publications, 1987.

CASSON, LIONEL: *Mysteries of the Past.* New York. American Heritage Publishing Co., 1977.

CINGRIA, CHARLES ALBERT: siehe ROUGEMONT.

D'EMILIO, J./FREEDMAN, E. B.: *Intimate Matters: A History of Sexuality in America.* New York: Harper & Row 1988.

DOUGLAS, MARY: *Natural Symbols: Explorations in Cosmology.* New York: Pantheon Books, 1982.

– : *Purity and Danger: An Analysis of the Concepts of Pollution and Taboo.* London: Ark Paperbacks, 1984.

DOVER, K. J.: *Greek Homosexuality.* New York: Vintage Books, 1980.

EARDLEY, TONY: «Violence and Sexuality», in: METCALF/HUMPHREY (Hrsg.): *The Sexuality of Men.* London: Pluto Press, 1985.

EISLER, RIANE: *The Chalice and the Blade.* New York: Harper & Row, 1987.

FAUSTO-STERLING, ANNE: *Myths of Gender.* New York: Basic Books, 1985.

FISCHER, D. H.: *Historical Fallacies.* New York: Harper & Row, 1970.

FOUCAULT, MICHEL: *The History of Sexuality:* Vol. I: *Introduction* (1978); Vol. II: *The Use of Pleasure* (1985); Vol. III: *The Care of the Self* (1986). New York: Pantheon Books. – Dt.: *Sexualität und Wahrheit:* Bd. I: *Der Wille zum Wissen* (1987); Bd. II: *Der Gebrauch der Lüste* (1989); Bd. III: *Die Sorge um sich* (1989). Frankfurt: Suhrkamp.

– : *Power/Knowledge.* Hrsg. von COLIN GORDON. Brighton: Harvester Press, 1980. – Dt.: Von der Subversion des Wissens. Frankfurt: Fischer, 1987.

FRANCŒUR, ANNA K. & ROBERT T.: *Hot and Cool Sex: Cultures in Conflict.* New York: Harcourt Brace Jovanovich, 1974.

FREUD, SIGMUND: «Three Essays on Sexuality», in: *Complete Psychological Works,* Vol. 7. London: Hogarth Press, 1953. – Dt.: *Drei Abhandlungen zur Sexualtheorie,* in: *Studienausgabe,* Bd. V: *Sexualleben.* Frankfurt: S. Fischer, 1972.

FROMM, ERICH: *The Anatomy of Human Destructiveness.* New York: Fawcett Crest, 1973. – Dt.: *Anatomie der menschlichen Destruktivität.* Reinbek bei Hamburg: Rowohlt, 1981.

GAGNON, JOHN H./SIMON, WILLIAM: *Sexual Conduct.* London: Hutchinson of London, 1974.

GASSNER, JOHN: *Masters of the Drama.* New York: Dover Publications, 1945.

GAY, PETER: *The Bourgeois Experience.* Vol. 1: *Education of the Senses.* New York: Oxford University Press, 1984.

GILLIGAN, CAROL: *In a Different Voice.* Cambridge: Harvard University Press, 1982.

GIMBUTAS, MARIJA: *The Goddesses and Gods of Old Europe.* Berkeley: University of California Press, 1974.

GONZALEZ-CRUSSI, F.: *On the Nature of Things Erotic.* New York: Harcourt Brace Jovanovich, 1988.

GRANT, MICHAEL: *Myths of the Greeks and Romans.* New York: New American Library, 1962.

GREEN, WILLIAM CHASE: *Moira: Fate, Good, and Evil in Greek Thought.* New York: Harper & Row, 1963.

GUERRA, F.: *The Pre-Columbian Mind.* London: Seminar Press, 1971.

GUTHRIE, W. K. C.: *The Greeks and their Gods.* Boston: Beacon Press, 1950.

HAMMERSCHLAG, CARL A.: *The Dancing Healers.* New York: Harper & Row, 1970.

HARDING, ESTHER M.: *The Way of All Women.* New York: Harper & Row, 1970.

– : *Woman's Mysteries: Ancient and Modern.* New York: G. P. Putnam's Sons, 1971.

HARRISON, JANE ELLEN: *Epilegomena to the Study of Greek Reli-*

gion and *Themis.* New Hyde Park, N.Y.: University Books, 1962.

HATTO, A. T.: «Introduction» zu *Tristan* von Gottfried von Straßburg und *Tristran* von Thomas. New York: Penguin Books, 1960.

HEGEL, GEORG WILHELM FRIEDRICH: *Hegel on Tragedy.* Hrsg. von ANNE und HENRY PAOLUCCI. New York: Doubleday, 1962.

HENRIQUES, FERNANDO: *Love in Action: The Sociology of Sex.* New York: E. P. Dutton, 1960.

HERLIHY, DAVID: *Medieval Culture and Society.* New York: Harper & Row, 1968.

HESIOD: *Theogonie.* Hrsg., übers. und erl. von Karl Albert. Sankt Augustin: Academia Verlag Richarz, 1990.

HILLMAN, JAMES: «The Great Mother, her Son, her Hero, and the Puer», in: *Fathers and Mothers.* Zürich: Spring Publications, 1973.

HUIZINGA, JOHAN: *Der Herbst des Mittelalters.* Stuttgart: A. Kröner, 1987.

IGNATIEFF, MICHAEL: *The Needs of Strangers.* London: Chatto & Windus, 1984.

INNES, CHRISTOPHER: *Holy Theatre: Ritual and the Avant Garde.* Cambridge: Cambridge University Press, 1981.

JOBES, GERTRUDE: *Dictionary of Mythology, Folklore and Symbols.* New York: Scarecrow Press, 1962.

JOHNSON, BUFFIE: *Die Große Mutter in ihren Tieren. Göttinnen alter Kulturen.* Olten und Freiburg, Walter 1990.

KATZ, JONATHAN: *Gay American History.* New York: Thomas Y. Crowell, 1976.

KENNY, ANTHONY: *Descartes: A Study in His Philosophy.* New York: Random House, 1968.

KERÉNYI, KARL: *Die Mythologie der Griechen. Die Götter-, Menschheits- und Heroengeschichten.* München: Deutscher Taschenbuch Verlag, 1987.

KIRK, G. S.: *Myth: Its Meaning in Ancient and Other Cultures.* Cambridge: Cambridge University Press, 1970.

KLAUSNER, J.: *The Messianic Idea in Israel.* London: George Allen and Unwin, Ltd., 1956.

KOTT, JAN: *The Eating of the Gods: An Interpretation of Greek Tragedy.* New York: Random House, 1973.

KUHN, THOMAS S.: *Die Struktur wissenschaftlicher Revolutionen.* Frankfurt: Suhrkamp, 1973.

LANDAU, ROM: *Sex, Life, and Faith.* London: Faber and Faber, Ltd., 1932.

LEGOFF, JACQUES: *Für ein anderes Mittelalter. Zeit, Arbeit und Kultur im Europa des 5.–15. Jahrhunderts.* Hamburg: Junius, 1987.

– : *Die Geburt des Fegefeuers. Vom Wandel des Weltbildes im Mittelalter.* München: Deutscher Taschenbuch Verlag, 1990.

LEWISOHN, RICHARD: *A History of Sexual Customs.* Übers. von Alexander Mayce. New York: Harper & Brothers, 1958.

LUHMANN, NIKLAS: *Liebe als Passion. Zur Codierung der Intimität.* Frankfurt: Suhrkamp, 1982.

MACLAGAN, DAVID: *Creation Myths.* London: Thames and Hudson, 1977.

MARKS, CLAUDE: *Pilgrims, Heretics, and Lovers.* New York: Macmillan, 1975.

MITCHELL, JULIET: *Psychoanalysis and Feminism.* Harmondsworth: Penguin Books, Ltd., 1975.

MONAGHAN, PATRICIA: *The Book of Goddesses and Heroines.* New York: E. P. Dutton, 1981.

MULLER, HERBERT: *The Uses of the Past.* New York: Oxford University Press, 1957.

MURRAY, GILBERT: «Excursus on the Ritual Forms preserved in Greek tragedy», veröffentlicht als Beitrag zu JANE ELLEN HARRISONS *Epilegomena to the Study of Greek Religion* and *Themis.* New Hyde Park, N.Y.: University Books, 1962.

NEUMANN, ERICH: *Amor and Psyche. Eine tiefenpsychologische Deutung.* Olten und Freiburg: Walter, 1971.

– : *Die Große Mutter. Eine Phänomenologie der weiblichen*

Gestaltungen des Unbewußten. Olten und Freiburg: Walter, 1974.

NYGREN, ANDERS: *Agape and Eros: A Study of the Christian Idea of Love*. New York: Harper & Row, 1969.

OLSEN, CARL (Hrsg.): *The Book of the Goddess: Past and Present*. New York: Crossroad, 1983.

PAGELS, ELAINE: *Adam, Eva und die Schlange. Die Theologie der Sünde*. Reinbek bei Hamburg: Rowohlt, 1991.

PARRINDER, GEOFFREY: *Sexualität in den Religionen der Welt*. Olten und Freiburg: Walter, 1991.

PAZ, OCTAVIO: «At Table and in Bed», in: *Convergences*. New York: Harcourt Brace Jovanovich, 1987. – Dt.: *Verbindungen – Trennungen. Ein Essay*. Frankfurt: Suhrkamp, 1984.

ROUGEMONT, DENIS DE: *Love in the Western World*. New York: Pantheon Books, 1940.

SCHWAB, GUSTAV: *Sagen des klassischen Altertums*. Frankfurt: Insel, 1975.

SEGAL, CHARLES: *Dionysiac Poetics and Euripides' Bacchae*. Princeton: Princeton University Press, 1982.

SEIDLER, VICTOR J.: «Reason, desire, and male sexuality», in: *The Cultural Construction of Sexuality*, hrsg. von PAT CAPLAN. London: Tavistock Publications, 1987.

SELBY, JR., HUBERT: *Last Exit to Brooklyn*. New York: Grove Press, 1957.– Dt.: *Letzte Ausfahrt Brooklyn*. Reinbek bei Hamburg: Rowohlt, 1969.

SJOO, MONICA/MOR, BARBARA: *The Great Cosmic Mother*. New York: Harper & Row, 1987.

SNITOW, A./STANSELL, C./THOMPSON, S. (Hrsg.): *Desire: The Politics of Sexuality*. London: Virago Publications, 1984.

SPRETNAK, CHARLENE: *Lost Goddesses of Early Greece*. Boston Beacon Press, 1984.

SPROUL, BARBARA C.: *Primal Myths: Creating the World*. San Francisco: Harper & Row, 1979.

STEINBERG, LEO: *The Sexuality of Christ in Renaissance Art and in Modern Oblivion*. New York: Pantheon, 1983.

STENT, GUNTHER S.: *Paradoxes of Progress*. San Francisco: W. H. Freeman and Company, 1978.

STONE, MERLIN: *When God Was a Woman*. New York: Dial Press, 1976.

TENNANT, F. R.: *The Sources of the Doctrines of the Fall and Original Sin*. New York: Schocken Books, 1903.

THOMPSON, WILLIAM IRWIN: *The Time Falling Bodies Take to Light*. New York: St. Martin's Press, 1981.

THORNBERRY, N.: «In Search of Mediocrity», in: *The Christian Science Monitor*, 1. Februar 1989, S. 19.

TOPSFIELD, L. T.: *Troubadours and Love*. Cambridge: Cambridge University Press, 1975.

TUCHMAN, BARBARA W.: *A Distant Mirror: The Calamitous 14th Century*. New York: Alfred A. Knopf, 1978. – Dt.: *Der ferne Spiegel. Das dramatische 14. Jahrhundert*. München: Deutscher Taschenbuch Verlag, 1982.

ULANOV, ANN BELFORD: *The Feminine in Jungian Psychology and Christian Theology*. Evanston: Northwestern University Press, 1971.

VANGGAARD, THORKIL: *Phallos: A Symbol and Its History in the Male World*. New York: International Universities Press, 1974.

WALLERSTEIN, EDWARD: *Circumcision: An American Health Fallacy*. New York: Springer Publishing Company, 1980.

WARNER, MARINA: *Alone of All Her Sex: The Myth and the Cult of the Virgin Mary*. London: Weidenfeld and Nicolson, Ltd., 1976.

WEEKS, JEFFREY: «Questions of Identity», in: *The Cultural Construction of Sexuality*, hrsg. von PAT CAPLAN. London: Tavistock Publications, 1987.

WHYTE, L. L.: *The Next Development in Man*. New York: Henry Holt and Company, 1948.

WILLIAMS, WALTER L.: *The Spirit and the Flesh*. Boston: Beacon Press, 1986.

YOUNG, WAYLAND: *Eros Denied*. New York: Grove Press, 1964.

ZOLLA, ELEMIRE: *The Androgyne: Reconciliation of Male and Female.* London: Thames and Hudson, Ltd., 1981.

ZUKAV, GARY: *The Dancing Wu Li Masters.* New York: William Morrow, 1979. – Dt.: *Die tanzenden Wu Li Meister. Der östliche Pfad zum Verständnis der modernen Physik.* Reinbek bei Hamburg: Rowohlt, 1981.

ZUNTZ, GUNTHER: *Persephone: Three Essays on Religion and Thought in Magna Graecia.* Oxford: Oxford University Press, 1971.

Register